新编资本运营

（第二版）

张 燕 郭 晶 编

经济科学出版社

图书在版编目（CIP）数据

新编资本运营/张燕，郭晶编．—2版．—北京：
经济科学出版社，2013.2
ISBN 978-7-5141-2977-9

Ⅰ.①新… Ⅱ.①张…②郭… Ⅲ.①资本经营
Ⅳ.①F270

中国版本图书馆CIP数据核字（2013）第018500号

责任编辑：李　雪
责任校对：隗立娜
版式设计：代小卫
责任印制：邱　天

新编资本运营

（第二版）

张　燕　郭　晶　编

经济科学出版社出版、发行　新华书店经销
社址：北京市海淀区阜成路甲28号　邮编：100142
总编部电话：88191217　发行部电话：88191537
网址：www.esp.com.cn
电子邮件：esp@esp.com.cn
北京市季蜂印刷有限公司印装
787×1092　16开　14印张　280000字
2013年2月第2版　2013年2月第2次印刷
ISBN 978-7-5141-2977-9　定价：38.00元
(图书出现印装问题，本社负责调换。电话：88191502)
(版权所有　翻印必究)

目　　录

第一章　资本运营概述 …………………………………………… 1
第一节　资本运营的含义及特点 ……………………………… 1
第二节　资本运营的模式分类 ………………………………… 7

第二章　公司并购 ………………………………………………… 14
第一节　公司并购的基本内容 ………………………………… 14
第二节　公司并购的主要分类 ………………………………… 27
第三节　公司并购的一般程序 ………………………………… 40

第三章　敌意收购与反收购 ……………………………………… 54
第一节　敌意收购概述 ………………………………………… 54
第二节　反收购的策略 ………………………………………… 59

第四章　跨国并购 ………………………………………………… 72
第一节　跨国并购的基本内容 ………………………………… 72
第二节　我国的海外并购 ……………………………………… 77
第三节　我国的外资并购 ……………………………………… 90

第五章　管理层收购与员工持股计划 …………………………… 98
第一节　杠杆收购 ……………………………………………… 98
第二节　管理层收购 …………………………………………… 107
第三节　员工持股计划 ………………………………………… 115

第六章　公司资产与权益重组 …………………………………… 120
第一节　资产剥离 ……………………………………………… 120
第二节　股份回购 ……………………………………………… 129

第三节　买卖上市 138
　　第四节　破产清算 141

第七章　资本运营的融资渠道与支付方式 147
　　第一节　资本运营的融资渠道 147
　　第二节　资本运营的支付方式 162

第八章　资本运营的风险管理 168
　　第一节　资本运营风险的概念及分类 168
　　第二节　资本运营风险的管理 173

第九章　资本运营与中介机构 179
　　第一节　投资银行 179
　　第二节　会计师事务所 186
　　第三节　律师事务所 189

附录1　中油吉林化建工程股份有限公司要约收购报告书（摘要） 195
附录2　《中华人民共和国企业破产法》关于重整和解的相关规定 201
附录3　非上市公众公司监督管理办法 207

参考文献 215
后记 217

第一章　资本运营概述

内容提要：资本运营的含义及特点；资本运营的模式分类

第一节　资本运营的含义及特点

一、资本运营的概念

资本运营的实践活动始于西方20世纪初，西方近百年的经济发展史可以说是资本运营的实践史，而资本运营的概念产生于中国20世纪90年代[①]，随着我国改革开放不断深入，资本市场进一步发展，对于资本运营的理论探讨与实践探索也在不断深化。

资本运营作为一个较新的经济范畴，虽然被广泛应用，但是在理论界尚未达到共识，形成规范的概念。从广义的角度讲，资本运营是以利润最大化和资本增值为根本目的，以价值管理为特征，按照资本运动的一般规律来经营并优化配置企业全部资本和生产要素的经济活动。资本运营的目标在于资本增值的最大化，所以广义的资本运营包括实现这一目标的企业全部活动，生产经营当然也包括在内。而狭义的资本运营是与生产经营相对应的，是指以价值化、证券化资本或者可以按价值化、证券化操作的物化资本为基础，通过兼并、收购、资产剥离、股份回购、托管、联营等各种途径，实现资本最大限度增值的运营管理方式。本书采用狭义的资本运营范畴来研究资本运营的相关问题。

一般而言，资本运营包含以下两方面的含义：

一是从宏观上讲，资本运营是市场经济条件下社会配置资源的一种重要方式，它通过资本层面上的资源流动来优化社会的资源配置结构。

二是从微观上讲，资本运营是利用市场法则，通过资本本身的技巧性运作，

---

① 蒋一苇、唐丰义：《论国有资产的价值化管理》，载于《经济研究》，1991年第2期，第3~8页。

实现资本增值、效益增长的一种经营方式。资本运营的主体可以是资本的所有者，也可以是资本所有者委托或聘任的经营者，由他们承担资本运营的责任，资本运营的对象也可以是多元化的。

需要强调的是，资本作为生产要素之一，必须同其他生产要素相互组合，即资本必须投入到产业领域中并与之有效地融合，才能充分发挥资本的功能，单纯地将资本作为运营的对象，短期内可以实现快速的扩张和表面上的增值，但是由于缺乏经营领域的支撑，将不可避免地出现问题。

案例讨论（1-1）

资料1：2001年，CCTV中国经济年度人物颁奖典礼上，柳传志对宁高宁的颁奖词为：2001年，他率领香港华润集团在内地展开了一连串的策略性并购行动，横跨房地产、啤酒、零售等主体产业，目标都直指"行业领袖"的地位。他用资本的力量换取巨大的市场空间，加速了国内产业整合的步伐。根在大陆，身在香港，眼观全球，他是用金融资本整合产业资本的探索者。而宁高宁的获奖演说为："我觉得中国的企业界在过去制造了很多也很有害的词，资本运营这个词是其中之最。资本运营本身并没有给我们造成一些真正最终成功的企业，你在所有的成功企业特别是西方的成功企业的辞典中，找不到资本运营这个词。我觉得这个词本身，已经给成长中的中国企业带来了很多误导，应该有个纠正。"

——资料来源：《激情相聚——2001CCTV中国经济年度人物颁奖典礼纪实》，载于新浪网，http://finance.sina.com.cn/g/20020104/161300.html。

资料2：2009年7月23日，三九医药（000999）公告，接到华润医药控股有限公司（下称华润控股）通知，其拟将三九企业集团（下称三九集团）所持有的三九医药884.29万股股份（占总股本的0.9%）的持股主体变更为华润控股。此次交易完成后，历时近三年的华润控股收购三九医药案将落下帷幕。在经历几次股份过户后，华润控股持有三九医药约61 257.09万股，占三九医药总股本的62.58%。最新交易获批后，华润控股的持股比例将上升至63.48%。

2008年11月14日，三九医药公布收购报告书，三九集团和深圳三九药业有限公司持有三九医药的70.44%股权将变更为新三九控股有限公司（下称新三九）持有。此前，三九集团和三九医药合计持有三九医药的股权为71.35%，但由于其中三九集团持有的0.91%三九医药股权，分别被长城资产管理公司和深圳农村信用社申请司法冻结，目前各方尚未达成和解。公告称，如该笔股权解除司法冻结，新三九将完成相应的收购程序。

新三九于2007年3月成立，是国有资产管理委员会和三九集团债委会确立重组方案而设立的重组整合平台。新三九于2007年9月被华润集团收购，并于

2008年3月18日更名为华润控股。

2004年,三九集团爆发财务危机,被迫进行收缩和重组。而三九医药也因大股东占用上市公司巨额资金所拖累,导致发展缓慢。2006年12月25日,华润集团作为三九集团潜在战略投资者提交了三九集团重组方案。2007年7月,国务院国资委批复同意三九集团资产债务重组的整体安排,由华润医药收购新三九并向其增资至30亿元,用于新三九收购三九集团的有效资产。

——资料来源:朱楠:《华润购三九医药落幕》,载于《东方早报》,2009年7月24日。

资料3:在过去很多年时间里,华润和三九有很多相似之处,它们同为直属国资委的大型央企,同样是狂飙突进的并购狂,但是不同的"资本价值观"与企业发展理念,引领着两个企业走上了各自不同的道路,最后的命运也大相径庭。

赵新先曾经是个杰出的创业家,他在1985年以500万元贷款起家创建了三九集团的前身——深圳南方制药厂,后来通过数以百计的并购,扩张至总资产120亿元、净资产60亿元的企业巨人。在2000年之前,三九已经介入了汽车、农业、房地产、酒店、IT等数十个领域,除少数企业赢利外,大多陷入亏损或难以为继的状态。而在2000年之后,三九开始向医药专业化回归,短短数年之内,在连锁药店、医院集团、药厂和健康医疗中心等"大项目"的投资预算总额就超过了90亿元。这些新的投资项目,几乎全部靠银行贷款运作——换句话说,三九集团用银行贷款"再造"了另一个三九。但从2003年开始,三九便因债务危机而陷入一连串诉讼,直至被重组,三九旗下拥有数百家"子孙"公司,内部管理的混乱,加上错综复杂的内部担保与借贷,一度令债权清查陷入"迷宫",其整体银行债务高达约103亿元。

华润曾经是一家注册于香港的国有贸易公司,同样是通过一系列重组,它风平浪静地完成了从单纯的外贸企业到多元控股集团的转型,其总资产高达1 700亿港元。2001年华润集团提出了"再造华润"的发展战略:计划在未来五年内投资内地150亿~200亿元,形成与香港相若的"新华润"。在这一计划的实施过程中,华润集团将其前期已经开始收缩的数十个业务领域进一步缩减至地产、零售、微电子、电力等少数行业,并分别对应于"日用消费品制造与分销"、"地产及相关行业"和"基础设施及公共领域"三大战略投资范畴。在收缩投资"战线"的同时,华润着力于每一个投资领域内的管理提升和价值创造,力求在"有限度相关多元化"的同时,在每一个投资领域内形成专业化的竞争力。按照时任华润总经理宁高宁的说法,华润集团在整个发展过程中,银行负债不能超过股东资金的一半,这也意味着"再造华润"是以自有资金为主的一次资本扩张。2005年华润集团提前完成四年前定下的"再造华润"目标:营业额、总资产和税前利润比2001年增长一倍。2006年再获20%以上的增长,集团营业额、总资产和税前利润分别为648亿元、1 697亿元及123亿元。与规模扩张相比，更加值得关注的是，华润集团的股本回报率持续上升，由2001年的6.6%增长至2005年的16.9%（2006年略微下降至16%）。这意味着华润的成长不仅仅是规模扩张，更为股东创造了实实在在的价值——企业盈利能力的不断提高。

——资料来源：黄河：《华润三九此兴彼衰　赵新先兵败何处》，载于《南方周末》，2007年3月29日。

二、资本运营与生产经营的比较

1. 资本运营与生产经营的区别

（1）思维方式不同。

生产经营侧重的是资本增量投入，而忽略资产的利用率和效率，重视企业内部的自我完善和配套，其运营方式是内向型的；而资本运营是通过资本不断流动到报酬率高的地区、行业、企业或产品上，从而获得不断增值的机会，并尽可能利用外部力量发展自己，实现共赢，其运营方式是开放式的。

（2）运营对象不同。

生产经营的对象是产品，通过产品销售使之增值，企业的相关决策均是围绕产品来进行，关注重点是生产的产品是否适应市场；而资本运营的对象是资本，通过运营资本使之增值，运营重点是加速资本流动，提高资本使用效率。

（3）风险处置不同。

生产经营往往依靠单一主导产品经营，通过技术改造、开发新产品、创新销售渠道等方式来规避风险；而资本运营往往将资本多元化，依托多个产品或多元化经营支撑企业，以减少或分散经营风险。

2. 资本运营与生产经营的联系

（1）目标一致。

企业进行资本运营的目的是追求资本的保值增值，而企业进行生产经营，根据市场需要生产和销售产品，目的在于赚取利润，以实现资本增值，因此，生产经营实际上是以生产、经营产品为手段，以资本增值为目的的经营活动。

（2）相互依存。

企业是一个运用资本进行生产经营的基本单元，任何企业的生产经营都是以资本作为前提条件，如果没有资本，生产经营就无法进行；如果不进行生产经营活动，资本增值的目的就无法实现。因此，资本经营要为发展生产经营服务，并以生产经营为基础。

(3) 相互渗透。

企业进行生产经营的过程，就是资本循环周转的过程，如果在企业生产经营过程中，供产销各环节脱节，资本循环周转就会中断，如果企业的设备闲置，材料和在产品存量过多，产品销售不畅，资本就会发生积压，必然使资本效率和效益下降，因此，资本运营与生产经营密不可分。

案例讨论（1-2）：在 GE 兴盛与安然衰亡的表象背后

美国安然公司因财务造假丑闻宣告破产。安然公司成立于1930年，1941~1947年间，随着公司股票上市，公司的股权渐渐分散，到1979年，北方公司（InterNorth）成为公司的控股股东，并取代北部天然气公司在纽约证交所挂牌。1985年，北方公司收购竞争对手休斯敦天然气公司，并更名"安然"（Enron）。在2001年宣告破产之前，安然拥有约21 000名雇员，是世界上最大的电力、天然气以及电讯公司之一，2000年披露的营业额达1 010亿美元之巨，公司连续六年被《财富》杂志评选为"美国最具创新精神公司"，美国的大学、咨询公司以及《经济学家》、《财富》之类的研究单位或媒介，对安然在这20年间的创新和业务模式是当作经典来研究和评介的。2000年3月，《经济学家》在一篇文章中赞扬说："通过改换能源业务中的所有规则，董事长兼CEO肯尼思·雷已然把安然从一家'乏味的、油腻腻的、凡庸的石油天然气管道运营商'转换成一家迎风高扬的'新经济企业'了。"

韦尔奇在接受《商业周刊》的采访时说："安然和我走的其实是同一个路子。在80年代，我买下了华尔街投资银行基德-皮博迪公司，然后也像安然那样来开展交易和做事情。我们幸运的地方在于，当时投入的公司规模还很小，这样我们就得以顺利脱手撤了出来，并且活下来了。但如果它的规模再大一些的话，很可能就会把我们都吞掉了。在安然公司，情况正是如此，这种业务规模已经太大，超过了其核心业务，最终也就把他们给吃掉了。"

安然并不是因为作假才成为500强的，安然作假是在它的核心竞争力和实力不足以支撑它的实际运营模式的情况下，不甘心失败铩而走险去作假。安然和GE有长期的交易，韦尔奇应当深知安然的核心竞争力、商业模式以及运营过程。从核心竞争能力的角度讲，安然的问题出在它从一个单纯的能源供应商变成能源或多种业务交易商后，它新的核心竞争能力并没有完全形成，或不足以支撑它在后期的这些大手笔。而从企业文化的角度上讲，安然的问题出在他们踏进了一种自己并未真正理解的企业文化之中，出在从他们的核心业务一头跳进了交易业务之中。按照韦尔奇对安然后期操作的批评："你让公司文化脱胎换骨却对新的业务不明就里、你雇佣了一个全新的团队进场操作，这时你就应该警惕了。"

——资料来源：姜汝祥：《在 GE 兴盛与安然衰亡的表象背后》，载于《环球企业家》，2002 年第 4 期。

三、资本运营的特点

资本运营是一个过程，它存在于资本的组织、投入、运营、产出和分配的各个环节，促进资本存量的合理流动和优化配置，改善资本结构，提高配置效率。其特点表现在以下八个方面：

1. 资本运营是以资本为中心的企业运作机制

资本运营要求企业在经济活动中始终以资本保值增值为核心进行经济决策；筹集资本时力求速度快、成本低；运用资本时力求投向准确、规模适当、风险小、收益高。

2. 资本运营是以价值形态为主的管理过程

实物形态的资本不易分割、不易流动，而价值形态的资本却能克服这些弱点，因此，资本运营不仅要重视企业经营过程中的实物供应、实物消耗、实物产品，更要关心价值变动、价值平衡、价值形态的变换。

3. 资本运营是一种开放式经营模式

资本运营要求经营者面对更为广阔的空间，打破地域、行业界限、部门界限和产品界限，将企业看作价值增值的载体和资本增值的形式，实现跨行业、跨地域和跨产品的开放式运营。

4. 资本运营追求资本的流动性

资本只有在不断地流动循环过程中不停地转换自身的形态，合理配置、优化组合才能达到不断增值的目的，资本运营要求企业加快资本的周转速度，提高资本的增值速度，同时，通过并购、重组等各种手段盘活存量资本，使资本向投资报酬率更高的行业、企业、产品流动，因此，追求资本的流动性是资本运营实现其增值的前提条件。

5. 资本运营通过资本组合回避风险

外部环境的不确定性，使企业经营充满风险，为保障投入资本的安全，不仅要靠产品组合，还要进行有效的"资本组合"，靠多个产业和多元化经营来降低或分散经营风险。

6. 资本运营是一种结构优化式经营

结构决定功能，结构优化包括对企业内部资源结构如产品结构、技术结构的优化；对资本形态结构如实业资本、金融资本和产权资本等的优化；存量和增量资本结构的优化；资本运营过程的优化等。

7. 资本运营是以人为本的经营

人力资本是企业资本的重要组成部分，只有把人力资本的运营作为资本增值的主要手段和目标，不断挖掘人的积极性和创造力，才能获得最大限度的资本增值。

8. 资本运营重视资本的支配和使用而非占有

企业可以"借鸡下蛋、借船出海"，通过兼并、控股等多种形式获得对更大资本的支配权，通过战略联盟等形式与其他企业合作开拓市场，换取技术，降低风险，从而增强自身竞争实力，获得更大收益。

第二节 资本运营的模式分类

资本运营可以实现资源的合理配置和资本效用的最大限度发挥，从不同的角度，资本运营可以分为以下不同的类型。

一、按资本运营的形态分类

从资本运营的形态来看，资本运营可以分为实业资本运营、金融资本运营、产权资本运营和无形资本运营。

1. 实业资本运营

将资本投放到购买生产经营活动所需要的厂房、机器设备等固定资本和原材料等流动资本，形成从事产品生产或者提供服务的经济活动能力的运作过程，就是实业资本运营。实业资本运营是企业资本运营范畴中最基本的运作方式，对整个资本运营起到支撑作用，是企业成长和发展的基础，其最终目的就是要运用资本投入所形成的实际生产经营能力，从事产品生产、销售或者提供经营服务等具体的经济活动，以获取利润从而实现资本的保值增值。实业资本运营会形成企业的核心竞争力,它是企业发展壮大的根本所在。

2. 金融资本运营

金融资本运营是指企业以金融资本为对象进行的一系列资本经营活动。金融资本是与实物资本相对应的资本形态,主要以有价证券为表现形式,如股票和债券等。企业在进行金融资本运营时,一般不涉及企业的厂房、原料、设备等具体实物的运作,而只是通过买卖有价证券或期货合约等,使持有的金融资本增值,其收益来自有价证券的价格波动以及其本身的固定报酬。

企业金融资本运营最常采用的方式有股票、债券、期货和期权,如何选择具体的运营方式,一般需要考虑如下因素:

(1) 安全性。安全性主要包括两个方面的含义:一方面是风险与收益的相当程度。风险与收益一般成正比例关系,即高风险高收益、低风险低收益,但也可能会出现低风险高收益及高风险低收益的情况。企业在选择运营方式时,应避免出现高风险低收益的不利情况;另一方面是风险性与投资者的适合程度。在金融资本市场上,不同的投资者由于其财力、物力、人力的不同,风险承受能力也不一样。对于财力微薄、初涉市场的企业来说,应该采用保守型的投资策略,选择低风险低收益的证券进行投资,谨慎对待高风险高收益的证券投资活动,而对于财力雄厚、富有经验的投资企业来说,则可以承担更高的风险。

(2) 收益性。在选择金融资本运营方式时,应考虑收益率、价格、手续费和税金等各种因素。

(3) 流动性。由于证券是金融资本的主体,因此金融资本的流动性也就主要表现为证券的流动性,即证券的变现能力,而证券的流动性取决于证券的偿还期限。

(4) 便利性。主要是指投资购买证券所需要的时间、交割的期限、认购手续是否迅速方便、是否符合投资者的偏好等。

3. 产权资本运营

产权是由法律所界定的所有权在经济上的体现,是多种权利的总称,包括法定主体在财产上拥有的占有权、使用权、处置权和收益权。产权是一种价值形态的财产收益,所包含的权益是可以分离、分割和转让的,如股东是企业的所有者,但是企业的法人财产支配权却属于经理,因而产权从某种意义上可以看做是一种资本。之所以强调产权是一种资本,其意义在于将企业的经营资源从企业自身的资本、劳动力、技术等扩充到更大的范围,使企业通过兼并、收购、租赁等产权资本经营形式,实现资本扩张,获得资本的最大增值。

产权资本运营有两个层次:

一个层次是资本所有者及其代理人依据出资者的所有权经营企业的产权资本，以实现资本的保值增值目标。具体活动包括：通过改变企业的资本结构，使投资主体多元化，实现资本的扩张，如通过合资增加产能、扩大市场；通过投资活动形成资本性权益，如企业设立若干家全资子公司和控股子公司，该企业有权对其所属的子公司产权进行运作；通过对产权的转让或收购，分散风险，保证资本收益的最大化。

另一个层次是指企业经营者依据企业的法人财产权经营企业的法人资产，以实现企业法人资产的保值增值目标。具体活动包括：通过资产交易使实物资产变为货币资产，或者从货币资产变为实物资产，资产交易的结果是改变了不同资产在总资产中的比例；进入资本市场发行企业债券；进入产权交易市场进行兼并、收购、参股、租赁等。

4. 无形资本运营

无形资产是没有具体实物形态的资产，如专利权、著作权、土地使用权、专营权、非专利技术、商誉等，它可以为企业长期所拥有，并给企业带来经济效益。无形资本运营就是企业对所拥有的各类无形资产进行运筹和谋划，用无形资产的价值实现企业整体价值增值的运作方式。通过将企业的知识产权类资产（专利权、著作权等）、生产许可证转让、商标进行参股或转让等，可以扩大企业规模，实现规模经济目标；同时，推动企业重视技术和产品开发，提高产品的技术含量，提升企业产业结构、产品结构的技术含量，从宏观的角度，还有利于技术创新成果在企业间、产业间的快速扩散。

二、按资本运营的方式分类

从资本运营的方式来看，可以将资本运营划分为扩张型资本运营、收缩型资本运营以及整合型资本运营。

1. 扩张型资本运营模式

资本扩张是指通过内部积累、追加投资、吸纳外部资源等方式，使企业实现资本规模的扩大和发展领域的拓展。扩张型资本运营以扩大企业经营规模和资产规模为目标，按照扩张的手段，可以分为以下三种形式。

（1）并购。

并购包括兼并与收购，是指企业通过产权交易，用合并方式吞并其他企业或用购买其他企业产权的方式取得绝对控股地位而使其他企业成为其全资子公司或控股公司，以谋求价值增长的一种经济行为。企业并购是实现企业扩张和发展的基本途径，其实质是一个企业取得另一个企业的财产、经营权或股份，并对另一个企业发生支配性的影响。

（2）联合经营。

联合经营是指在单个企业尚不足以独立经营某一事业、难以利用规模效益的情况下，由两个或两个以上独立的经营实体横向联合成立一个经营实体或企业集团的拓展方式。联合经营有利于实现企业资源的有效组合与合理调配，增加经营资本规模，实现优势互补，增强集合竞争力，加快拓展速度，促进规模化经济的发展。

（3）企业托管。

企业托管是指企业资产所有者将企业的整体或部分资产的经营权、处置权，以契约形式在一定条件和期限内，委托给其他法人或个人进行管理，从而形成所有者、受托方、经营者和生产者之间的相互利益和制约关系，托管经营的实质是企业所有权与经营权的分离。托管经营中的受托方一般具有管理和资金方面的优势，通过对托管企业的资金投入和有效的经营机制、科学的管理手段、高科技的成果、优质的品牌的引入，可以大幅提高企业的运营效益。

2. 收缩型资本运营

收缩性资本运营是指企业把自己拥有的一部分资产、子公司、内部某一部门或分支机构转移到公司之外，从而缩小公司的规模，其根本目的是为了追求企业价值最大以及提高企业的运行效率。收缩性资本运营是对公司主营业务范围进行的重组，通常是放弃规模小且贡献小或与公司核心业务没有协同的业务，把原来支持这部分业务的资源相应转移到剩余的重点发展领域，使母公司可以集中力量发展核心业务。收缩性资本运营是扩张性资本运营的逆操作，其主要实现形式有：

（1）资产出售。

资产出售是指把企业所属的一部分不适合企业发展战略目标的资产出售给第三方，这些资产可以是固定资产、流动资产，也可以是整个子公司或分公司。资产出售主要适用于不良资产的存在恶化了公司财务状况、某些资产明显干扰了其他业务组合的运行、行业竞争激烈、公司急需收缩产业战线等情况。

（2）公司分立。

公司分立是指公司将其拥有的某一子公司的全部股份，按比例分配给母公司的股东，从而在法律和组织上将子公司的经营从母公司的经营中分离出去。通过这种资本运营方式，形成一个与母公司有着相同股东和股权结构的新公司。在分立过程中，不存在股权和控制权向第三方转移的情况，母公司的价值实际上没有改变，但子公司却有机会单独面对市场，有了自己的独立的价值判断。

(3) 分拆上市。

分拆上市有广义和狭义之分，广义的分拆上市包括已上市公司或者未上市公司将部分业务从母公司独立出来单独上市；狭义的分拆上市指的是已上市公司将其部分业务或者某个子公司独立出来，另行公开招股上市。一般情况下，分拆上市成功后，母公司将获得超额的投资收益。

(4) 股份回购。

股份回购是指通过一定途径购买本公司发行在外的股份，适时、合理地进行股本收缩的内部资产重组行为。通过股份回购，可以达到缩小股本规模或改变资本结构的目的。进行股份回购的原因一般有以下几个：一是保持公司的控制权；二是提高股票市价，改善公司形象；三是提高股票内在价值；四是保证公司高级管理人员认股制度的实施；五是改善公司资本结构。股份回购与股份扩张一样，都是在公司发展的不同阶段和不同环境下采取的经营战略，因此，股份回购取决于公司对自身经营环境的判断。一般来说，一个处于成熟或衰退期的、已超过一定的规模经营要求的公司，可以选择股份回购的方式收缩经营战线或转移投资重点，开辟新的利润增长点。

3. 整合型资本运营

整合型资本运营是指企业通过资产、股权的置换，或两者兼而有之的方式配置资源的交易行为。虽然置换前后的资产、股权的总量不变，但是，资产结构、股权结构、经营方式和规模等将发生很大的变化，从而提高企业经营水平，增强企业盈利能力。整合型资本运营可以分为以下几类：

(1) 资产置换。

资产置换是企业通过相互交换资产来实现企业资产结构优化的一种资源配置方式。按照置换的操作方式，某企业的一些非核心资产效率低下，减低了该企业整体盈利能力，而这些资产却又是另一企业所急需的，双方通过资产置换获得与自己核心能力相协调、相匹配的资产，这一过程是一个互惠互利的双赢行为。由于不涉及现金流，还能提高企业的资产质量和盈利能力，资产置换成为上市公司与大股东之间开展资本运营的常见形式之一。

(2) 股权置换。

股权置换的目的在于引入战略投资者或合作伙伴，通常股权置换不涉及控股权的变更，股权置换的结果是实现企业控股股东与战略伙伴之间的交叉控股，以建立利益关联。

(3) 资产股权置换。

资产股权置换是以企业原有股东出让部分股权为代价使企业获得其他公司的优质资产，从而优化资产结构、扩大企业规模。对于上市公司而言，资产股权置换通常表现为以增发新股的方式，获得其他公司或股东的优质资产，而其他公司则以固定资产换取了长期投资收益。

（4）买壳上市。

买壳上市是指非上市公司通过收购上市公司，获得上市公司的控股权后，再由上市公司反向收购非上市公司的实体资产，从而将非上市公司的资产注入上市公司中去，实现非上市公司的间接上市。买壳上市的效果取决于买壳的非上市公司自身主营业务、买壳中采取的方式以及对壳公司进行的整合内容。一般情况下，买壳上市往往是资产置换、股权置换、债务重组等各种资本运营手段的综合运用和延伸发展。

三、按资本运动状态的分类

按照资本的运动状态，可以将资本运营划分为存量资本运营和增量资本运营。

1. 存量资本运营

存量资本运营是指投入企业的资本形成资产后，以增值为目标而进行的企业经济活动。企业可以通过兼并、收购、租赁、破产等产权转让方式，促进存量资本的合理流动和优化配置。

2. 增量资本运营

增量资本运营实质上是企业的投资行为，是对企业的投资活动进行筹划和管理，包括投资方向的选择、投资结构的优化、筹资与投资决策、投资管理等。

四、按资本运动过程的分类

按照资本运动的过程，可以将资本运营划分为资本的筹措、投资、扩张、流动和分配各个环节。

1. 资本筹措

资本筹措是资本运营的起点，尤其是实现资本扩张的前提。资本筹措首先要确定资本积聚方式，资本积聚有资本积累和资本集中两种方式。资本积累是指将企业自身的利润转化为生产经营性投资所实现的积累；而资本集中是指不同资本所有者之间的资本集合，是社会资本的重新分配和优化配置。资本积累是资本增值的前提，而资本集中则是资本运营的主要途径。其次，资本筹措要优化资本结构,通过资本在不同产业、企业、产品之间及其内部的合理流动达到资本的优化配置,提高企业资本运营的效率。

2. 资本投资

资本投资是资本运营主体对资本要素进行运营形成资产的一种行为,它既是资本变换的一种方式,也是对于资本的使用。资本投资的根本目的,就是追求利润的最大化,以最小的投入取得最大的产出,而资本投资决策则主要是资本投向和资本投入量的选择。

3. 资本扩张

企业资本扩张的方式包括股票发行、产权转让、借贷、并购、重组、托管、租赁等,企业进行资本扩张,需要董事会和经营者敏锐的战略眼光和高超的资本运作能力,同时也需要企业内部进行科学的管理,充分调动企业内部的积极性,使企业自身更具吸引力,更加适应市场竞争的需要。

4. 资本流动

资本流动是指资本的变化,即从实物形态转化为货币形态,或由货币形态转化为实物形态,也包括作为实物形态的资本或货币形态的资本的所有权、使用权的让渡。资本流动的类型可分为投资兴办企业、转让产权、购买有价证券、将资金贷出或借入等,方式有直接投资、证券投资、借贷信用等几种。资本流动的最终目的是优化资本结构,从而降低成本和风险,实现企业资本盈利的最大化。

5. 资本分配

资本分配包括对于资本的分配和对资本收益的分享两个方面。资本一定要通过生产、交换、分配、消费等社会再生产的各个环节来表现自己对社会生产和再生产的支配作用,因此,资本分配是生产与再生产得以进行的前提。而资本收益的分享,是指把原本由股东全部获得的利润的一部分,以股权或其他的形式,用于激励企业员工和经理人。

● **本章思考题**

1. 资本运营的含义是什么?
2. 资本运营有哪些特点?
3. 资本运营与生产运营的关系是什么?
4. 资本运营有哪些模式?各种模式有哪些特点?

第二章 公司并购

内容提要：公司并购的基本内容；公司并购的主要分类；公司并购的一般程序

第一节 公司并购的基本内容

一、公司并购的相关概念

公司并购是兼并（merger）和收购（acquisition）的合称。在西方，两者习惯于联用为一个专业术语"merger and acquisition"，缩写为"M&A"。随着金融结构的不断演进和金融创新的不断发展，公司并购的内涵和外延也处在不断变化和延伸之中，与此相关的概念有：

1. 兼并

《大不列颠百科全书》（The New Encyclopedia Britannica）对兼并的权威解释是，"指两家或多家的独立企业或公司合并组成一家企业，通常由一家占优势的公司吸收一家或更多的公司。兼并行为可以通过以下方式完成：用现金或证券或其他形式购买其他公司的资产、购买其他公司的股份或股票、对被收购公司的股票发行新的股票以换取其所持有的股权[①]。《大美百科全书》（Encyclopedia American）把兼并界定为"两个或两个以上的公司组织组合为一个公司组织，一个厂商继续存在，其他厂商丧失其独立身份。唯有剩下的厂商保留其原有名称和章程，并取得其他厂商的资产。"从这个意义上讲，兼并等同于《中华人民共和国公司法》（以下简称《公司法》）中的吸收合并。

[①] The New Encyclopedia Britannica, Encyclopedia Britannica Inc., Volume 8 15th Edition, 1993: pp. 34 – 35.

2. 合并

在《公司法》中，公司合并有两种方式：吸收合并和新设合并。吸收合并，是指两个或两个以上的公司合并中，其中一个公司因吸收了其他公司而成为存续公司的合并形式。而新设合并是指两个或两个以上的公司通过合并同时消亡，在此基础上形成一个新公司，由其承担原各公司的全部资产与负债的合并形式。我国有关公司合并的具体规定见表2-1。

表2-1　　　　　　　　　　公司合并的相关规定

> **第一百七十三条**　公司合并可以采取吸收合并或者新设合并。
> 一个公司吸收其他公司为吸收合并，被吸收的公司解散。两个以上公司合并设立一个新的公司为新设合并，合并各方解散。
> **第一百七十四条**　公司合并，应当由合并各方签订合并协议，并编制资产负债表及财产清单。公司应当自作出合并决议之日起十日内通知债权人，并于三十日内在报纸上公告。债权人自接到通知书之日起三十日内，未接到通知书的自公告之日起四十五日内，可以要求公司清偿债务或者提供相应的担保。
> **第一百七十五条**　公司合并时，合并各方的债权、债务，应当由合并后存续的公司或者新设的公司承继。
> **第一百八十条**　公司合并或者分立，登记事项发生变更的，应当依法向公司登记机关办理变更登记；公司解散的，应当依法办理公司注销登记；设立新公司的，应当依法办理公司设立登记。

——资料来源：《中华人民共和国公司法》。

3. 收购

收购（acquisition）是指一个公司以现金、债务或股票在产权市场上购买全部或部分股票或资产以获得对该公司的全部或部分所有权的控制。收购的目的是获得对目标企业的控制权，目标企业的法人地位并不消失。收购有资产收购和股份收购两种形式。资产收购是指一家公司购买另一家公司的部分或全部资产，而收购方不需要承担被收购方的债务；股份收购则是指一家公司直接或间接购买另一家公司的部分或全部股权，从而成为被收购公司的股东。在股权收购的情况下，根据购买股权的比例，又可分为参股收购、控股收购和全面收购。在全面收购中，收购者购买被收购公司的所有股权；在控股收购中，收购者购得被收购公司达到控股比例的股权，理论上控股比例应高于50%，但在被收购公司有相当大的规模而股权又比较分散的情况下，往往控制了30%左右的股权就足以有效地控制整个公司，达到控股的目的；而参股收购则是指不获取目标公司控制权的股权收购行为。

案例讨论（2-1）

资料 1：Tecmo 与 Koei 合并成立控股公司 Koei Tecmo

以《死或生》出名的日本游戏公司 Tecmo 和《三国志》、《大航海时代》等游戏出名的日本 Koei 公司将正式合并。Tecmo 和 Koei 称，两家公司以将在 2009 年 1 月 26 日举办的临时股东大会上的承认为前提，在合并问题上达成一致，同意在 2009 年 4 月 1 日创办 KoeiTecmo 控股公司。此次合并是在 2008 年 11 月 18 日举办的两家公司理事会上的决定，会上还起草了股份移交相关的"股份移交计划书"，并签下了合并相关合同。就合并原因，两家公司称，是为了和游戏市场的极速变化，游戏机的高性能化，便携式游戏机普及率的飞速上升，网络游戏及手机游戏市场的极速成长同步。

Tecmo 是开发《死或生》、《忍者龙剑传》系列等人气游戏的日本开发公司，在北美地区的销售额颇高。Koei 是开发《信长之野望》、《三国志》、《真三国无双》系列等历史为题材的游戏，以亚洲市场为中心的日本游戏开发公司。两家公司作为两个不同领域上的强者，合并将有望带来更多的销售额及产生通过技术交换出现的第二效应。

——资料来源：《Tecmo 与 Koei 合并 2009 年成立控股公司》，载于新浪网，http://games.sina.com.cn/o/g/2008-11-19/09454887.shtml。

资料 2：上海医药以换股方式吸收合并上实医药、中西药业

2009 年 10 月 14 日，上海中西药业股份有限公司（600849.SH）（下称上海医药）召开五届八次董事会及五届六次监事会，会议审议通过关于上海医药以换股方式吸收合并公司的议案。换股吸收合并方案的主要内容：

（1）吸并方：上海医药（600849.SH）。

（2）被吸并方：上实医药（600607.SH）、中西药业（600842.SH）。

（3）吸收合并方式：上海医药向上实医药和中西药业于换股日登记在册股东增发 A 股新股；在换股日持有上实医药和中西药业股份的股东，均有权且应当于换股日，将其所持有的被吸并方股份（包括现金选择权提供方因向被吸并方股东提供现金选择权而获得的被吸并方的股份）全部转换成上海医药的股份。本次吸收合并完成后，存续方将承继及承接上实医药和中西药业的所有资产、负债、权利、义务、业务、人员，上实医药和中西药业不经过清算程序办理注销手续。本次吸收合并完成后，存续方上海医药的法定名称不因此发生变更，主营业务变更为医药投资、医药工业、医药商业，具体经营范围以存续方股东大会审议通过并经工商行政管理部门核准为准。

（4）换股对象：本次换股吸收合并的换股对象为换股日登记在册的上实医

药及中西药业的全体股东。

（5）换股价格及换股比例：上海医药的换股价格为上海医药审议本次换股吸收合并事项的董事会决议公告日前20个交易日的A股股票交易均价，即11.83元/股；上实医药的换股价格为上实医药审议本次换股吸收合并事项的董事会决议公告日前20个交易日的A股股票交易均价，即19.07元/股；中西药业的换股价格为中西药业审议本次换股吸收合并事项的董事会决议公告日前20个交易日的A股股票交易均价，即11.36元/股。根据上述换股价格，上实医药与上海医药的换股比例确定为1∶1.61，即每股上实医药股份可转换为1.61股上海医药的股份；中西药业与上海医药的换股比例确定为1∶0.96，即每股中西药业股份可转换为0.96股上海医药的股份。除任何一方在换股日之前发生除权、除息事项，以及发生按照相关法律、法规或监管部门的要求须对换股价格进行调整的情形外，上述换股比例在任何其他情形下均不作调整。上海医药、上实医药及中西药业均分别承诺，自换股吸收合并协议签订之日至换股日，不进行任何可能导致其股票进行除权、除息的事项。换股后，上实医药、中西药业股东取得的上海医药股份应为整数，如被吸并方股东根据换股比例计算出所能换取的上海医药股份数不为整数时，则对于不足一股的余股按照上海证券交易所（以下简称"上交所"）关于余股处理的相关规定计算处理。

（6）吸并方异议股东的保护机制：为保护上海医药对本次换股吸收合并持有异议的股东的利益，上海医药及其股东一致同意赋予上海医药异议股东以异议股东收购请求权，行使异议股东收购请求权的上海医药异议股东，可就其有效申报的每一股上海医药股份，在上海医药异议股东收购请求权实施日，获得由异议股东收购请求权提供方支付的按照定价基准日前20个交易日股票交易均价确定并公告的现金对价，即每股11.83元。

（7）被吸并方股东的保护机制：为充分保护被吸并方上实医药及中西药业全体股东的利益，各方一致同意赋予上实医药及中西药业的全体股东现金选择权。具有现金选择权的股东可以全部或部分行使现金选择权，行使选择权的股份将按照上实医药及中西药业的现金选择权价格，分别为每股19.07元及11.36元换取现金，同时将相对应的股份过户给现金选择权提供方，若上实医药或中西药业股票在本次换股吸收合并定价基准日至现金选择权实施日期间发生除权、除息的事项，则上实医药或中西药业现金选择权的行权价格将作相应调整。

（8）员工安置：本次换股吸收合并完成后，上实医药及中西药业在交割日的全体在册员工均将由上海医药全部接受。上实医药及中西药业与其全部员工之前的所有权利和义务，均将自交割日起由上海医药享有和承担。

（9）拟上市的证券交易所：本次吸收合并完成后，上海医药以换股方式吸收合并上实医药及中西药业发行的A股将在上交所上市。本次交易包括：①上海医药换股吸收合并上实医药和中西药业；②上海医药向上药集团发行股份购买资产；③上海医药向上海上实发行股份募集资金，并以该等资金向上实控股购买医药资产的行为。上述三项交易共同构成本次重大资产重组不可分割的组成部分，其中任何事项未获得所需的批准（包括但不限于相关交易方内部有权审批机构的批准和相关政府部门的批准），则本次重大资产重组自始不生效。

——资料来源：《上海市医药股份有限公司三届七次董事会议暨召开 2009 年第一次临时股东大会公告》，载于《上海证券报》，2009 年 10 月 16 日。

二、兼并与收购的比较

1. 兼并与收购的区别

（1）实施的主体不同。

兼并的当事人为进行合并的双方或多方法人；收购的主体是收购人和目标公司股东，收购者可以是法人，也可以是自然人。

（2）操作的程序不同。

在兼并中，要取得某家企业的经营权，必须事先与对方公司协商，达成兼并协议，以合同方式进行产权交易，同时兼并协议必须获得股东大会的决议同意；而收购是从股东手中直接购得有表决权股票，不必与目标公司经营者协商，也无须获得目标公司股东大会的批准，在获得股权上的优势后，还可进行董事会、监事会的改组。

（3）产生的后果不同。

兼并必然导致一方或多方公司的解散、法人资格的丧失，而收购的后果主要是公司控股权的转移。

（4）承担的义务不同。

兼并各方的债权债务应由合并后存续的公司承担，而收购方对目标公司的原有债权债务仅以其控股比例承担，一般不会更换或重新明确原有的债权债务。

2. 兼并与收购的联系

（1）交易的动因相同。

从行为的实施主体角度看，兼并与收购都是增强企业实力的外部扩张策略或途径，目的都是为了扩大企业市场占有率，扩大经营规模，实现规模经营，拓宽企业经营范围，实现多元化经营或综合化经营。

（2）交易的对象相同。

兼并是企业所有权的转换，而收购通过控制目标公司股权取得控制权，即市场交易活动中对企业生产要素组合的支配权，它是在产权基础上提出的，因此，兼并和收购都是为了获取公司的控制权，都以企业产权为交易对象。

三、公司并购的动因及效应

1. 并购的动因

并购作为企业发展战略的一种方式，在西方发达国家一百多年的经济发展中发挥着重要的作用。企业之所以选择并购，主要有两方面的原始动因。

（1）追求利润最大化的动因。

在市场经济中，企业的一切经济活动都是为了追求利润，企业的并购自然也不例外，其最初产生的动力就来源于企业家追求利润最大化的愿望。由于并购可以扩大经济规模、增加产品产量、获得更多的利润、提高资本利用效率，企业家总是想方设法地利用并购的各种途径获得更大的利益。因此，利润最大化的动因刺激了企业并购的不断产生和发展。

（2）竞争压力的动因。

有市场就会存在竞争，这几乎是市场经济中一条铁的法则。尽管竞争的形式多种多样，但是企业的竞争归根到底是成本的竞争。通过并购，企业可以迅速扩大生产规模和市场份额，进而在产品、原材料价格等方面享有垄断优势，并能够得到生产和销售上的规模效益，在单位成本上占据优势，获得高于行业平均水平的利润率，从而能战胜竞争对手，形成良性循环。

案例讨论（2-2）：吉百利竞购大战

2009年9月7日，卡夫提出以102亿英镑（约合167亿美元）收购英国吉百利食品有限公司。

这个方案很快遭到了拒绝。吉百利CEO斯蒂茨（Todd Stitzer）很快便对外表示，就卡夫167亿美元的出价，吉百利的股东们表示不满，并称除非卡夫对这家英国公司提供一个更高的出价，否则吉百利会专注业务自主经营。斯蒂茨认为122亿英镑（约合199.3亿美元）应该是一个比较合理的报价。求婚遭拒的卡夫并没有就此死心，但看上去也没有提高报价的意思。11月9日，卡夫发起恶意收购，向吉百利的股东提出了价值98亿英镑（约合164亿美元）的收购要约，由于卡夫股价下滑，这个报价比9月的初始报价低4%。

这个新的报价很快被吉百利斥之为"滑稽可笑"。吉百利当天回应说，这个价格不仅严重低估了吉百利公司的实际价值，而且比两个月前的出价还要低，因此建议吉百利的股东，拒绝卡夫的收购提案。

可以料想，如果没有好时和雀巢的"搅局"，卡夫与吉百利之间想必还会有一番旷日持久的报价拉锯战。最终卡夫能否顺利拿下吉百利，完全取决于双方的愿景能否最终达成一致。

但行业里的竞争对手们，显然不愿意看到卡夫顺利并购吉百利的这一幕。在卡夫提出敌意收购方案仅一周后，分别来自美国和意大利的巧克力生产商好时食品和费列罗公司在各自的公司公告中证实，正在考虑对吉百利发出竞标。

有了其他公司的"抬价"，吉百利董事长罗杰·卡尔（Roger Carr）就顺水推舟地表示，吉百利更倾向于与好时而不是卡夫合并。他同时还说，如果这两家公司的报价不够慷慨，吉百利都将不会接受。

此外，有消息称雀巢可能考虑竞购吉百利，向卡夫食品的"敌意收购"以及好时可能的竞购发起挑战。但该消息至今未得到雀巢的官方证实。

"可以肯定的是，目前来自任何有关好时或者雀巢对于吉百利的报价，都将迫使卡夫的出价不断被抬高。"博盖咨询合伙人高剑锋对《中国经营报》记者表示。

这场关于吉百利的竞购大战之所以能够引起外界的关注，是因为"无论吉百利最终答应其中任何一家竞购方的收购要约，都有可能会面临市场反垄断机构的阻挠"，其颠覆全球食品行业竞争格局的影响力可见一斑。

卡夫食品是目前仅次于瑞士雀巢食品公司的世界第二大食品生产企业，总部位于美国伊利诺伊州。而吉百利是世界第二大糖果和巧克力生产商，创始于1824年，其在世界糖果市场和全球口香糖市场的份额分别为10.3%和29%。

中投顾问食品行业首席研究员陈晨表示，如果卡夫成功收购吉百利，将超越雀巢成为全球第一大食品企业。反之，雀巢将坐稳行业老大的位置。如果将全球的食品市场比作一杆秤，卡夫和雀巢分居秤的两头，那么吉百利将是决定天平往哪一方倾斜的那块砝码。

参与竞购的各方当中，好时是实力最弱的，但是它拥有吉百利朱古力在美国生产及销售的权利。如果可以收购，是最容易消化吉百利这颗香滑的巧克力的。此外，吉百利将大大增强好时的实力和影响力，让其成为食品企业巨头，与雀巢、卡夫抗衡。

不过从目前的态势来看，卡夫是收购决心最为坚定的一方。陈晨表示，比如卡夫公司的核心产品系列为饼干、糖果、乳制品及饮料。相对于卡夫的饼干等包装食品业务来说，吉百利的糖果业务利润更高、品牌竞争也少。2008年，卡夫在世界糖果市场的份额只有4.5%。如果收购成功，可迅速与目前行业排名第一的玛氏公司分庭抗礼。

相比之下，无论是雀巢还是好时，与吉百利的业务重合度更高，虽说收购可以迅速提升公司在细分领域的市场占有率，但除了口香糖业务外，对公司增加新的利润增长点来说贡献不大。

在高剑锋看来，雀巢和好时参与竞购的动机是防御性的，目的就是阻挠卡夫顺利并购吉百利，使自己的市场地位受到冲击。即使是最终收购不能成功，也能在中间搅搅局，迫使竞争对手在收购上付出更高的代价。

——资料来源：宋文明：《巧克力战争》，载于《中国经营报》，2009年11月28日。

2. 并购的效应

市场经济条件下，受到追逐利润最大化的内在动力和来自市场竞争的外在压力的共同影响，企业往往会选择并购作为实现企业经济发展战略目标的重要手段。在现实的经济活动中，这两大原始动因又以不同的具体形态表现出来，实际的并购过程是一个多因素的综合平衡过程。一般而言，影响并购活动的因素主要有协同效应、企业发展效应、市场份额效应和企业发展的竞争战略等。

(1) 协同效应。

协同效应即规模经济效应，即"1+1＞2"的效应，并购可以从经营、管理、财务等方面为企业带来协同效应。

一是经营协同效应。

经营协同效应主要是指并购给企业的生产经营活动在效率方面带来的变化及效率的提高所产生的效益。通过并购，企业可以对其资产进行补充和调整，以达到最佳经济规模的要求，从而保持尽可能低的生产成本，尤其是并购能使企业管理费用在更多数量的产品中分摊，从而大大降低单位产品的管理成本。并购还可以使企业在保持整体产品结构不变的情况下实现产品的专业化生产，避免由于产品品种转换而带来的生产时间的浪费；又可以解决专业化带来的某些问题，譬如通过纵向并购，可以有效地解决由于专业化引起的各生产流程的分离，消除各生产环节的间隔，降低操作成本和运输成本，充分利用生产能力。

二是管理协同效应。

竞争力是企业生存与发展的基础，在知识经济时代，人力资本对于企业的核心竞争力具有举足轻重的影响。通过并购，企业可以获得更多的高级管理人才和高级技术人才，强化企业创新能力和管理效率，使企业处于更加有力的竞争地位。

三是财务协同效应。

财务协同效应主要是指并购给企业在财务方面带来的各种效益，这种效益的取得，不是由于生产效率的提高，而是由于税法、会计处理惯例以及证券交易等的作用而产生的。财务协同效应主要表现在以下两个方面。

一方面是通过并购实现合理避税的目的。税法对个人和企业的财务决策有着重大影响，不同类型的资产所征收的税率是不同的，股息收入和利息收入、营业收益和资本收益的税率也有很大区别。正是由于这种区别，使企业能够采取某些财务处理方法达到合理避税的目的。常见的途径有：

第一，企业利用税法中的亏损递延条款合理避税。亏损递延是指如果某企业在一年中出现了亏损，该企业不但可以免付当年的所得税，其亏损还可以向后递延，抵销以后几年的盈余，企业将根据抵销后的盈余缴纳所得税。因此，如果企业在一年内严重亏损或连年亏损，该企业往往会被考虑作为并购的对象，并购它的企业将通过并购的手段获得税收上的好处。

第二，企业利用非现金支付方式进行并购合理避税。并购过程中，如果不是采用现金支付方式而是以股票换股票的方式，卖方企业的股东既未收到现金，也未实现资产收益，这一过程是可以免税的。这样，企业就可在不纳税的情况下，实现资产的流动与转移，从而使资产所有者达到追加投资和资产多样化的目的。买方企业还可将换得的股票先转换为可转换债券，一段时间后再转为普通股票，从而获取税收的优惠。这是因为债券利息可预先从税前收入中扣减、税额由扣除利息后的盈余乘以税率确定，可以少缴纳所得税；企业可以保留这些债券的资本收益，直到其转化为普通股为止，由于资本收益的延期偿付，使企业少付资本收益税。

另一方面是通过并购带来财务的预期效应。预期效应是指通过并购使股票市场对企业股票的评价发生改变而对股票价格造成的影响。企业股票价格受诸多因素影响，但主要取决于对企业未来现金流量的判断。因此，在证券市场上，往往把市盈率作为企业未来的估价指标。在外界环境相对平稳的条件下，企业短时期内的市盈率不会有很大变动，只有当企业的盈利率或盈利增长率有很大程度提高时，市盈率才会有所提高。企业可以通过并购那些有着较低市盈率，每股收益却较高的企业，从而提高收购方的每股收益和被收购方的市盈率，引起二者股票价格都剧烈上升，从而带来极好的投机机会，而股票投机反过来又刺激企业进行进一步的并购。

（2）企业发展效应。

面对激烈的市场竞争，企业必须不断发展才能保持和增强它在市场中的相对地位，才能够在竞争中生存。并购对于企业发展能力的提升，主要体现在以下三个方面：

一是能有效打破企业进入新行业的壁垒。

一般来说，企业进入新行业至少面临五大障碍：第一，企业在大规模进入一个新的领域时，将面临现有企业的激烈反应，而小规模的经营则面临成本劣势；第二，产品差异使消费者从原有产品转向购买新进入企业的产品时，必须支付高额转置成本，从而大幅提高了新进入企业占领市场的难度；第三，某些资本密集型行业对资金的要求使企业存在一定的筹资风险；第四，原有企业与原销售渠道的长期联系，迫使新进企业必须支付高额代价才能打通有效可靠的营销渠道；第五，原有企业的专门技术、取得原料的有利途径、有利的地理位置、累积的经验、政府的优惠政策等对新进入企业不利的因素。此外，当企业运用投资新建的方式进入一个新的经营领域时，还必须考虑新增的生产能力对行业内原有供求平衡的影响，如果新增生产能力很大，行业内部将可能出现产能过剩，从而引发价格战。而运用并购的方式，可以大幅度降低进入难度。由于并购不会给行业增添新的生产能力，短期内行业内部的竞争结构会保持不变，所以引起价格战的可能性大大降低了。

二是能大幅度降低企业发展的风险和成本。

采用投资新建的方式扩张，企业需要花费大量的时间和财力获取稳定的原料来源、寻找合适的销售渠道、开拓和争夺市场，不仅投资时间长，要涉及许多不确定因素，而且风险较大，资金成本高。相比之下，通过并购，可以利用原有企业的原料来源、销售渠道、融资渠道和已占有的市场，从而大幅度减少企业扩张中的不确定性，降低风险和成本。

三是能充分利用经验—成本曲线效应。

在许多行业，随着企业生产经验的不断积累、工人作业方式的改进和操作熟练程度的提高、专用设备和技术的应用，以及对市场的逐步了解和经营管理的加强等，使得产品的单位成本不断下降，这就是经验曲线效应或学习曲线效应。这一效应在技术密集型的企业尤其明显。由于特定的经验蕴涵于特定的企业中，其他企业无法通过简单的模仿、聘请对方企业雇员、购置新技术或新设备等手段来获得，因此，拥有成功经验的企业具有成本优势。采用投资新建方式进入新的经营领域时，新企业由于不具备经验优势，其成本必然高于原有企业，但价格不可能高于原有企业，因此可能引起巨额投资亏损。通过并购，企业不但可获得原有企业的生产能力及各种资产，而且还获得了原有企业的经验，形成整体性的竞争优势。当然，对于某些技术更新非常快的行业，经验—成本曲线效应不明显，企业还是需要通过内部投资才能获得技术上的领先地位与竞争优势。

案例讨论（2-3）：中移动收购凤凰卫视股权　进入新媒体等传媒行业

2006年6月9日，中国移动宣布收购星空传媒所持有的凤凰卫视19.9%股权，作为一家电信运营商，中国移动由此进入了传媒行业。星空传媒是新闻集团的全资子公司。中国移动将与凤凰卫视在创新移动内容、产品、服务和应用的开发和推广方面展开合作。中国移动同时还和新闻集团、星空传媒签署了战略合作备忘录，致力于建立长期的战略合作伙伴关系。

根据战略联盟协议，中国移动与凤凰卫视将在移动增值服务领域，在以无线方式提供传媒内容方面进行资源共享，中国移动将在其无线平台上优先并以优惠条件获得凤凰卫视的内容。中国移动还将和新闻集团、星空传媒在全球范围内共同探索基于移动多媒体通讯平台的、与高质量媒体内容相结合的新业务。合作的初步范围可能包括开发、集成及营销多媒体内容及其他移动增值服务。

中国移动董事长兼首席执行官王建宙说:"放眼全球电信、媒体和科技产业的融合浪潮,此次合作对于中国移动具有重大意义。"

凤凰卫视董事局主席兼行政总裁刘长乐说:"成立新战略联盟将为凤凰卫视进一步发展其新媒体业务提供宝贵的机会,亦令凤凰卫视可通过中国移动的无线平台传输其内容及进一步拓宽市场。"

中国移动进入传媒行业将对其3G战略构成补充,使其用户可以享受更丰富的媒体资源应用与服务。

——资料来源:李少林:《中移动收购凤凰卫视19.9%股权 意在为提供手机媒体化服务打下基础》,载于《中国证券报》,2006年6月9日。

---

(3) 市场份额效应。

企业市场份额的扩大,可以使企业获得一定程度的垄断地位,给企业带来垄断利润并保持一定的竞争优势,这就使得并购活动产生的市场份额效应对企业有很强的吸引力。不同方式的并购所产生的市场份额效应是不同的。

一是横向并购的市场份额效应。

横向并购就是通过行业集中,实现规模经济,扩大企业的市场占有率。横向并购对行业结构有以下三方面的影响。

第一,减少竞争者的数量,改善行业的结构。当行业内竞争者数量较多而且处于势均力敌的情况下,行业内的所有企业都只能保持最低的利润水平。通过并购,可以使行业内企业相集中,能有效地降低竞争的激烈程度,使行业内所有企业的利润率有所提高。

第二,解决市场供求发展不平衡的矛盾。为获得规模效益,企业不得不加大生产能力,但企业生产能力的扩大往往与市场需求的增长不一致,导致供求平衡关系被破坏、行业生产能力过剩。通过并购,既能实现规模经济的要求,又能使市场供求不平衡的矛盾趋于缓解。

第三,降低行业退出成本。某些行业由于其资产具有高度的专业性,并且固定资产占较大比例,因而使得这些行业中企业的沉没成本较高,很难退出这一经营领域,只能勉强地维持生产,使整个行业平均利润处于较低水平。通过企业间的并购,可以调整行业内部结构,淘汰低效和陈旧的生产设备,解决退出成本过高的问题,从而稳定供求关系和价格。

二是纵向并购的市场份额效应。

在纵向并购中,企业通过将关键的投入产出关系纳入企业控制范围,以产权手段而不是市场手段处理这些问题，从而提高对市场的控制能力。纵向并购主要通过对原料渠道、销售渠道及用户的控制，降低供应商和经销商的重要性来增加企业的讨价还价能力，当纵向并购与行业集中趋势相结合时，企业的讨价还价能力更为明显。另外，纵向并购往往导致"连锁"效应：一个控制了大量主要原料或销售渠道的企业，可以对对手的活动施加压力或影响，因此，即使纵向一体化不能取得明显的效益，但当一家企业率先实施纵向并购时，其余企业出于防卫的目的，也要考虑实行纵向一体化。

三是混合并购的市场份额效应。

混合并购对市场的影响较为隐蔽。在许多情况下，企业会通过混合并购进入与它们生产产品相关的经营领域，以获取更多的原料和更先进的技术，增加销售渠道，从而提高它们对主要产品市场的控制。此外，企业还可以通过混合并购扩大它的绝对规模，使其拥有相对充足的财力，与竞争者进行价格战，采用低于成本的定价方法迫使竞争者退出某一领域，达到独占或垄断某一领域的目的。基于混合并购形成的巨型的复合一体化企业会涉足很多领域，因而，对其他相关领域中的企业也会构成很大的威胁，使一般的企业不敢对它挑战，其结果是有利于这些行业竞争强度的降低。

虽然以上三种形式的并购都可以增强企业对市场的控制能力，但比较而言，横向并购的效果最为明显，纵向并购次之，混合并购的影响则是间接的。

案例讨论（2-4）：辉瑞收购惠氏进一步扩大业务范围和市场份额

2009年10月26日，美国辉瑞公司发布公告称，该公司已于10月中旬完成对惠氏公司的收购，成为了一个更加多元化的医药公司，可提供包括疫苗、生物制剂、小分子和营养品等方面的产品。

辉瑞公司的公告意味着，该公司2009年1月宣布的对惠氏公司的价值680亿美元的收购案，已通过有关各方政府部门的审批，世界第一大生物制药公司从此横空出世。业界相关数据显示，合并后的公司将是美国生物药品销售额最大的公司，拥有美国本土约12%的市场份额；在欧洲、亚洲与拉丁美洲，合并后的公司将分别拥有大约10%、7%和6%的市场份额；在中东与中国等高增长的新兴市场，合并后的公司也拥有相当可观的市场份额。

"新的辉瑞公司将拥有业界最佳的资产、人才、产品线和实力。"辉瑞公司董事长兼首席执行官杰弗瑞·肯德勒（Jeffrey B. Kindler）表示，辉瑞公司将把这些优势转化为对患者、消费者、社区以及股东有意义的成果，更好地提供健康、预防和治疗方案，以满足全球多样化的健康需求，同时最大限度地提高公司的财务业绩。

成功并购惠氏，有助于辉瑞进一步削减开支，控制成本，提高公司可持续发展能力。辉瑞公司预计，与惠氏合并完成后，将大大节省销售费用、行政及信息管理费用、研究开发费用以及生产制造费用等。在2011年预计由协同效应节省成本20亿美元，2012年进一步节省成本40亿美元。

——资料来源：徐惠喜：《辉瑞收购惠氏进一步扩大业务范围和市场份额》，载于《经济日报》，2009年10月27日。

（4）企业发展的竞争战略。

根据企业生命周期理论每一个企业的产品都有一个研发、试制、成熟、衰退的过程。对于生产某一主导产品的企业而言，它一方面可以不断地开发新品种以适应企业的产品生命周期；另一方面则可以制定较长远的发展战略，有意识地通过企业并购进行产品种类的转换。出于战略动机进行的并购主要表现在以下几个方面：

一是企业通过并购有效地占领市场。

企业进入新的行业要打破行业壁垒，进入新市场同样也存在这个问题。但通过并购进入一个新市场，企业就可以有效地打破壁垒，降低进入难度。随着国际贸易的发展，国与国之间的竞争日益加剧，各国、各地区壁垒相应增强，在这种情况下，并购就成了占领和反占领某一地区市场的有力武器。

二是企业通过并购能够实现经验共享和互补。

这里的经验不仅包括经验—曲线效应，还包括企业的技术、专利、产品和管理等方面的特长，也包括优秀的企业文化。通过并购，企业可以在这些方面之间实现共享或取长补短，扩大互补效应。

三是企业通过并购能获得科技竞争优势。

科学技术在经济发展中起着越来越重要的作用，企业在成本、质量上的竞争往往转化为科学技术的竞争。为此，企业常常为了取得生产技术或产品技术上的优势而进行并购活动。

案例讨论（2-5）：吉利一小步，中国汽车一大步

2010年3月28日，中国发展最快的汽车制造商之一浙江吉利控股集团有限公司（简称"吉利集团"）宣布已与福特汽车签署最终股权收购协议，获得沃尔沃轿车公司（简称"沃尔沃轿车"）100%的股权以及相关资产（包括知识产权）。吉利集团董事长李书福和福特汽车公司首席财务官刘易斯·布斯（Lewis Booth）在哥德堡签署了该协议，中华人民共和国工业和信息化部部长李毅中以及瑞典副总理兼企业能源部部长莫德·奥勒夫松（Maud Olofsson）出席了签署仪式。

吉利集团董事长李书福表示："中国这一全球最大的汽车市场将成为沃尔沃轿车的第二个本土市场。作为国际知名的顶级豪华汽车品牌，沃尔沃轿车将在发

展迅速的中国释放出巨大的市场潜力。"

福特汽车总裁兼首席执行官艾伦·穆拉利（Alan Mulally）表示："沃尔沃是一个卓越的品牌，拥有一流的产品。本协议为沃尔沃轿车的未来可持续发展奠定了坚实的基础。"

吉利集团将以18亿美元收购沃尔沃轿车。所有的收购资金已经到位，同时，吉利集团也准备好了沃尔沃轿车今后业务发展所需的营运资金贷款。

除了股权收购，本协议还涉及了沃尔沃轿车、吉利集团和福特汽车三方之间在知识产权、零部件供应和研发方面达成的重要条款。这些协议充分保证了沃尔沃轿车的独立运营、继续执行既有的商业计划以及未来的可持续发展。吉利集团将保留沃尔沃轿车在瑞典和比利时现有的工厂，同时也将适时在中国建设新的工厂，使得生产更贴近中国市场。李书福董事长另外表示："我们为和福特达成最终协议感到高兴，作为新股东，吉利将继续巩固和加强沃尔沃在安全、环保领域的全球领先地位。沃尔沃轿车的用户可以放心，这个著名的瑞典豪华汽车品牌将继续保持其安全、高品质、环保以及现代北欧设计的核心价值。"作为此交易的组成部分，吉利集团将继续保持沃尔沃与其员工、工会、供应商、经销商，特别是与用户建立的良好关系。交易完成后，沃尔沃轿车的总部仍然设在瑞典哥德堡，在新的董事会指导下，沃尔沃轿车的管理团队将全权负责沃尔沃轿车的日常运营，继续保持沃尔沃轿车在安全环保技术上的领先地位，拓展沃尔沃轿车作为顶级豪华品牌在全球100多个市场的业务，并推动沃尔沃轿车在高速增长的中国市场的发展。此协议还有待监管部门的审批。在对退休金缺口、负债、现金和运营资金核算的基础上对收购价格进行常规性的调整后，吉利和福特预计2010年第三季度完成交割。

——资料来源：韦泽元：《吉利正式签署协议收购沃尔沃》，载于《第一财经日报》，2010年3月29日。

第二节　公司并购的主要分类

公司并购的形式可以按不同的标准划分为不同的类型。

一、按行业相互关系划分

按并购双方所处的行业相互关系，公司并购可以划分为横向并购、纵向并购和混合并购。

1. 横向并购（horizontal merger）

当并购方与被并购方处于同一行业、生产或经营相同或相似产品，并购使资本在同一市场领域或部门集中时，称之为横向并购，即竞争对手间的并购。这种并购因为双方生产工艺相近，并购风险较小，能够很快形成生产或销售的规模经济。横向并购的目的主要是确立或巩固企业在行业的优势地位，扩大市场份额，增加垄断实力。由于横向并购特别是大型企业之间的并购容易形成高度垄断，许多国家在法律上对此有较严格的限制。我国2008年颁布实施的《中华人民共和国反垄断法》中对于"经营者集中"的相关规定限制了可能导致垄断性市场结构的横向并购行为，具体的规定见表2-2。

表2-2　　　　　　　经营者集中的具体规定

第二十条　经营者集中是指下列情形： （一）经营者合并； （二）经营者通过取得股权或者资产的方式取得对其他经营者的控制权； （三）经营者通过合同等方式取得对其他经营者的控制权或者能够对其他经营者施加决定性影响。 第二十一条　经营者集中达到国务院规定的申报标准的，经营者应当事先向国务院反垄断执法机构申报，未申报的不得实施集中。 第二十二条　经营者集中有下列情形之一的，可以不向国务院反垄断执法机构申报： （一）参与集中的一个经营者拥有其他每个经营者百分之五十以上有表决权的股份或者资产的； （二）参与集中的每个经营者百分之五十以上有表决权的股份或者资产被同一个未参与集中的经营者拥有的。 第二十三条　经营者向国务院反垄断执法机构申报集中，应当提交下列文件、资料： （一）申报书； （二）集中对相关市场竞争状况影响的说明； （三）集中协议； （四）参与集中的经营者经会计师事务所审计的上一会计年度财务会计报告； （五）国务院反垄断执法机构规定的其他文件、资料。 申报书应当载明参与集中的经营者的名称、住所、经营范围、预定实施集中的日期和国务院反垄断执法机构规定的其他事项。 第二十四条　经营者提交的文件、资料不完备的，应当在国务院反垄断执法机构规定的期限内补交文件、资料。经营者逾期未补交文件、资料的，视为未申报。 第二十五条　国务院反垄断执法机构应当自收到经营者提交的符合本法第二十三条规定的文件、资料之日起三十日内，对申报的经营者集中进行初步审查，作出是否实施进一步审查的决定，并书面通知经营者。国务院反垄断执法机构作出决定前，经营者不得实施集中。 国务院反垄断执法机构作出不实施进一步审查的决定或者逾期未作出决定的，经营者可以实施集中。 第二十六条　国务院反垄断执法机构决定实施进一步审查的，应当自决定之日起九十日内审查完毕，作出是否禁止经营者集中的决定，并书面通知经营者。作出禁止经营者集

续表

中的决定,应当说明理由。审查期间,经营者不得实施集中。

有下列情形之一的,国务院反垄断执法机构经书面通知经营者,可以延长前款规定的审查期限,但最长不得超过六十日:

(一)经营者同意延长审查期限的;(二)经营者提交的文件、资料不准确,需要进一步核实的;

(三)经营者申报后有关情况发生重大变化的。

国务院反垄断执法机构逾期未作出决定的,经营者可以实施集中。

第二十七条 审查经营者集中,应当考虑下列因素:

(一)参与集中的经营者在相关市场的市场份额及其对市场的控制力;

(二)相关市场的市场集中度;

(三)经营者集中对市场进入、技术进步的影响;

(四)经营者集中对消费者和其他有关经营者的影响;

(五)经营者集中对国民经济发展的影响;

(六)国务院反垄断执法机构认为应当考虑的影响市场竞争的其他因素。

第二十八条 经营者集中具有或者可能具有排除、限制竞争效果的,国务院反垄断执法机构应当作出禁止经营者集中的决定。但是,经营者能够证明该集中对竞争产生的有利影响明显大于不利影响,或者符合社会公共利益的,国务院反垄断执法机构可以作出对经营者集中不予禁止的决定。

第二十九条 对不予禁止的经营者集中,国务院反垄断执法机构可以决定附加减少集中对竞争产生不利影响的限制性条件。

第三十条 国务院反垄断执法机构应当将禁止经营者集中的决定或者对经营者集中附加限制性条件的决定,及时向社会公布。

第三十一条 对外资并购境内企业或者以其他方式参与经营者集中,涉及国家安全的,除依照本法规定进行经营者集中审查外,还应当按照国家有关规定进行国家安全审查。

——资料来源:《中华人民共和国反垄断法》,《国务院关于经营者集中申报标准的规定》。

2. 纵向并购(vertical merger)

若并购公司是处于生产同一产品的不同生产阶段的企业,有直接投入产出关系,则称之为纵向并购。这种并购目的在于形成纵向生产或销售一体化,通过对原料和销售渠道及对消费者的控制来提高企业对市场的控制力。纵向并购又分为前向并购和后向并购。

3. 混合并购(conglomerate merger)

混合并购则兼备前两者的特点,是既非竞争对手,又非现实中或潜在的客户或供应商公司间的并购。混合并购可分为商品扩张型并购、市场扩张型并购和纯粹混合并购三类。混合并购的目的在于减少长期经营一个行业所带来的风险,提高企业的经营环境适应能力。

案例讨论（2-6）

资料1：方大特钢收购上游铁矿

2010年2月3日，方大特钢（600507）董事会同意公司以1 170万元收购新余市中亿矿业40%的股权、以1 908万元收购分宜县东杭矿业42%的股权、以1 000万元收购峡江县金海矿业50%的股权、以1 080万元收购峡江县金溪铁矿60%的股权、以1 640万元收购龙南县恒顺矿业50%的股权。方大特钢由于没有自有矿山，生产所需铁矿石、焦炭基本依靠外购，再加上地处内陆，运输成本高，导致产品毛利率水平一直较低。此次矿产资源的注入将使公司产业链向上进入以铁矿石为主的原材料领域，公司铁矿资源自给率将力争达到1/3。而且上述矿业公司拥有的铁矿石资源均地处江西省内，与公司的运输距离较短，既可以稳定公司原料的供应途径，又可以降低公司的采购成本，还能获得一定的投资收益。

——资料来源：张奇：《方大特钢收购上游铁矿或有高送转预期》，载于《每日经济新闻》，2010年2月3日。

资料2：中石油成功收购新加坡石油股权 拓展国际市场打造下游发展平台

2009年6月21日中石油发布最新公告，宣布已经完成了对新加坡石油有限公司45.51%股权的间接收购。该项交易是在2009年5月24日对外公布的，据中石油对外表示中称，其此次收购的目的是"拟将其建立为执行国际战略的平台"。本次收购也是该公司自金融危机爆发之后又一次大规模的海外并购。

新加坡石油公司是一家地区性的石油公司，主要是从事炼油和销售以及石油、天然气的勘探、开采等业务。另外，新加坡石油公司还拥有新加坡炼油公司50%的权益，这个新加坡炼油公司是新加坡的三大炼油企业之一。另外，新加坡石油公司还进行原油以及成品油的码头输送分销还有交易等业务。可以说新加坡石油公司是一个地道的位于石油产业链下游的能源加工企业。

对于这样一家处于石油产业链下游公司，中石油斥资收购的目的主要可能有以下几个方面：

首先，此次收购将有效地增强中石油的炼油能力。业内人士表示，新加坡炼油公司的日产能为28.5万桶，有可能将该炼厂生产的油品运往资源紧缺的中国南方地区，加大在南方地区的成品油市场占有率。

其次，此次收购可有效改善中石油"上游强而下游弱"的局面，并进而改善其产业链结构，有利于中石油未来的海外业务拓展。

最后，新加坡虽然只有600多平方公里，但它是一个战略高点，是全世界第三大原油冶炼基地。新加坡所在的马六甲海峡是原油运输的必经之地，新加坡作为石油物流战略中心的地位，中石油成功完成此次收购，可使中石油直接获得在这个国际成品油贸易中心更多的话语权。

——资料来源：雷雨：《中石油成功收购新加坡石油股权　拓展国际市场打造下游发展平台》，载于《中国金融网》，http：//active.zgjrw.com/News/20090622/Insurance/743213080200.shtml.

二、按实现方式划分

公司并购按实现方式，可以划分为承担债务式、现金购买式、股份交易式和混合证券式并购。

1. 承担债务式并购

承担负债式并购是指在目标企业经营困难、债务负担较重但仍有发展前景的情况下，并购企业以承担目标企业的部分或全部负债为条件，取得目标企业的资产所有权和经营权的并购方式。根据承担债务的不同，承担债务式并购有两种：一种是在目标企业资产和债务相等的情况下，并购方以承担目标企业全部债务为条件，接收其全部资产所有权和经营权，目标企业法人实体消失；另一种是并购方以承担目标企业部分债务，同时提供技术、管理服务为条件，取得目标企业的部分资产所有权和全部经营权。

2. 现金购买式并购

现金购买式并购是指并购企业用现金作为支付手段购买目标企业的部分或全部资产或股权的并购行为。该种并购有两种情况：一种是并购方筹集足额的现金购买被并购方全部资产，使被并购方除现金外没有持续经营的物质基础，成为有资本结构而无生产资源的空壳，不得不从法律意义上消失；另一种是并购方以现金通过市场或协商购买目标公司的股票或股权，直到拥有其大部分或全部股份。

3. 股份交易式并购

股份交易式并购是指并购企业以本企业发行的股票换取目标企业的部分或全部资产或股权而实现的并购。该种并购也有两种情况：一种是以股权换股权，是指并购方公司向目标公司的股东发行自己公司的股票，以换取目标公司的大部分或全部股票，达到控制目标公司的目的；另一种是以股权换资产，并购公司向目标公司发行自己公司的股票，以换取目标公司的资产，并购公司在有选择的情况下承担目标公司的全部或部分债务责任。

4. 综合证券式并购

综合证券并购是指并购公司对目标公司进行并购时，不仅可以采取现金股票作为支付方式,而且还采取认股权证、可转换债券等多种形式的证券作为支付方式。认股权证是一种上市公司发售的证明文件,它赋予其持有者有权在指定的时间内、用指定价格认购由该公司发行的一定数量的新股的权利。可转换债券则向其持有者提供了在某一给定时间内可以某一特定价格将债券转换为股票的选择权。

三、按资金来源划分

公司并购按是否利用目标公司本身资产来支付并购资金,可以划分为杠杆收购与非杠杆收购。

1. 杠杆收购(leveraged buy-out)

杠杆收购是指并购公司利用目标公司资产的经营收入,来支付并购价款或作为此种支付的担保。换言之,并购方不必拥有巨额资金,只需准备少量现金,加上以目标公司的资产及运营所得作为融资担保、还款来源所贷得的金额,即可并购目标公司,而其自由资金,主要用以支付并购过程中的律师、会计师等费用。杠杆并购一方面具有提高股权回报率、降低公司税收支出等优点;另一方面也往往使公司因债务偿付压力而面临巨大风险。因此,杠杆并购是一项复杂且难度极高的并购交易。

2. 非杠杆收购

非杠杆收购是指不用目标公司自有资金及营运所得来支付或担保支付并购款的并购方式。但并不能认为非杠杆收购就是收购公司不用举债即可负担并购价款。事实上,几乎所有的并购都是利用举债完成,只是负债数额不同而已。

四、按并购双方事前协商的程度划分

按并购双方是否友好协商,并购是否取得目标公司的同意与合作,公司并购可划分为善意并购和敌意并购。

1. 善意并购

善意并购是指并购公司事先与目标公司协商,征得其同意并通过谈判达成收购条件的一致意见而完成收购活动的并购方式。善意并购有利于降低并购行动的风险与成本,使并购双方能够充分交流、沟通信息,目标公司会主动向并购公司提供必要的资料,同时,善意并购还可避免因目标公司抗拒而带来额外的支出。

但是，善意并购使并购公司不得不牺牲自身的部分利益，以换取目标公司的合作，而且协商、谈判过程过长也可能使并购行动丧失其部分价值。

2. 敌意并购

敌意并购是指并购公司在收购目标公司股权时虽然遭到目标公司的抗拒，仍然强行收购，或者并购公司事先并不与目标公司进行协商，而突然直接向目标公司股东出价或发出收购要约的并购行为。敌意并购的优点在于并购公司完全处于主动地位，不用被动权衡各方利益，而且并购行动节奏快、时间短，可有效控制并购成本。但敌意并购通常无法从目标公司获取其内部实际运营、财务状况等重要资料，给估价带来困难，同时还会招致目标公司的抵抗甚至设置各种障碍。所以，敌意并购的风险较大，且易导致股市的不良波动，甚至影响市场正常秩序，因此，各国政府都对敌意并购予以一定限制。

五、按涉及被并购企业的范围的分类

按涉及的被并购企业的范围，公司并购划分为整体并购和部分并购。

1. 整体并购

整体并购是指资产和产权的整体转让，它是产权的权益体系或资产不可分割的并购方式，其目的是通过资本迅速集中，增强企业实力，扩大生产规模，提高市场竞争能力。

2. 部分并购

部分并购是指将企业的资产和产权分割为若干部分进行交易而实现企业并购的行为。具体包括三种形式：一是对企业部分实物资产进行并购；二是将产权划分为若干价值相等的份额进行产权交易；三是将经营权分成几个部分（如营销权、商标权、专利权等）进行产权转换。部分并购不仅可以弥补大规模整体并购的巨额资金短缺，还可扩大企业并购的范围，更容易调整存量结构。

六、按是否经过中介机构划分

公司并购按是否通过中介机构，可以划分为直接并购和间接并购。

1. 直接并购

直接并购是指收购公司直接向目标公司提出并购要求，双方通过一定程序磋商，共同商定完成并购的各项条件，进而按协议的条件完成并购。

2. 间接并购

间接并购是指收购公司并不直接向目标公司提出并购要求，而是通过中介机构，在证券市场上以高于目标公司股票市价的价格大量收购其股票，从而达到控制该公司的目的。由于间接并购一般都不是建立在双方自愿、协商的基础上，因而间接并购往往是敌意并购。我国的《上市公司收购管理办法》对间接收购作了较为详细的规定，具体见表2-3。

表2-3　　　　　　　　　间接收购的相关规定

第五十六条　收购人虽不是上市公司的股东，但通过投资关系、协议、其他安排导致其拥有权益的股份达到或者超过一个上市公司已发行股份的5%未超过30%的，应当按照本办法第二章的规定办理。 收购人拥有权益的股份超过该公司已发行股份的30%的，应当向该公司所有股东发出全面要约；收购人预计无法在事实发生之日起30日内发出全面要约的，应当在前述30日内促使其控制的股东将所持有的上市公司股份减持至30%或者30%以下，并自减持之日起2个工作日内予以公告；其后收购人或者其控制的股东拟继续增持的，应当采取要约方式；拟依据本办法第六章的规定申请豁免的，应当按照本办法第四十八条的规定办理。
第五十七条　投资者虽不是上市公司的股东，但通过投资关系取得对上市公司股东的控制权，而受其支配的上市公司股东所持股份达到前条规定比例、且对该股东的资产和利润构成重大影响的，应当按照前条规定履行报告、公告义务。
第五十八条　上市公司实际控制人及受其支配的股东，负有配合上市公司真实、准确、完整披露有关实际控制人发生变化的信息的义务；实际控制人及受其支配的股东拒不履行上述配合义务，导致上市公司无法履行法定信息披露义务而承担民事、行政责任的，上市公司有权对其提起诉讼。实际控制人、控股股东指使上市公司及其有关人员不依法履行信息披露义务的，中国证监会依法进行查处。
第五十九条　上市公司实际控制人及受其支配的股东未履行报告、公告义务的，上市公司应当自知悉之日起立即作出报告和公告。上市公司就实际控制人发生变化的情况予以公告后，实际控制人仍未披露的，上市公司董事会应当向实际控制人和受其支配的股东查询，必要时可以聘请财务顾问进行查询，并将查询情况向中国证监会、派出机构和证券交易所报告；中国证监会依法对拒不履行报告、公告义务的实际控制人进行查处。 上市公司知悉实际控制人发生较大变化而未能将有关实际控制人的变化情况及时予以报告和公告的，中国证监会责令改正，情节严重的，认定上市公司负有责任的董事为不适当人选。
第六十条　上市公司实际控制人及受其支配的股东未履行报告、公告义务，拒不履行第五十八条规定的配合义务，或者实际控制人存在不得收购上市公司情形的，上市公司董事会应当拒绝接受实际控制人支配的股东向董事会提交的提案或者临时议案，并向中国证监会、派出机构和证券交易所报告。中国证监会责令实际控制人改正，可以认定实际控制人通过受其支配的股东所提名的董事为不适当人选；改正前，受实际控制人支配的股东不得行使其持有股份的表决权。上市公司董事会未拒绝接受实际控制人及受其支配的股东所提出的提案，中国证监会可以认定负有责任的董事为不适当人选。

——资料来源：《上市公司收购管理办法》。

七、按并购公司与目标公司是否属于同一国家划分

按并购公司与目标公司是否属于同一国家,公司并购可划分为跨国并购和国内并购。

1. 跨国并购

跨国并购是指一国企业(并购企业)为了某种目的,通过一定的形式和支付手段,购买另一国企业(目标企业)的股份或资产的一部分或全部,从而对该国企业的经营管理活动实施控制。影响跨国并购的国际因素包括世界市场的竞争格局、贸易和投资自由化进程、世界经济一体化进程、区域集团化趋势、跨国投资的国际协调等。

2. 国内并购

国内并购是指收购公司与目标公司均属同一国家的并购行为。

八、按并购交易是否通过证券交易所划分

按并购交易是否通过证券交易所划分,公司并购可划分为要约收购和协议收购。

1. 要约收购

要约收购是指通过公开向全体股东发出要约,达到控制目标公司的目的,其最大的特点是在所有股东平等获取信息的基础上由股东自主作出选择,因此被视为完全市场化的规范的收购模式,有利于防止各种内幕交易,保障全体股东尤其是中小股东的利益。

要约收购可以分为自愿要约收购和强制要约收购,自愿要约收购是指投资者自愿选择以要约方式收购上市公司股份,它又可以分为自愿部分要约和自愿全面要约,部分要约即向被收购公司所有股东发出收购其所持有的部分股份的要约;全面要约即向被收购公司所有股东发出收购其所持有的全部股份的要约。而强制要约收购是指通过证券交易所的买卖交易使收购者持有目标公司股份达到法定比例,若继续增持股份,必须依法向目标公司所有股东发出全面收购要约。对于强制要约收购的持股比例,各国有不同的规定,我国规定为30%。我国关于要约收购的具体规定见表2-4。

表 2-4　　　　　　　　要约收购的具体规定

第二十三条　投资者自愿选择以要约方式收购上市公司股份的，可以向被收购公司所有股东发出收购其所持有的全部股份的要约（以下简称全面要约），也可以向被收购公司所有股东发出收购其所持有的部分股份的要约（以下简称部分要约）。 **第二十四条**　通过证券交易所的证券交易，收购人持有一个上市公司的股份达到该公司已发行股份的 30% 时，继续增持股份的，应当采取要约方式进行，发出全面要约或者部分要约。 **第二十五条**　收购人依照本办法第二十三条、第二十四条、第四十七条、第五十六条的规定，以要约方式收购一个上市公司股份的，其预定收购的股份比例均不得低于该上市公司已发行股份的 5%。 **第二十六条**　以要约方式进行上市公司收购的，收购人应当公平对待被收购公司的所有股东。持有同一种类股份的股东应当得到同等对待。 **第三十五条**　收购人按照本办法规定进行要约收购的，对同一种类股票的要约价格，不得低于要约收购提示性公告日前 6 个月内收购人取得该种股票所支付的最高价格。 　　要约价格低于提示性公告日前 30 个交易日该种股票的每日加权平均价格的算术平均值的，收购人聘请的财务顾问应当就该种股票前 6 个月的交易情况进行分析，说明是否存在股价被操纵、收购人是否有未披露的一致行动人、收购人前 6 个月取得公司股份是否存在其他支付安排、要约价格的合理性等。 **第三十六条**　收购人可以采用现金、证券、现金与证券相结合等合法方式支付收购上市公司的价款。收购人聘请的财务顾问应当说明收购人具备要约收购的能力。 　　以现金支付收购价款的，应当在作出要约收购提示性公告的同时，将不少于收购价款总额的 20% 作为履约保证金存入证券登记结算机构指定的银行。 　　收购人以证券支付收购价款的，应当提供该证券的发行人最近 3 年经审计的财务会计报告、证券估值报告，并配合被收购公司聘请的独立财务顾问的尽职调查工作。 　　收购人以在证券交易所上市交易的证券支付收购价款的，应当在作出要约收购提示性公告的同时，将用于支付的全部证券交由证券登记结算机构保管，但上市公司发行新股的除外；收购人以在证券交易所上市的债券支付收购价款的，该债券的可上市交易时间应当不少于一个月；收购人以未在证券交易所上市交易的证券支付收购价款的，必须同时提供现金方式供被收购公司的股东选择，并详细披露相关证券的保管、送达被收购公司股东的方式和程序安排。 **第三十七条**　收购要约约定的收购期限不得少于 30 日，并不得超过 60 日；但是出现竞争要约的除外。 **第四十条**　收购要约期限届满前 15 日内，收购人不得变更收购要约；但是出现竞争要约的除外。 　　出现竞争要约时，发出初始要约的收购人变更收购要约距初始要约收购期限届满不足 15 日的，应当延长收购期限，延长后的要约期限应当不少于 15 日，不得超过最后一个竞争要约的期满日，并按规定比例追加履约保证金；以证券支付收购价款的，应当追加相应数量的证券，交由证券登记结算机构保管。 　　发出竞争要约的收购人最迟不得晚于初始要约收购期限届满前 15 日发出要约收购的提示性公告，并应当根据本办法第二十八条和第二十九条的规定履行报告、公告义务。

——资料来源：《上市公司收购管理办法》。

案例讨论（2-7）：山西煤炭进出口集团要约收购中油化建股份结果的公告

本公司董事会及全体董事保证本公告内容不存在任何虚假记载、误导性陈述或者重大遗漏，并对其内容的真实性、准确性和完整性承担个别及连带责任。

根据中国证券监督管理委员会《关于核准山西煤炭进出口集团有限公司公告中油吉林化建工程股份有限公司要约收购报告书的批复》（证监许可[2009] 328号），山西煤炭进出口集团有限公司（以下简称"山煤集团"）于2009年4月28日公告了《中油吉林化建工程股份有限公司要约收购报告书》①，按照《上市公司收购管理办法》的规定，履行了向中油吉林化建工程股份有限公司（以下简称"中油化建"）全体流通股股东发出全面收购要约的义务。即在2009年4月30日~2009年5月29日的期间内，要约收购中油化建的股票。现要约收购有效期已结束，将本次要约收购的相关情况公告如下：

一、要约收购基本情况

1. 要约收购目的

本次要约收购的目的是履行山煤集团协议收购吉化集团公司持有的中油化建11 926.60万股限售流通股（占中油化建总股本的39.75%）而触发的法定全面要约收购义务，不以终止中油化建上市地位为目的。

2. 要约收购对象

中油化建除吉化集团公司以外所有流通股股东。

3. 要约收购价格，见表2-5。

表2-5　　　　　　　　　　要约收购价格

要约收购股份种类	要约价格（元/股）	要约收购数（股）	占总股本比例（%）
流通A股	5.30	180733985	60.25

4. 要约收购股份的支付方式：现金支付

5. 要约收购期限：2009年4月30日~2009年5月29日

6. 要约收购编码：706008

二、本次要约收购的实施

（1）山煤集团于2009年4月28日，在《上海证券报》以及上海证券交易所网站（http://www.sse.com.cn）上公告了《中油吉林化建工程股份有限公司要

---

① 《中油吉林化建工程股份有限公司要约收购报告书》摘要见本书附录1。

约收购报告书》,并于 2009 年 4 月 30 日开始实施本次要约收购。

(2) 中油化建董事会于 2009 年 5 月 7 日,在《上海证券报》及上海证券交易所网站(http://www.sse.com.cn)上公告了《中油化建董事会关于山西煤炭进出口集团有限公司要约收购事宜致全体股东的报告书》。

(3) 山煤集团于 2009 年 5 月 12 日、2009 年 5 月 22 日和 2009 年 5 月 26 日,在《上海证券报》及上海证券交易所网站(http://www.sse.com.cn)上三次公告了山西煤炭进出口集团有限公司要约收购中油化建股份的提示性公告。

(4) 山煤集团委托上海证券交易所在本要约收购期内每日在其网站 http://www.sse.com.cn 上公告前一交易日的预受和撤回预受要约股份数量以及要约期内累计净预受要约股份数量及股份比例。

三、本次要约收购的结果

截至 2009 年 5 月 29 日,本次要约收购期满。根据中国证券登记结算有限责任公司上海分公司的统计,预受要约股份为 60 200 股,撤回预受要约股份为 60 000 股,中油化建流通股股东有 1 人,200 股接受山煤集团发出的收购要约。至此,山煤集团已全面履行了要约收购义务。

特此公告。

山西煤炭进出口集团有限公司
2009 年 6 月 1 日

——资料来源:《中石油吉林化建工程股份有限公司要约收购报告书》,载于《上海证券报》,2009 年 6 月 2 日。

---

2. 协议收购

协议收购是收购者在证券交易所之外以协商的方式与被收购公司的股东签订收购其股份的协议,从而达到控制该上市公司的目的。收购人可依照法律、行政法规的规定同被收购公司的股东以协议方式进行股权转让。我国《证券法》规定,采取协议收购方式的,协议双方可以临时委托证券登记结算机构保管协议转让的股票,并将资金存放于指定的银行。而以协议方式收购上市公司时,在达成协议后,收购人必须在 3 日内将该收购协议向国务院证券监督管理机构及证券交易所作出书面报告,并予公告,在公告前不得履行收购协议。当收购人拥有权益的股份达到该公司已发行股份的 30% 时,继续进行收购的,应向该上市公司的股东发出全面要约或者部分要约,也可向中国证监会申请免除发出要约,收购人在取得中国证监会豁免后,履行其收购协议。豁免的具体条件见表 2-6。

表 2-6　　　　　　　　　　要约收购豁免的情形

> 第六十二条　有下列情形之一的，收购人可以向中国证监会提出免于以要约方式增持股份的申请：
> （一）收购人与出让人能够证明本次转让未导致上市公司的实际控制人发生变化；
> （二）上市公司面临严重财务困难，收购人提出的挽救公司的重组方案取得该公司股东大会批准，且收购人承诺3年内不转让其在该公司中所拥有的权益；
> （三）经上市公司股东大会非关联股东批准，收购人取得上市公司向其发行的新股，导致其在该公司拥有权益的股份超过该公司已发行股份的30%，收购人承诺3年内不转让本次向其发行的新股，且公司股东大会同意收购人免于发出要约；
> （四）中国证监会为适应证券市场发展变化和保护投资者合法权益的需要而认定的其他情形。
> 　　收购人报送的豁免申请文件符合规定，并且已经按照本办法的规定履行报告、公告义务的，中国证监会予以受理；不符合规定或者未履行报告、公告义务的，中国证监会不予受理。中国证监会在受理豁免申请后20个工作日内，就收购人所申请的具体事项做出是否予以豁免的决定；取得豁免的，收购人可以完成本次增持行为。收购人有前款第（三）项规定情形，但在其取得上市公司发行的新股前已经拥有该公司控制权的，可以免于按照前款规定提交豁免申请，律师就收购人有关行为发表符合该项规定的专项核查意见并经上市公司信息披露后，收购人凭发行股份的行政许可决定，按照证券登记结算机构的规定办理相关事宜。
> 　　第六十三条　有下列情形之一的，当事人可以向中国证监会提出免于发出要约的申请，中国证监会自收到符合规定的申请文件之日起10个工作日内未提出异议的，相关投资者可以向证券交易所和证券登记结算机构申请办理股份转让和过户登记手续；中国证监会不同意其申请的，相关投资者应当按照本办法第六十一条的规定办理：
> （一）经政府或者国有资产管理部门批准进行国有资产无偿划转、变更、合并，导致投资者在一个上市公司中拥有权益的股份占该公司已发行股份的比例超过30%；
> （二）因上市公司按照股东大会批准的确定价格向特定股东回购股份而减少股本，导致当事人在该公司中拥有权益的股份超过该公司已发行股份的30%；
> （三）证券公司、银行等金融机构在其经营范围内依法从事承销、贷款等业务导致其持有一个上市公司已发行股份超过30%，没有实际控制该公司的行为或者意图，并且提出在合理期限内向非关联方转让相关股份的解决方案；
> （四）中国证监会为适应证券市场发展变化和保护投资者合法权益的需要而认定的其他情形。
> 　　有下列情形之一的，相关投资者可以免于按照前款规定提出豁免申请，直接向证券交易所和证券登记结算机构申请办理股份转让和过户登记手续：
> （一）在一个上市公司中拥有权益的股份达到或者超过该公司已发行股份的30%的，自上述事实发生之日起一年后，每12个月内增持不超过该公司已发行的2%的股份；
> （二）在一个上市公司中拥有权益的股份达到或者超过该公司已发行股份的50%的，继续增加其在该公司拥有的权益不影响该公司的上市地位；
> （三）因继承导致在一个上市公司中拥有权益的股份超过该公司已发行股份的30%。
> 　　相关投资者应在前款规定的权益变动行为完成后3日内就股份增持情况做出公告，律师应就相关投资者权益变动行为发表符合规定的专项核查意见并由上市公司予以披露。相关投资者按照前款第（一）项、第（二）项规定采用集中竞价方式增持股份，每累计增持

续表

> 股份比例达到该公司已发行股份的1%的，应当在事实发生之日通知上市公司，由上市公司在次一交易日发布相关股东增持公司股份的进展公告。相关投资者按照前款第（二）项规定采用集中竞价方式增持股份的，每累计增持股份比例达到上市公司已发行股份的2%的，在事实发生当日和上市公司发布相关股东增持公司股份进展公告的当日不得再行增持股份。前款第（一）项规定的增持不超过2%的股份锁定期为增持行为完成之日起6个月。

——资料来源：《关于修改〈上市公司收购管理办法〉第六十二条及第六十三条的决定》（证监会［第77号令］）。

第三节 公司并购的一般程序

国际经验和中国实践都表明，公司并购是一个复杂的、风险性很大的投资决策。从并购的战略规划、并购目标的选择、具体并购方案的设计、收购价格的确定、所需资金的筹措到具体交易时机的选择、谈判策略的制定乃至交易后的组织、财务、人力资源、生产经营等方面的整合，无不需要专业的知识、高超的创意和有效的实施能力。一般来说，整个并购过程可分为并购战略的制定、目标公司的选择、目标公司的收购以及公司并购后的整合四个阶段。

一、并购战略的制定

1. 自我评估

并购是一项有风险的业务，首先必须了解自身的优缺点，详细分析企业自身的现状，人、财、物等资源的优势和不足。其次，并购企业必须分析宏观经济发展战略、产业发展政策以及市场经营环境，所在的行业、所生产的产品以及同类产品在目前和今后的供需状况、市场潜力，包括因设备投资、原材料价格、替代品、技术等变化引起的需求变化等。再次，要关注本企业在所处行业中的规模、经营条件、生产能力、销售额、市场占有率等情况，明确企业的地位。最后，通过对不同产品今后盈利性和发展前途的分析，了解本企业进入该领域所面临的障碍和优势。

2. 明确并购需求

在清晰分析自身情况的基础上，明确并购需求。有了明确的并购需求，并购才会有目的、有方向，没有明确并购需求的盲目并购、跟风并购，成功的可能性是很小的，还可能对企业发展造成巨大的损失。不同情况的企业并购往往会有不同的并购需求，如扩大市场份额、获取优质资产、降低交易成本等。但无论什么并购需求，无非都是为了企业的生存和发展。因此，并购需求可以分为生存需求和发展需求。生存需求型并购是最基本的，往往发生在面临生存危机的情况下，如在企业主业亏损的情况下为实现战略转移的并购、技术落后为取得先进的技术的并购、原材料短缺为获得稳定的原材料供应而对上游企业的并购；发展需求型并购则是企业为了规模扩张、取得市场垄断、扩大市场份额或进入某一新市场而进行的并购。

3. 制定并购战略

有了明确的并购需求后，每个有并购意图的企业在并购开始阶段都会为自己制定一个切实可行的战略，以适应不断变化的各种条件，从而达到并购的目标。在任何情况下都适用的战略在现实中是不存在的，并购者必须根据自己的并购目标、在市场上的地位、机会和资源确定一个有意义的战略，科学而又可行的并购策略是并购成败的关键。公司并购有横向并购、纵向并购、混合并购之分，这取决于不同的发展战略，而发展战略不同，确定的并购对象亦不相同。

4. 成立并购机构

由于并购程序的复杂性，并购方在开始考虑并购问题时，就需要成立一个相应的并购机构，并购机构的成员中，需要有一名熟悉并购公司并有足够并购经验，能对并购过程进行有效管理和做出正确决策的领导者，还应包括律师、会计师、资产评估师、对公司业务熟悉的专业人员等。由于大部分并购都会涉及举债或是增资扩股的等融资活动，成员中还应包括公司外部的金融专家，如投资银行业务人员。另外，在大型的并购活动尤其是跨国并购中，一般选择知名的会计咨询公司、律师事务所或投资银行担任并购投资总顾问。

并购机构最好在并购意图还未最后明确阶段就建立起来，以便相关专业人员参加最初决策，了解并购意图。并购机构应完成以下几项工作：
（1）评估目标公司。
（2）审查因并购而可能产生的法律问题。
（3）融资问题，如何取得足够资金来支付并购款项。
（4）并购中的税收问题，包括税收情况调查以及各种交易税项等。
（5）并购中的会计事务及对目标公司的会计处理。
（6）目标公司的经营与并购公司的经营融合问题。

二、目标公司的选择

收购目标的选定是理智的、科学的、严密分析的过程。选择合适的并购对象，是企业并购决策中的首要问题。目标公司的选择需要考虑其面临的行业环境、国内外竞争状况、拥有市场份额与实力的大小、利润水平及前景、净资产规模、资产负债等情况、企业经营管理水平以及管理者素质的高低等。

1. 目标企业的搜索筛选

并购信息的来源渠道很多，在西方国家有很多的经纪人，他们手中有很多公司在积极地寻找买主或至少也在考虑出售问题。其他渠道包括某一行业的律师、会计师、销售代理分销商等。另外，借助报纸、杂志、广播等大众传播媒介搜集信息也是行之有效的方法。在中国，产权交易市场正逐步组建与完善，证券商、银行、会计师事务所、律师事务所等中介组织的职能也日益完善，有意并购者可通过这些机构以及信息中心、行业协会、专业调查公司、候补企业的主管部门、用户、顾客渠道等搜寻目标企业信息。通过产权市场或中介服务机构，比自己直接搜寻并购对象拥有许多优点，如选择范围大，信息传播较及时、准确；可以形成竞争性叫价，最终价格的形成不仅受资产本身的价格限制，还受资产供求关系等市场因素的左右；收购行为受市场约束，其公开性、补偿性等原则易受到保护等。最后，初步筛选出的目标企业最好在5~10家左右。

2. 确定并购目标

在锁定5~10个候补并购目标后，就进入收集、分析更详细信息，确定并购目标的阶段。收集信息的重点也应该从是否满足并购需求，是否符合初步选择标准、政策法规、股权转让条件等方面转向企业概况、财务状况、经营业绩、销售、生产和流通情况、技术水平和研究开发动向、组织形态和人力资源情况、重要合同，以及其他管理制度方面的情况等。根据并购需求的不同，信息的收集重点也会不一样，但一般应关注目标企业的主营业务收入和销售毛利、资产负债状况、盈利能力、市场分散化程度和经营的多样化程度、员工人数以及管理层及员工的对并购的态度等。在实施并购之前的信息收集阶段，要注意避免因调查引起候补并购目标企业的警觉，特别是在对方管理层不愿意被收购的情况下，防止对方提前采取一系列的反收购措施，增加并购难度和并购成本。

具体来说，备选目标企业的基本情况分析，应包含以下一些基本内容：

（1）目标企业面临的行业环境、国内外竞争状况。
（2）目标企业产品的市场发展前景和期望市场增长率。
（3）目标企业所占市场份额及实力大小。
（4）目标企业的技术状况及其竞争者所取得或模仿其技术的程度。
（5）目标企业净资产规模、资产负债等情况。
（6）目标企业经营能力、管理水平。

（7）目标企业产品的用途及发展趋势。
（8）目标企业的客户现状及将来分布情况。
（9）目标企业产品的现行价格及今后趋势。
（10）目标企业并购的可能价格。

在确定并购目标后，并购企业应与目标企业签订并购意向书。并购意向书内容包括并购意向、非正式报价、保密义务和排他性等条款。意向书一般不具法律效力，但保密条款具有法律效力，所有参与谈判的人员都要恪守商业机密，以保证即使并购不成功，并购方的意图不会过早地被外界知道，目标公司的利益也能得到维护。同时，并购企业应着手制定对目标企业并购后的业务整合计划，整合计划包括对目标公司并购后的股权结构、投资规模、经营方针、融资方式、人员安排等的设计与安排。

三、目标公司的收购

1. 评估和定价

在确定并购目标，并得到目标公司的充分信息后，就可以委托聘请的专业评估机构对目标公司进行价值评估，了解目标公司的股东、股权分配和董事会意向及心理价位等情况，确定可接受的最高收购限价。在确定收购价格时，需综合考虑目标公司的盈利水平、资产账面价值、企业整合后的预期价值、可能承担的债务以及与其他买主的竞争等因素，争取竞争条件下的最可能的价格优惠。

（1）目标公司的审查评估。

评估工作是对目标企业的全方位的审查，确定收购的风险，评估出目标企业的真实价值，为以后并购协议的签订及并购目的的顺利实现提供依据。评估可以自己进行，也可以在专业咨询机构、注册会计师、注册评估师、律师等有关人员的帮助下进行。

一是对目标公司的有形资产的审查评估。对并购对象的评估通常从审查目标企业的有形资产和经营活动开始，这也是众多的评估方法中最为简单的一步。通过对目标企业账簿、记录，包括对最近5年该企业的运行所存在的问题、经营前景进行调查；通过对不动产、设备和其他有形资产的检查，可以发现目标公司是否存在报废的设备或其他严重的问题；通过对经营活动的审查发现的问题，买方是否能承受或能加以克服，若能克服，则应进一步考虑到底还要投资多少，才能改善现状而达到正常营业。

二是对目标公司财务管理制度的检查。对目标公司财务方面的审查可以聘请会计事务所协助进行。审查的目的在于使买方确定卖方所提供的财务报表是否公允地说明了该企业的财务状况。在负债方面，不仅仅是对流动负债和长期负债的检查，而且应包括那些并不一定反映到资产负债表上来的问题，如未披露的法律诉讼案件、坏账准备，特别是已经存在但其金额并未确定的负债等。

三是评估目标企业的无形资产和经营方面的问题。很多无形资产的价值并没有直接反映到资产负债表上，但是对企业的发展则起着举足轻重的作用，如：目标企业是否在产品的生产和设计方面有特殊的能力，目标企业拥有哪些专利、版权、商标、信息及其他无形资产；目标公司的营销能力如何，是否有牢固的顾客基础；而目标公司关键位置的员工是否会留用，也是并购者要考虑的主要问题。

（2）并购价格的确定。

并购过程中，双方最关心的问题，就是合理估算目标公司的价值，并确定并购价格。并购价格的确定是一个重要决策，它建立在对目标公司信息的全面掌握上，是以对目标企业进行的综合价值评估为依据的，需要考虑目标企业占有的固定资产、流动资产、无形资产等全部资产价值以及未来经营获利能力及产权转让后产生的价值增值等因素。但是，价值的认定也含有很大的主观判断，如果双方认定差距太大，就难以达成共识导致并购失败，此时详尽的价格分析方法有助于强化谈判的力量。价格的确定可以通过以下思路和方法：

一是收益贴现思路与现金流量折现法。收益贴现思路，就是把企业在未来的继续经营中可能产生的净收益贴现为当前的资本额或投资额，即将未来净现金流按照一定的贴现率进行折现。由于并购注重的是企业整体获利能力，而这种方法所针对的标的正是企业整体获利能力，所以，现金流量折现法是企业并购确定价格、进行资产评估的首选。由于此方法涉及未来净收益以及贴现率等参数，因此需具备两个前提条件：首先是被评估企业的未来收益能够预测并能基本保证预测收益数额的合理性和可用性；其次是与企业获得未来净收益相联系的风险能够估量，并能够提供令人信服的依据。

二是市场比较思路与市盈率乘数法。市场比较思路即利用与被并购企业为同类公司或处于同一行业的其他企业为参照物，通过被并购企业与参照物间的对比分析，以及必要调整，来估测被并购企业的价格。市盈率乘数法是实现和完成该思路的具体评估方法。由于上市公司的股票市场价格基本上反映了市场上对该公司的评价，可以把与被并购企业大致相同的上市公司作为参照物，以该上市公司的市盈率作为参考市盈率，同时，确定目标企业的收益指标，二者相乘，即可评估出目标企业的价值。但是，市盈率乘数法的实施必须以存在一个活跃、成熟的证券交易市场为前提，因此，如果证券交易市场发育程度较低，市盈率不能反映企业的收益与市场价值的比例关系，该方法的应用会受到很大的限制，甚至无法应用。

三是企业重建思路与单项资产评估加总法。企业重建思路是把在评估时重建一个与被评估企业相同的企业或生产能力及获利能力的载体所需的投资额作为确定价格的依据。而单项资产评估法是实现和完成这一思路的技术手段。企业的单项资产评估值之和未必与企业整体资产评估相吻合，但是它们之间必然存在着内在的联系。而企业重建思路正是利用这一内在联系而设计，以便能从企业的构成要素，即单项资产重置的角度，汇总估算出企业整体资产价值。

2. 收购谈判和合同签订

在这一阶段，收购方就收购条件和价格等条款同目标公司董事会进行谈判。收购条款一经确定，并购便进入实质性阶段，并购公司与目标公司正式签订收购协议书（或收购合同）。收购协议书应明确双方享有的权利和义务，其主要内容如下：

①并购双方的名称、住所、法定代表人，并购的性质和法律形式，并购完成后，被并购企业的法律地位和产权归属。

②并购的价格和折算标准，并购涉及的所有资本、债务的总金额，并购方支付收购资金来源、性质、方式和支付期限。

③被并购目标公司的债权、债务及各类合同的处理方式以及人员的安置及福利待遇等。

3. 并购合同的履行

并购公司按照并购目标或合同约定完成对目标公司的资产或股票的购买。并购完成，根据并购具体情况办理下列手续和事项：

（1）审批和公证。

协议签订后，经双方法定代表人签字，报请有关部门审批，然后根据需要和双方意愿申请法律公证，使并购协议具有法律约束力，成为以后解决相关纠纷的依据。

（2）办理变更手续。

并购完成以后，意味着被并购方的法人资格发生了变化。协议生效后，收购双方要向工商等有关部门办理企业登记、企业注销、房产变更及土地使用权转让手续，以保证收购方的利益和权利。

（3）产权交接。

收购双方的资产交接，须在律师现场见证、银行和中介机构等有关部门的监督下进行，按照协议办理移交手续，经过验收、造册，双方签证后，会计据此入账。收购目标公司的债权、债务，按协议进行清理，并据此调整账户，办理更换合同等手续。

(4) 发布收购公告。

在公开发行的媒体上刊登收购公告，也可由相关机构发布，将收购信息公之于众，并开始调整与之相关的业务。这是收购交易的最后一道程序。

四、公司并购后的整合

并购方得到了目标公司的所有权，获得了控制权，只是实现了并购目标的第一步。并购后，通过有效的整合，使目标公司经营尽快步入正轨，实现资产结构的有效调整及业务的重新整合、调动全体员工的工作积极性，开拓市场、促进销售，进而提高企业效益，获得并购方追求的"并购增值"才是最终目标。

1. 并购后整合的必要性

并购是并购双方博弈的过程，它涉及至少两个企业，由于利益的相对独立性以及在并购中企业的角色定位不同，并购双方的冲突是不可避免的。主要表现在以下三个方面：

（1）机制冲突。

并购后企业的运行机制，不是原有企业运行机制的简单相加，而是企业运行机制的再造。由于并购双方运行机制不尽相同，两种机制的冲突不可避免。在并购企业对被并购企业的运营机制进行整合的过程中，首先就会遇到被并购企业原有机制的抵制，即使被并购企业的运行机制没有根本的缺陷，并购后，被并购企业的经营机制仍然基本保持不变，两个企业的两种机制之间还会有一个磨合和协调的过程。

（2）心理冲突。

并购双方员工以及管理层认识上的不一致，使并购后的企业必须进入一个较长的心理磨合期。并购双方的心理冲突主要是由以下矛盾产生的：

一是并购企业员工的优越感和被并购企业员工的自卑感的冲突。并购企业通常是优势企业，优势企业的地位使员工产生强烈的优越感，这种优越感使他们往往在并购前极力反对并购，并购后又出自本能地抵触企业内的整合。因为在他们看来，并购意味着主动找个包袱背起来，整合则意味着既得利益的损失，意味着牺牲。与此相反，处于被并购地位的企业员工往往心存自卑感，使他们不能以积极的心态对待并购，这对企业的整合也是不利的。

二是并购双方员工不愿变化的思想与企业创新的冲突。一方面，并购企业的员工期望维持现状，规避风险，获得稳定的收入；另一方面，被并购企业的员工在很长的一段时间内生活在过去的记忆中，怀念昔日的辉煌。无论是并购企业员工的守成思想还是被并购企业员工的恋旧情结，都与并购后企业的创新战略相矛盾，不利于并购后企业员工携手共进，加大了企业整合的难度。

三是并购双方企业管理者在并购目的认识上的冲突。并购企业希望通过并购扩大企业规模，分散经营风险，延长生产线，扩大市场份额，增强企业的核心能力；而被并购企业往往是由于经营领域的调整、资产负债状况的恶化等原因才被出售的，并购双方管理层对企业并购目的上认识的差异，使他们对并购的促成在程度上有很大的差别。在很多情况下，并购后企业的整合任务主要落到并购企业的头上，企业整合在得不到被并购企业的积极配合的状况下进行，使得整合难度进一步加大。

（3）文化冲突。

企业文化是指企业在长期发展过程中，企业全体员工逐渐形成的共同信念。不同的企业由于发展历程和所处环境的差异造成其企业文化也必然不同，因此并购双方在文化上的冲突是不可避免的。企业文化冲突主要包括企业家领导艺术上及工作作风的差别，企业员工精神风貌以及士气上的差异，企业文化氛围的不同等等。这些在文化上表现出来的差异性，是在长期的发展中形成的，是内化于企业的带有根本性的冲突，是企业制度、机制、组织和心理冲突的集中表现。

2. 整合的目的以及模式

公司并购的根本目的是为了增强企业的核心能力，企业的核心能力是某一组织内部一系列互补的技能和知识的组织，它具有使一项关键业务达到业界一流水平的能力，是能够提供企业竞争优势的知识体系。核心竞争能力有如下特点：第一，它是企业独特的竞争优势，通过产品和服务，给消费者带来独特的价值和效益；第二，核心竞争优势体现在企业的一系列产品及其服务上；第三，核心竞争力是其他企业难以模仿的能力。在基于核心能力的并购整合过程中，应围绕核心能力构筑和培育企业的战略性资产，所有的整合活动都要围绕这个核心展开。

而以何种方式实施企业的整合，则取决于两个重要的因素：一方面是并购双方企业的制度、组织和文化上的差异性；另一方面是并购后企业的发展战略的特点和要求。实际上，一个企业的整合，往往不是单纯地选择某一种模式，通常是对不同内容采用不同的模式进行整合。企业整合的模式见表2-7。

表2-7　　　　　　　　并购整合的四种模式及比较

整合模式	适用条件	特　点
同化模式	并购方在经营、组织、文化等方面均优于被并购企业，且被并购方的地位明显较弱	企业冲突不明显，整合成本低，时间短并购企业的优秀文化被扩散
强入模式	并购方在经营、组织、文化等方面明显优于被并购方，但并购双方拒绝整合	企业冲突激烈，整合风险大，成本高企业家是整合的发动者和推进者

续表

整合模式	适用条件	特　点
分立模式	并购双方在经营、组织、文化等方面各有特色和优势	并购企业的优秀文化被拓展 整合的过程比较平稳，整合中双方生产和经营的波动不大 双方的独立性被保留，且优势互补
新设模式	并购企业在经营、组织、文化等方面均有一定的缺陷	企业冲突不大，但整合的成本较大，风险大 整合成功后，绩效明显

——资料来源：徐笑君等：《兼并企业的文化重构》，载于《中外科技信息》，1998年第12期。

3. 并购整合的基本内容

企业的核心竞争能力是以独特的资源、技能和知识为根本要素的，而这些要素是嵌入在企业人力资源、企业文化、组织管理、研究开发、生产制造和市场营销等各项职能活动之中的，所以，基于核心竞争能力的并购整合具体还是反映在这些职能活动的整合过程中，任何一方面整合的欠缺，都会导致整合战略的失败和并购后公司价值的下降。

(1) 人力资源整合。

并购交易完成后，被并购方员工会产生明显的压力感和焦虑，这种压力感和焦虑如果不能得到解决，就会出现人力资源流失，最直接的后果是企业短期经营业绩滑坡，具有战略性资产特征的人力资源遭到破坏。所以，在人力资源整合时，应关注员工的心理反应，采取有效的沟通策略来缓解心理压力。人力资源整合具体表现为制定稳定人才的政策，强化对人力资本的激励机制，确立员工对未来前途的安全感，对新组织的认同、归属感以及对自身岗位要求的责任感和使命感，以使其在新的公司里更好地发挥其潜力，为进一步的整合战略奠定扎实的基础。

(2) 资产整合。

一般而言，资产整合有两种基本策略，即剥离不良资产，整合优质资产。资产整合是并购整合的核心，通过双方企业（主要是被并购企业）的资产整合，可以剥离非核心业务，处理不良资产、重组优质资产，提高资产的运营质量和效率。资产整合主要包括固定资产整合、长期投资整合、无形资产整合以及流动资产整合等。其中，固定资产的整合是资产整合的关键，并购方应结合自身的发展战略和经营目标，对固定资产进行鉴别、吸纳或剥离。吸纳被并购企业的固定资产至少要考虑以下因素：生产经营体系的完整性，使整合后的企业具备核心业务所涉及的原料采购、生产销售、科研等一系列配套完整的经营组织体系；企业的战略发展，整合后的企业资产要适应战略发展规则；短期内能带来不低于期望期的收益，不带来太大的财务压力。剥离的固定资产则主要包括未产生效益的资产、不适合并购方总体发展战略要求的经营性固定资产，多余的生产行政管理资产（如办公设备等）和其他难以有效利用的资产等。另外，无形资产诸如专利技术、商标品牌等对于某些类型的企业核心竞争力的形成起着越来越重要的作用，所以无形资产的整合在资产整合中的重要性也在日益提升。并购企业应对并购涉及的无形资产，如目标企业拥有的专利权、专有技术、商标权、专营权以及土地使用权等，评估其现实价值，联系并购方的生产经营活动及其适用程度，予以保留或转让。

（3）财务整合。

并购的初始动机总是与节约财务费用、降低生产经营成本联系在一起的。因此，企业并购后，为了保证并购各方在财务上的稳定性及其在金融市场和产品市场上的形象，并购双方在财务制度上互相联通，资金管理和使用上协调一致是必需的。具体任务包括：筹集足够的资本以支持经营、组织的调整；拓宽融资渠道，获得多方面的资金支持；合理分配并购资金，解决影响整合顺利进行的瓶颈制约；制定和贯彻长期的财务计划，促进经营改善；统一修订双方的财务制度；进行财务整合，合并双方财务报表等。

（4）经营整合。

经营整合是指企业在并购后按照计划进行职能、经营项目等的调整与协调，实现协同作用。经营整合的目标是在可接受的时间限度内和成本约束下实现预期的协同，进而强化企业竞争优势，在一个新的或已有的市场内，建立起与战略规划相一致的竞争优势。经营整合首先要从产品入手，剥离不盈利的产品生产线或品种，增加盈利产品的生产线或品种，调整企业产品结构，提高企业盈利能力，并对供应和销售体系进行重新组合。其次，是企业职能的协同与匹配，即并购双方职能部门能力强化、组织科学化的过程。最后，如果并购双方生产完全相同或相似产品，在技术、生产设备、工艺流程及员工技术素质等相近，通过生产设备的调整、生产能力的重新组织，可以降低生产成本，提高企业整体生产能力和生产效率，实现规模经济效应。

（5）组织整合。

组织整合是指并购后的企业在组织机构和制度上进行必要的调整或重建，以实现企业的组织协同。企业的运转是通过其组织网络相互联系、相互制约并按照一定规章制度进行的。通过组织机构的设计与重组要形成一个精简高效的、有机统一的组织系统，使整合后各种资源更有效的结合；使组织系统的扩张与收缩更具灵活性，能适应外部环境的变化；形成企业内部物资、资金和信息流动通畅的网络结构；责权利分明，相互协作又相互制约，最终形成新的符合并购方经营目标和总体战略的组织体系。

（6）文化整合。

在并购过程中，人们往往更加注重目标企业的财务状况、市场定位、管理水平等，在整合中也对资产债务的处理、管理组织的重构、经营业务的梳理更为关注，但事实上，如果并购双方企业的企业文化差距过大，在很大程度上将影响并购目标的最终达成。因为并购中文化的不协同与财务、产品或市场的不协同一样会产生并购风险，甚至是导致并购活动流产。文化整合涉及双方的价值理念、经营哲学、行为规范、工作风格等方面的个性特征，应根据不同双方企业文化的特点，因地制宜地采取针对性整合模式。企业文化整合一般来说分为文化亲和力识别、文化融合重建和行为贯彻落实三个阶段。

案例讨论（2-8）：联想整合IBM面临最关键时刻

并购只是进行国际化的第一步，能否顺利完成并购后的整合，把两家公司完美地融合在一起，将决定胜败。联想虽然业绩遭到巨创，但也不能因此说此次并购就失败了，目前的并购后整合正面临最关键的时刻。

一、国际化梦想失意金融风暴

2004年12月，联想集团正式宣布收购IBM个人电脑业务，并购了包括IBM在全球的台式和笔记本电脑领域的全部业务。承载着国际化的梦想，联想向前迈出了一步。

通过并购，联想获得了IBM在个人电脑领域的全部知识产权，遍布全球160多个国家的销售网络、1万名员工，以及在5年内使用"IBM"和"Think"品牌的权利。合并后的新联想以130亿美元的年销售额一跃成为全球第三大PC制造商。

联想买下IBM的个人电脑部门，原因之一就是希望能够获得IBM丰富的全球化经验和能力。联想为了把两个原本独立的业务整合为一个统一的全球性PC厂商，采取了很多措施。并购之后，联想将总部转移到了美国，以中国为主要生产基地，同时在北京和位于美国北卡罗来纳州的罗利市设立了运营中心。在人事上也作出了极大的调整，联想的核心人物柳传志卸任董事局主席职务，仅保留董事职务，杨元庆担任董事局主席，由前IBM PC事业部总经理史蒂芬·沃德出任CEO。

2005年12月，戴尔前高级副总裁威廉·阿梅里奥取代史蒂芬·沃德担任公司总裁兼CEO。2006年，阿梅里奥开始全力削减IBM个人电脑部门的成本，提出"让不盈利的部门开始盈利"；同年9月，阿梅里奥宣布供应链负责人变动，原联想高管刘军被撤职，送往哈佛学习，接替者来自戴尔。并购之后的3年时间里，联想的销售额逐步增加，2007~2008财年，联想的利润甚至大幅上升了237%。

然而，就在联想对IBM个人电脑业务的整合看起来一帆风顺的时候，2008年联想业绩却出现了明显的下滑，利润出现了巨额亏损。截至2009年3月31日，联想2008~2009财年业绩显示，其营业收入为149亿美元，同比下滑8.9%，净亏损2.26亿美元，而上财年净利润为4.48亿美元。这是联想历年来最大的一次亏损。联想股价在2008财年第四季度曾跌至2港元以下，创9年来新低。

对于出现的巨额亏损，联想认为，全球性的金融危机仍在持续影响联想的业务，特别是其核心的全球企业客户业务，因为许多大企业都在缩减开支，延缓或减少IT设备的采购。财报显示，联想集团去年第四季度全球个人电脑销量同比减少8.2%，主要由于全球商用个人电脑销量持续减少，以及同一时期集团在消费市场的参与度有限所致，同期全球整体市场销量平均下降7%。虽然在全球个人电脑行业不景气的情况下，联想出现亏损似乎合乎情理，但其亏损规模却已超出了人们的预期。

二、战略、运营低效缘于"人"的问题

实际上，虽然在2007年5月，联想就宣布海外业务首次扭亏为盈，但挑战一直存在。从2007年开始，联想在全球PC厂商的排名就被台湾地区企业宏碁超越，从第3名跌至第4名。

联想在海外市场受挫的直接原因主要在于战略与运营都存在问题。

在战略方面，首先，联想的消费产品战略低效，比如，2007年年末联想进军海外消费市场，推出ideapad，但这个动作却比竞争对手落后一年，联想错过了2006年消费市场爆发的最佳时机。其次，联想的奥运战略也未能取得理想效果，虽然为奥运战略投入巨额资金，但这对品牌提升和收入增长贡献有限，并没有达到其推广国际化品牌的目的。另外，联想区域战略执行不到位，它在国内的具有优势的"双业务"模式未能有效推广到海外。

而在运营方面，联想供应链效率比较低，其供货速度远远慢于竞争对手，竞争对手可以在几天内供货，而联想却可能需要数周甚至数月。联想在中国市场的优势在于能够快速对市场做出战略反应、有效的战略执行以及高效的运营，但是这些优势在联想海外业务中却没有体现出来。

实际上，战略与运营诸多问题的根源，都可以归结为"人"的问题，"人"的问题是联想国际化的根本问题。

这一方面表现为管理人员能力、经验缺乏，原有联想的领导及团队缺乏国际化管理能力，难以在短时间内领导和管理一个国际性的企业，更难以在短时间内将联想在中国的业务模式优势复制到海外。然而聘请的海外管理者缺乏对联想文化及其核心优势的充分理解，无法充分发挥其管理能力。在柳传志总结的"管理三要素——搭班子、定战略、带队伍"中，"搭班子"，即管理层是最重要的第一步。如今管理层的缺陷却成为联想海外业务发展的短板。

联想存在的"人"的问题，另一方面则在于复杂的文化冲突。联想存在联想系、IBM系、Dell系之间的斗争。观念不一致、沟通不顺是战略、运营低效的根源，从而导致战略制定犹豫不决，产品战略推出落后于竞争对手；供应链及其他运营体系的整合和建设速度慢，整体效率难以提升。

文化原本是联想在中国的成功之本，以前的联想文化鼓励员工与企业一同成长，为员工提供没有天花板的舞台，造就了一批具有创业精神的员工。他们具有极高工作热情，工作主动性强，而且对企业具有极高的忠诚度和奉献精神。以前的联想文化还具有很明显的军事化管理风格，从上到下形成"整体化一"的"斯巴达克方阵"，战略执行力极强，非常重视效率。而如今的联想却缺失个性鲜明的核心文化，这也正是海外业务受挫的内在原因。

三、并购后整合的挑战与应对

尽管联想并购IBM个人电脑业务整合初期比较顺利，但一些深层次的问题在并购两三年后才逐渐显现出来。柳传志一直对并购后的现状保持着清醒认识，两年前，联想集团在年度总结中宣示"联想已经成为中国企业冲向海外的象征"时，他就表示，尽管没有出大事，但联想集团最危险的时期还没有过去。

并购动作只是进行国际化的第一步，能否顺利完成并购后的整合，把两家公司完美地融合在一起，将决定胜败。不过，联想虽然业绩遭到巨创，但是也不能因此就说此次并购就失败了，目前的并购后整合正面临最关键的时刻。

博斯公司经过广泛调查发现，中资公司需要注意在跨国并购后的整合中有可能会面临以下五种挑战：在将战略意图转化为详细计划的过程中缺乏系统的方法；对外国公司利益相关者的各种不同的需求了解不足；存在巨大差异的东西方文化；缺乏系统而有效的沟通方法与流程以及过于关注整合的流程，而忽略了员工在整合中的问题。

其中，针对跨文化整合的挑战应当采用系统的方法来有效地管理，我们总结出跨文化整合步骤如下：选择有激情的、灵活的领导团队；建立对于收购所在国文化的感知和理解；在被收购公司内部现场办公来积极促进员工们对"其他文化"的体验；对被收购公司作系统的研究，包括文化感知、价值观、恐惧和期望；确定整合方法、优先事项和沟通计划；实施整合，确保尽可能多地"面对面"互动；训练对危机的快速反应，统一思想，培养士气；经常评估以调整沟通和执行。

今天的国际商业竞争，归根结底是一场文化的较量，而发扬中国文化的优势将是跨文化整合取胜的关键。在中国文化的精髓中，素有开放性与包容性的特点。历史上，中国文化能一直延续并保持生命力的根源在于其博大的开放性和包容性。诸如联想的中国企业应发扬中国文化优势，并发展"全球观"，培养跨文化企业管理能力，建立起自己新的核心文化。

总之，整合的过程和前期并购一样，需要良好的计划和执行。只有凭借周详的计划和谨慎的实施才能取得良好成果，获得最终成功。

——资料来源：谢祖墀：《联想整合 IBM 面临最关键时刻》，载于《董事会》，2009 年第8 期。

● **本章思考题**

1. 什么是兼并与收购？二者的关系是什么？
2. 企业出于哪些原因，会进行并购？
3. 并购会产生哪些效应？
4. 并购有哪些类型？各有哪些特点？
5. 并购需要哪些步骤？各阶段的任务是什么？需要注意哪些问题？
6. 请问你如何看待并购后的整合？

第三章 敌意收购与反收购

内容提要：敌意收购概述；反收购的策略

第一节 敌意收购概述

一、敌意收购的概念

敌意收购（Hostile Takeover），又称恶意收购，是指收购者没有得到目标公司（Target Company）董事会的支持合作或后者明确加以反对和抵制的收购。敌意收购在20世纪70年代的美国开始盛行，它大大推进了公司收购的进程，对企业经营和证券交易市场的运行及相关案件的司法处理产生了巨大影响。一般情况下，潜在资产价值超过账面价值的公司和经营业绩不佳但有发展前景的公司容易成为敌意收购的对象。收购双方强烈的对抗性是敌意收购的基本特点，进行敌意收购的收购公司一般被称作"黑衣骑士"。

敌意收购主要有以下三个方面的特点。

1. 保密性

敌意收购的前期，收购公司在股市上的运作对股票市场有很大的影响，常表现为股价异常上升，目标公司察觉后会提高警惕，进而采取抵抗措施。因此，为了达到收购成功的目标，收购公司不仅事前对准备工作严守秘密，而且在预料到目标公司将反抗时，许多行动就应进行得更加秘密，严防泄露。

2. 风险性

只有敌意收购的价格超出市场水平很多，才能打动目标公司股东的心，使他们愿意出售股票，这样，收购公司的收购成本就会急剧上升。收购公司往往通过借贷或其他方式融资，沉重的利息负担给收购公司带来很大的风险。

3. 复杂性

敌意收购需要制定科学、合理和可操作的整体收购计划、资金调度计划和目标公司收购后的经营计划，在此基础上决定收购价格及支付方法，最后实施具体收购。由于股票市场的变幻莫测，敌意收购的收购准备工作必须充分，而收购过程和资金调度的安排需要既缜密又迅速，是一个非常复杂的过程。

二、敌意收购的一般程序

敌意收购一般包括秘密收购和公开收购两个阶段。

1. 秘密收购时期

收购者瞄准一个目标公司，然后在股票市场上暗中吸纳一定比例的股份。暗中吸纳股份主要通过两种方式进行：一种是逐渐、长久吸纳，打"持久战"；另一种是迅速、大量吸纳，打"突袭战"。收购公司在决定以何种方式秘密收购目标公司股份时，要根据自身的财力、目标公司的情况以及股市行情来决定。在秘密收购时期，收购公司以市价购入目标公司股份，成本较小，但是，当收购公司吸纳目标公司的股份达到一定比例时，必须通告目标公司、证券交易所和证券监管机构，英国、美国和我国的法律均规定，这一比例为5%，这时便意味着公开收购的开始。我国的具体规定见表3－1。

表3－1　　　　　　关于公告持股比例的规定

第八十六条　通过证券交易所的证券交易，投资者持有或者通过协议、其他安排与他人共同持有一个上市公司已发行的股份达到百分之五时，应当在该事实发生之日起三日内，向国务院证券监督管理机构、证券交易所作出书面报告，通知该上市公司，并予公告；在上述期限内，不得再行买卖该上市公司的股票。 　　投资者持有或者通过协议、其他安排与他人共同持有一个上市公司已发行的股份达到百分之五后，其所持该上市公司已发行的股份比例每增加或者减少百分之五，应当依照前款规定进行报告和公告。在报告期限内和作出报告、公告后二日内，不得再行买卖该上市公司的股票。 　　第八十七条　依照前条规定所作的书面报告和公告，应当包括下列内容： （一）持股人的名称、住所； （二）持有的股票的名称、数额； （三）持股达到法定比例或者持股增减变化达到法定比例的日期。

——资料来源：《中华人民共和国证券法》。

2. 公开收购时期

收购公司吸收到5%的股份而依法向目标公司发出公告，并遭到目标公司管理层拒绝,此时,收购公司如不肯罢休,则开始真正意义上的敌意收购,企业能否收购成功,公开阶段的收购起着决定性作用。收购公司通常采用以下四种方式进行公开收购。

(1) 高价收购。

这种先发制人的高价收购策略对目标公司股东的诱惑力很大,也可阻止其他公司的侵入,使之望而却步。但采用这种策略收购成本高,收购公司财务负担较重。

(2) 低价渗透策略。

低价渗透策略即先把价格定得稍低一些,然后逐步提高价格。

(3) 杠杆收购。

收购公司为解决资金不足问题,常常发行评级较低、利率较高的垃圾债券来筹资,当收购交易完成后,再通过变卖目标公司或附属子公司的多余资产来支付庞大的债务和利息。杠杆收购的优点是小公司有可能通过举债方式收购大公司,缺点是收购公司的风险较大。

(4) 发出收购要约。

收购要约,也称"公开出价收购要约",指收购公司对所有股票持有人发出要约公开收购,并且在要约发出后,不得在该要约的有效时间内,采取私下协商方式购买目标公司的股票。我国相关法律规定,当收购公司持股比例在30%以下时,收购公司可选择不发出收购要约,而达到30%时,必须进行要约收购,该"强制公开收购"的规定属于保护性条款,尤其是对中小股东的权益起到保护的作用。具体的规定见表3-2。

表3-2 强制公开收购的具体规定

第八十八条 通过证券交易所的证券交易,投资者持有或者通过协议、其他安排与他人共同持有一个上市公司已发行的股份达到百分之三十时,继续进行收购的,应当依法向该上市公司所有股东发出收购上市公司全部或者部分股份的要约。 收购上市公司部分股份的收购要约应当约定,被收购公司股东承诺出售的股份数额超过预定收购的股份数额的,收购人按比例进行收购。 第八十九条 依照前条规定发出收购要约,收购人必须事先向国务院证券监督管理机构报送上市公司收购报告书,并载明下列事项: (一)收购人的名称、住所; (二)收购人关于收购的决定; (三)被收购的上市公司名称; (四)收购目的; (五)收购股份的详细名称和预定收购的股份数额; (六)收购期限、收购价格; (七)收购所需资金额及资金保证; (八)报送上市公司收购报告书时持有被收购公司股份数占该公司已发行的股份总数的比例。收购人还应当将上市公司收购报告书同时提交证券交易所。

续表

> 第九十条 收购人在依照前条规定报送上市公司收购报告书之日起十五日后，公告其收购要约。在上述期限内，国务院证券监督管理机构发现上市公司收购报告书不符合法律、行政法规规定的，应当及时告知收购人，收购人不得公告其收购要约。
> 收购要约约定的收购期限不得少于三十日，并不得超过六十日。
> 第九十一条 在收购要约确定的承诺期限内，收购人不得撤销其收购要约。收购人需要变更收购要约的，必须事先向国务院证券监督管理机构及证券交易所提出报告，经批准后，予以公告。
> 第九十二条 收购要约提出的各项收购条件，适用于被收购公司的所有股东。
> 第九十三条 采取要约收购方式的，收购人在收购期限内，不得卖出被收购公司的股票，也不得采取要约规定以外的形式和超出要约的条件买入被收购公司的股票。

——资料来源：《中华人民共和国证券法》。

案例讨论（3-1）：茂业国际敌意收购三公司

资料1：2008年8月以来，茂业国际（0848.HK）通过多家关联公司在二级市场上大肆收购商业城、渤海物流、深国商三家公司股票，所持股份已经逼近大股东。一时间，产业资本抄底资本市场、主导行业整合的乐观说法，让人不禁浮想联翩。

2008年以来，这三家上市公司的股价下跌了80%左右，股价处于历史低点，茂业收购的打算看上去非常聪明。但收购方茂业国际还来不及高兴，就麻烦缠身。三家被收购的公司原大股东认定茂业是"敌意收购"，并通过增持股票、向证监会举报等方式展开了强力狙击。11月中旬，茂业国际相继收到了两个来自证监会的处罚决定。由于茂业国际收购三家上市公司股票时，持股数量超过5%都没有停止增持、发布公告，这一举动已经明显违反了《证券法》的相关规定。根据证监会的处罚决定，茂业国际被禁止在1个月内继续增持渤海物流股权，3个月内停止增持商业城股权。在收购深国商股票的过程中，茂业国际也存在同样的违规问题，深国商已经向证监会举报。此外，茂业国际在收购股票时存在"一致行动"的嫌疑，也引起了监管部门的注意。

有分析人士称："如果不能在其所举牌的三家上市公司中成功并购一家，那么茂业国际在股民心中将会留下'资本玩家'的形象，其违规行为也会给监管层留下不好的印象，以后很难在A股市场立足。"

尽管茂业国际董秘曹宏在接受记者采访时，反复强调茂业国际的举动是看好中国百货行业前景而做的"战略性投资"，回避关于"敌意收购"的说法，但茂业国际与收购公司原大股东以及管理层的关系早已是剑拔弩张。在这种情况下，起码是在短期内，茂业国际想谋取公司控制权恐怕很难有进展。

除了向深交所举报外，深国商还试图修改章程设置毒丸计划来阻击"茂业系"进一步深入公司的"内核",但因为违反相关规定,该项计划未能成行。此前,商业城虽然没有将寻求"白衣骑士"帮助反击"茂业系"敌意收购的考虑变成现实,但第二大股东深圳市琪创能贸易有限公司从二级市场增持成为第一大股东,某种程度上也可以视作是"白衣骑士"。

——资料来源:万晶:《茂业国际否认"敌意收购"深国商》,载于《中国证券报》,2008年11月4日。

资料2:茂业国际并购历程:

2008年8月~10月15日:中兆投资一直在二级市场买入渤海物流和商业城的流通股。

截至10月15日:中兆投资通过上交所共买入渤海物流股票2 263.21万股,占总股本的6.68%,其交易价格区间为2.8元/股至3.4元/股。

截至10月16日:中兆投资通过上交所共买入商业城股票1 537.749 8万股,占总股本的8.63%。其交易价格区间为4.35元/股至5.79元/股。

11月3日:黄茂如旗下的茂业商厦和大华投资合计持有深国商股份总额的5.09%。

11月4日:渤海物流和商业城对茂业系举牌中的违规成分向有关部门进行了举报,请求紧急查处。

11月4日:茂业国际投资者关系部负责人表示,举牌3家公司主要是看好零售百货业未来的发展前景,是出于战略投资的考虑,不排除未来有继续增持的可能。

11月7日:在持股比例突破10%后,茂业系继续在二级市场买入商业城。

11月7日:上海证券交易所要求茂业系逐一上报与举牌商业城有关的信息。

11月8日:证监会下达限购令。

——资料来源:《茂业举牌A股上市公司——并购历程》,载于新浪网,http://finance.sina.com.cn/focus/myxjpagssgs/.

三、目标公司管理层对敌意收购的抵制

对敌意收购的抵制主要来自于目标公司的管理层,管理层之所以积极地抵制收购,主要出于以下三方面原因。

1. 管理层不希望丧失管理权

被收购往往被看做是经营失败的象征。一旦被收购以后,目标公司的管理层将有较大变动,这将危及现任管理者的权力、威望以及待遇。出于对自身前途的考虑,现任管理层就会采取抵制措施。

2. 管理层相信公司具有潜在价值

多数公司的高级管理者可以获得有关公司发展战略、产品开发、专利等不能公之于世的内幕。当目标公司收到对方公开出价的通知时，其管理人员就会对本公司的价值重作一番估计，当其觉得对方出价不合理时，便会采取抵制收购的措施。

3. 管理层希望通过抵制收购来提高对方的出价

在大多数购并交易中，由于对目标公司估计的差异，常常会使双方在收购价格上争执不休。目标公司抵制收购的行为会延缓收购方的收购步伐，从而让其他有兴趣的公司加入收购竞争的行列，最终提高收购价格。

第二节 反收购的策略

收购方避开目标公司管理层而公开以要约收购的方式直接与股东进行股份转让交易，这可能导致目标公司启动反收购机制，防止收购的发生或挫败已发生的收购，敌意收购与反收购之争由此产生，它将不可避免地导致目标公司内部权力结构的重新配置和各方利益的冲突与再分配。反收购措施的部署可分为两类：预防性的（preventative）和主动性的（active）。预防性的措施是为了减少财务上成功的敌意收购的可能性，而主动性的措施在敌意报价出现后采取。

一、预防性反收购策略

预防性的反收购策略主要包括预先设计企业的股权结构、毒丸计划、驱鲨剂条款、降落伞计划等。

1. 股权结构安排

收购成功的关键在于有足够量的股权被收购。要想从根本上预防敌意收购，适当的股权安排是最佳的策略。参照反收购可能出现的结果，公司首先应该做到的是，建立合理的股权结构。最为有效和简单的方式是保持控股地位，即公司的发起人或者大股东为了避免被收购，而在开始设置公司股权时就让自己拥有可以控制公司的足够的股权，或者通过增持股份增加持股比例来达到控股的目的。理论上，要达到控股地位股权比例应达到51%，但实际上当股权分散后，一般持有25%~30%的股权就可以控制公司。因此，必须找到一个合适的比例来决定控股程度，否则会出现控股比例过低无法起到反收购的效果，而控股比例过高则会出现过量套牢资金的问题。

此外,交叉持股或相互持股也是反收购的一个重要策略,也就是关联公司或关系友好公司之间相互持有对方股权。为避免公司大权旁落,目标公司可选择一家或几家关系密切的企业,通过互换股权的方式,相互持有对方一定比例的股份,并且承诺彼此忠诚,这样就可以使流通在外的双方股权都大量减少,从而不易受到控股冲击。但此类相互持股的模式应遵守有关关联企业法令的规定。

2. 毒丸计划

"毒丸"一般是指股东对公司股份或其他有价证券的购买权或卖出权。"毒丸计划"是公司分配给股东具有优先表决权、偿付权的有价证券,或者一种购买期权,当在某些事情发生时,将会导致目标公司股东能够以较低价格购买公司的股份或债券,或以较高价格向收购人出售股份或债券的权利发生的设计。

毒丸计划的一般做法是在公司章程中预先设置一些对收购者极为不利的规定,如:某类股东可享有低价购买公司股份,或者可以要求公司以较高价格(只要董事会认为合理即可)回购其股份;公司可以向某善意第三方发售股份;公司可向老股东发售具有特殊表决权的证券;公司可以将无表决权的优先股转为有表决权的普通股;在董事提名、资格审查、每次更换数量、投票制度等方面设置对新股东不利的规定等。在公司面临收购威胁时,董事会可启动"毒丸"计划,这些"毒丸"开始发作,降低和削弱收购人的持股比例和优势地位,使其达不到收购意图。

案例讨论(3-2):反击盛大,新浪启动毒丸计划

2005年2月19日,新浪和盛大分别发出消息:盛大收购新浪19.5%的股权,从而成为新浪第一大股东。而盛大为获得这一股权,共购买了983.3万股新浪股票,涉及金额2.304亿美元。时任新浪CFO的曹国伟迅速做出了反应,在董事会的支持下很快策动了新浪的"毒丸计划",意在稀释盛大所持股权比例,阻止后者的恶意收购。按照新浪的股东购股权计划,于股权确认日(预计为2005年3月7日)当日记录在册的每位股东,均将按其所持的每股普通股而获得一份购股权。而一旦盛大再收购新浪0.5%或以上的股权,购股权的持有人(收购人除外)将有权以半价购买新浪公司的普通股。如新浪其后被收购,购股权的持有人将有权以半价购买收购方的股票。每一份购股权的行使价格是150美元。

最终盛大权衡再三,在过于昂贵的收购成本面前选择了获利了结,明智地退出了新浪收购战。

——资料来源:李明翰、袁朝晖、徐蕾:《盛大新浪攻防术》,载于《证券市场周刊》,2005年3月13日。

需要强调的是，对于毒丸的具体设定，需满足相关法律法规的要求，否则将被证券监管部门推翻或者视为无效。我国的相关规定主要体现在对被收购公司相关人员行动的规定，具体见表3-3。

表3-3　　　　　　　　被收购公司相关人员行动的规定

> 第七条　被收购公司的控股股东或者实际控制人不得滥用股东权利损害被收购公司或者其他股东的合法权益。
> 第八条　被收购公司的董事、监事、高级管理人员对公司负有忠实义务和勤勉义务，应当公平对待收购本公司的所有收购人。被收购公司董事会针对收购所做出的决策及采取的措施，应当有利于维护公司及其股东的利益，不得滥用职权对收购设置不适当的障碍。

——资料来源：《上市公司收购管理办法》。

案例讨论（3-3）：深国商反收购毒丸计划因违规流产

深国商面对"茂业系"敌意收购紧急启动的"毒丸计划"，因违反《上市公司收购管理办法》规定而流产。

9天之后，深国商将召开临时股东大会审议修改公司章程的议案，修改的核心是设定反收购条款。但深国商董事会今天却突然宣布取消审议该项议案。

深国商本月14日公布的修改章程议案增加了如下条款：如任何投资者获得公司的股份达到或可能超过10%时，经公司股东大会通过决议，公司可向除该投资者之外的所有在册股东，按该投资者实际持有的股份数增发新股或配送股份。

深国商试图如此修改章程，意在阻击"茂业系"从二级市场举牌的"敌意收购"。前不久，在连续举牌渤海物流、商业城之后，"茂业系"又以5.09%的持股比例对深国商进行了举牌。参与了商业城反收购方案设计的上海隆瑞投资顾问有限公司执行董事尹中余表示，深国商这样做很像是新浪当年反收购的"毒丸计划"。尽管"毒丸计划"在海外资本市场上经常被采用，但不被我国的《上市公司收购管理办法》所允许。尹中余表示，"毒丸计划"违反了同股同权的原则，伤害了作为股东的收购方利益。

深国商在修改章程议案行将提交股东大会表决时主动撤下，应该是明智之举，因为即使获得通过也可能被推翻。中国证监会相关人士就《上市公司收购管理办法》颁布答记者问时曾明确表示："公司章程中控制权条款存在违法违规情况的，证监会将予以责令改正。"

——资料来源：陈建军：《深国商反收购毒丸计划因违规流产》，载于中国证券网，http://www.cnstock.com/08gongsi/2008-11/19/content_3854355.htm。

3. 驱鲨剂条款

所谓驱鲨条款策略，是指在公司章程或附属章程中设计一些条款，目的是为公司控制权易手制造障碍，其主要作用在于增加公司控制权转移的难度。在公司法中，公司章程的修订必须经股东大会作出决议，因此，在公司章程中加入驱鲨条款也必须由股东大会通过。驱鲨条款是一把双刃剑，它虽然具有防御收购的功效，但同时也可能削弱董事会对收购的应变能力。驱鲨条款作为一种反收购策略有着各种类型，较为常用的驱鲨剂条款主要有：绝对多数条款、分期分级董事会条款与董事资格限制条款以及双重资本化。

（1）绝对多数条款。

绝对多数条款最初以保护中小股东利益为目的，但随着上市公司收购实践的发展，逐渐被利用为反收购措施之一。作为反收购措施的绝对多数条款（Super—majority Provision）是指在公司章程中规定，公司进行并购、重大资产转让或者经营管理权的变更时必须取得绝对多数股东同意才能进行，并且对该条款的修改也需要绝对多数的股东同意才能生效。这样就会使收购人面临一种潜在的危险，即使收购人拥有超过半数的股权，也可能因无法拥有特定绝对多数的表决权而无法获得公司的控制权。该条款一方面大大增加了公司控制权转移的难度，有助于防止损害本公司及股东利益的敌意收购；另一方面也减轻了市场对管理层的压力，客观上有利于巩固管理层对公司的控制。不过，绝对多数条款在增加收购者接管、改组公司的难度和成本的同时，也会限制公司控股股东对公司的控制力。因此，为防止绝对多数条款给公司正常经营带来过多障碍，在美国，制定绝对多数条款时，通常会设置一条特别条款：董事会有权决定何时以及在何种情况下绝对多数条款将生效，以增强董事会在面对敌意收购时的灵活性与主动性。

（2）分期分级董事会条款。

分期分级董事会条款（Staggered Board Provision），也称为"交错选举董事条款"，其典型做法是在公司章程中规定，董事会分成若干组，每一组有不同的任期，以使每年都有一组的董事任期届满，每年也只有任期届满的董事被改选。这样，收购人即使控制了目标公司多数股份，也只能在等待较长时间后，才能完全控制董事会。在敌意收购人获得董事会控制权之前，董事会可提议采取增资扩股或其他办法来稀释收购者的股票份额，也可决定采取其他办法达到反收购目的，使收购人的初衷不能实现。因此，分级分期董事会条款明显减缓了收购人控制目标公司董事会的进程，使得收购人不得不三思而后行，从而有利于抵御敌意收购。

（3）限制董事资格条款。

限制董事资格条款，是指在公司章程中规定公司董事的任职条件，没有具备某些特定条件以及具备某些特定情节者均不得担任公司董事。这就给收购人增选代表自身利益的董事增加了难度。当然，限制董事资格不能明显违背通常的商业习惯，不能仅仅为了反收购而对董事资格进行特别的不合理限制，而应同时着眼于公司治理水平的提升。

(4) 双重资本化。

双重资本化（dual capitalization）是指将公司股票按所享受的投票权分为两个等级。通常，低等股票只能享有一股一权，而高等股票却享有一股十权，高等股票能够转换成低等股票。同时按规定，高等股票只派发较低股息，市场流动性差，这就会促使普通股东将其手中的高等股票转换成低等股票，当这部分高等股票集中到公司管理层手中时，公司的投票权发生了转移，即使出价方收购了流通在外的所有普通股，也无法控制董事会。

案例讨论（3-4）

资料1：百度上市招股抛出牛卡计划 谨防谷歌（Google）收购

2005年，百度公司正式在美国NASDAQ上市，谷歌持有百度2.6%的股权，锁定期为两年。一直有猜测认为，谷歌投资百度很可能意味着进一步增持百度，甚至收购百度，然而，事实上，谷歌几乎没有机会，因为百度在所有收购通道设立了关卡。

第一道关卡是"牛卡计划"，就是A类股和B类股的划分，其中，A类股主要是新上市股票，B类股则由上市前私募投资者的优先股和普通股转化而来。这种股份安排叫做双层股票结构（Dual-class Ordinary Share Structure）。其操作思路如下：将在公开市场发行的股票称作A类股票，每股拥有1票表决权，而所有原始股份为B类股票，每股拥有10票表决权。一旦有B类股发生外部转让，该股份将立即转为同等数量的A类股。又规定，一旦李彦宏及其团队合计持有的B类股所占已发行B类股比例不足5%，所有B类股将立即转为同等数量的A类股，并且公司从此不再发行B类股。这意味着即使潜在收购者买进绝大部分原始股，也无法在董事会拥有足够的表决权。百度是首家采取这种股权配置赴美上市的公司。

第二道关卡是"五人董事会计划"。该计划早在2005年百度进行第三轮私募时已埋下伏笔。百度修订了原先与前两轮风险投资者订立的股东协议。按照新规定，百度董事会由五名董事组成，CEO李彦宏任董事会主席，另外由前两轮投资者各派出两名董事。上述优先股东对公司发行的证券有优先选择权。董事会和优先股东有权首先否决任何非转让方之间的股权交易。未经各轮优先股绝大多数股东的书面同意，公司创始人不得转让所持股份。

第三道关卡是"摊薄计划"。百度董事会有权越过股东大会，一次性或分批发行最多1 000万股优先股。董事会可以决定每批股份的数量、归属、优惠条件、权限等等。这1 000万股优先股其实可以实现任何愿望，不仅仅是阻止可能的收购行动，还包括拖延或阻止控制权变动的实施。当然，这可能对公司股价造成负面影响。

第四道关卡是"改组董事会计划"。公司董事会有权选举董事填补因董事会扩大或是董事辞职、死亡或除名造成的空缺,以阻止外部股东擅自进入董事会。

——资料来源:许金晶:《百度上市招股抛出牛卡计划 谨防 Google 收购》,载于《第一财经日报》,2005 年 7 月 14 日。

资料2:百度"牛卡计划"被指不符香港上市条件

2008 年 5 月 20 日,有市场消息指出,百度目前不符合港交所上市监管规定,其赴港上市计划或已悄然搁浅。

百度相关人士表示,百度是否回归 A 股或者赴港上市与所谓的不符合港交所上市监管规定并无直接的联系。之前百度 CFO 接受本报记者采访时也曾明确表示,"百度目前没有赴港上市或回归 A 股的迫切需求。"

有分析人士指出,百度前 CFO 王湛生之前曾明确表态希望尽快回归 A 股市场,以让更多内地投资人有机会参与百度的高速成长,也希望国内资本市场与政策环境能尽快支持百度这种企业的回归。但随着王湛生的辞世,百度回归 A 股的计划也随之搁浅。

对于香港媒体提到的所谓"超级投票权",百度相关人士向记者介绍:这其实是百度专门设计的"牛卡计划"。"牛卡计划"是为了限制股票购买者的投票权,避免上市公司被恶意收购和兼并而设计,在这个计划约束下,投资人购买 1 股百度股票,只有 1 票的投票权,而原始股的持有者却拥有每股 10 票的投票权。纳斯达克对这种股权结构的认可,也是百度除了美国市场以外,不太考虑其他市场的一个重要原因。

——资料来源:张韬:《百度"牛卡计划"被指不符香港上市条件》,载于《上海证券报》,2008 年 5 月 20 日。

4. 降落伞计划

巨额补偿是降落伞计划最重要的特点。作为一个补偿协议,降落伞计划规定在目标公司被收购的情况下,相关员工无论是主动还是被迫离开公司,都可以领到一笔巨额的安置费。依据实施对象的不同,降落伞计划可具体分为金降落伞(Golden Parachute)、银降落伞(Pension Parachute)和锡降落伞(Tin Parachute)。

金降落伞主要针对公司的高管,由目标公司董事会通过决议,公司董事及高层管理者与目标公司签订合同规定:当目标公司被并购接管、其董事及高层管理者被解职的时候,可一次性领到巨额的退休金或离职费、股票选择权收入或额外津贴。金降落伞计划的收益视获得者的地位、资历和以往业绩的差异而有高低。这种提供给高层管理者的有吸引力的中止协议也是一种预防性反收购措施,该计划单独使用并不能阻止被收购,但是它能加强上述一些措施的效果,妨碍收购的进行。不过,这种措施不及毒丸计划和修订公司条款有效。

银降落伞是指目标公司承诺，如果公司落入收购者之手，则公司有义务向中级管理人员支付较金降落伞稍微逊色的同类保证金。

锡降落伞是为在公司被收购后一段时间内被解雇的目标公司普通员工提供一定的生活保障，他们将获得员工遣散费。

实施各种预防性的反收购措施并不能确保公司的独立性，不过它们可能会使收购变得更难、更昂贵。有些购买者可能会绕过这些防御良好的公司而去寻求那些没有装备强大防御措施的公司。但是，即使这些已经实施了广泛的预防性防御措施的公司，在成为敌意收购的目标时，也需要更主动地去抵御袭击者。

二、主动性反收购策略

主动性的反收购策略是指在敌意报价后企业已面临被收购的境地时，采取增大收购方收购成本的临时补救策略。比较常见的策略有绿票讹诈、白衣骑士、股份回购、反噬策略、"焦土"政策、法律诉讼等。

1. 绿票讹诈

绿票讹诈（Greenmail）由 green（美元的俚语）和 blackmail（讹诈函）两个词演绎而来，指的是单个或一组投资者大量购买目标公司的股票，其主要目的是迫使目标公司溢价回购上述股票（进行讹诈）。出于防止被收购的考虑，目标公司以较高的溢价实施回购，以促使上述股东将股票出售给公司，放弃进一步收购的打算。这种回购对象特定，不适用于其他股东。

2. 白衣骑士

白衣骑士（White Knight）策略是指在恶意并购发生时上市公司的友好人士或公司，作为第三方出面解救上市公司，驱逐恶意收购者，造成第三方与恶意收购者共同争购上市公司股权的局面。在这种情况下，收购者要么提高收购价格要么放弃收购，往往会出现白衣骑士与收购者轮番竞价的情况造成收购价格的上涨，直至逼迫收购者放弃收购。在"白衣骑士"出现的情况下，目标公司不仅可以通过增加竞争者使买方提高购并价格，甚至可以"锁住期权"给予"白衣骑士"优惠的购买资产和股票的条件。这种反收购策略将带来收购竞争，有利于保护全体股东的利益。

案例讨论（3-5）：日本王子造纸敌意收购北越制纸

2006年7月3日，日本销售额最大的造纸企业王子制纸（OJI Paper）向日本排名第6的北越制纸（Hokuetsu Paper Mills）正式发出要约，准备出资14亿美元进行公开要约收购（TOB），从而将北越制纸并于自己的名下。若此项交易成功，王子造纸将跻身世界前列的第五大造纸企业，也将重新划分日本造纸行业格局。

在这之前，王子制纸的管理层曾与北越制纸的管理层接洽了几个月的时间，早在2006年3月，王子制纸总裁就与北越制纸进行了接触，讨论结盟事宜。但北越制纸董事会公开拒绝了王子制纸的"美意"。在"好意"遭到北越制纸的拒绝之后，王子制纸表示，收购"已经脱离友好的性质"，并宣布以34%的溢价公开收购王子制纸的股份，收购要约从2006年8月3日起生效，王子制纸决定用敌意收购的方式吞并北越制纸。而就在收购要约生效的当天，日本第二大造纸商日本制纸集团（Nippon Paper）抢先收购了北越制纸8.49%的股份，收购金额达113亿日元，充当了拯救北越制纸的"白衣骑士"。日本制纸社长中村雅知表示，收购股份的目的之一是阻止王子制纸的收购。随后，王子制纸宣布，原计划通过公开收购北越制纸至少50.000 4%（10 082万股）的股份，但目前只有占股票5.25%（1 125万股）的投资者接受了它的收购要约，由于距离目标差距太大，决定放弃收购。

——资料来源：Andrew Morse，Arran Scott，Shin Jung-Won：《日本北越制纸考虑通过结盟阻止王子制纸的收购》，载于《华尔街日报》，2006年8月29日。

3. 股份回购

股份回购是指目标公司或其董事、监事通过大规模买回本公司发行在外的股份来改变资本结构的防御方法。股份回购的基本形式有两种：一种是目标公司将可用的现金或公积金分配给股东以换回后者手中所持的股票；另一种是公司通过发售债券，用募得的款项来购回它自己的股票。被公司购回的股票在会计上称为"库存股"。股票一旦大量被公司购回，其结果必然是在外流通的股份数量减少，假设回购不影响公司的收益，那么剩余股票的每股收益率会上升，使每股的市价也随之增加。目标公司如果提出以比收购者价格更高的出价来收购其股票，则收购者也不得不提高其收购价格，这样，收购的计划就需要更多的资金来支持，从而导致其难度增加。

4. 反噬策略

反噬策略，又称"帕克曼"防御（Pac-man），"帕克曼"本来是20世纪80年代初流行的一款电子游戏的名称，在该游戏中，任何没有消灭敌手的一方将遭到自我毁灭。作为反收购措施，反噬策略是指当敌意收购者提出收购时，目标公司针锋相对地向收购公司发起要约收购或以出让本公司的部分利益，包括出让部分股权为条件，策动与目标公司关系密切的友邦公司出面收购公司，从而达到"围魏救赵"的目的。反噬策略可使实施此战术的目标公司处于进退自如的境地："进"可使目标公司反过来收购袭击者；"守"可迫使袭击者返回保护自己的阵地，无力再向目标公司挑战；"退"可因本公司拥有部分收购公司的股权，即使最终被收购，也能分享到部分收购公司的利益。但是运用此策略要求目标公司本身具有较强的资金实力和外部融资能力，同时，收购公司也须具备被收购的条件。

5. "焦土"政策

"焦土"政策（Scorched Earth）是指目标公司大量出售公司资产，或者破坏公司的特性，以挫败敌意收购人的收购意图。出售"皇冠之珠"（Crown Jewel）常常是焦土政策的一部分，指的是目标公司将其最有价值、对收购人最具吸引力资产（即所谓"皇冠之珠"）出售给第三方，或者赋予第三方购买该资产的期权，使得收购人对目标公司失去兴趣，放弃收购。

6. 法律诉讼

目标公司通过发现收购方在收购过程中存在的法律缺陷，提出法律诉讼（litigation），收购者通过反诉讼来回应。在收购战中，交战双方采取诉讼的方式应对是很常见的。目标公司提起诉讼的理由主要有三条：

第一，反垄断。部分收购可能使收购方获得某一行业的垄断或接近垄断地位，目标公司可以此作为诉讼理由。反垄断法在市场经济国家占有非常重要的地位，如果敌意并购者对目标企业的并购会造成某一行业经营的高度集中，就很容易触犯反垄断法。我国的《反垄断法》规定对于造成经营者集中的收购必须向国务院反垄断执法机构申报，经审查影响市场竞争的，国务院反垄断执法机构将禁止该收购行为。因此，目标企业可以根据相关的反垄断法律进行周密调查，掌握并购的违法事实并获取相关证据，即可挫败敌意并购者。

第二，披露不充分。目前各国的证券交易法规都有关于上市公司并购的强制性规定。这些强制性规定一般对证券交易及公司并购的程度、强制性义务作出了详细的规定，比如持股量、强制信息披露与报告、强制收购要约等。敌意并购者一旦违反强制性规定，就可能导致收购失败。我国法律对于信息披露人的义务以及相关监管措施和法律责任作了较为详细的规定，具体见表3-4。

表3-4　　　　　上市公司股东持股变动信息披露的具体规定

第十五条　投资者持有、控制一个上市公司已发行的股份达到百分之五时，应当按照本办法规定履行信息披露义务，在该事实发生之日起三个工作日内提交持股变动报告书。
　　在上述规定的期限内，该投资者不得再行买卖该上市公司的股票。
第十六条　投资者预计持有、控制一个上市公司已发行的股份超过百分之五的，应当按照本办法规定履行信息披露义务，提交持股变动报告书。

续表

> 未做出公告的，该投资者不得再行买卖该上市公司的股票。
>
> 　　第十七条　持有、控制一个上市公司已发行股份百分之五以上的信息披露义务人，持股变动每达到百分之五的，应当在该事实发生之日起三个工作日内提交持股变动报告书。
>
> 　　自报告义务发生之日起至做出公告后两个工作日内，信息披露义务人不得再行买卖该上市公司的股票。
>
> 　　第十八条　持有、控制一个上市公司已发行股份百分之五以上的信息披露义务人，预计持股变动超过该上市公司已发行股份的百分之五的，应当提交持股变动报告书。
>
> 　　自报告义务发生之日起至做出公告后两个工作日内，信息披露义务人不得再行买卖该上市公司的股票。
>
> 　　第十九条　信息披露义务人持股变动虽未达到百分之五，但导致其持有、控制该公司已发行的股份低于百分之五的，应当自该事实发生之日起三个工作日内做出公告，免于提交持股变动报告书。
>
> 　　第二十条　因持股变动导致其获得或者可能获得对一个上市公司的实际控制权的，收购人应当按照《上市公司收购管理办法》的规定，向中国证监会报送上市公司收购报告书，同时抄报上市公司所在地的中国证监会派出机构，抄送证券交易所，通知该上市公司，并做出公告。
>
> 　　第三十四条　信息披露义务人未按本办法规定履行相关义务的，应当主动改正；未能改正的，证券交易所依据业务规则进行处理，证券登记结算机构依据业务规则暂不予办理股份过户登记手续；拒不改正的，中国证监会责令改正。构成证券违法行为的，依法追究法律责任。
>
> 　　第三十五条　信息披露义务人披露的信息有虚假记载、误导性陈述或者重大遗漏的，应当主动改正；未能改正的，证券交易所依据业务规则进行处理，证券登记结算机构依据业务规则暂不予办理股份过户登记手续；拒不改正的，中国证监会责令改正。构成证券违法行为的，依法追究法律责任。
>
> 　　第三十六条　信息披露义务人未按规定披露信息，涉嫌内幕交易、操纵市场或者其他欺诈行为的，由中国证监会依法查处。
>
> 　　因前款所述行为对信息披露义务人进行调查期间，信息披露人在被调查期间不得向相关上市公司选派董事、监事、高级管理人员。

——资料来源：《上市公司股东变动信息披露管理办法》。

　　第三，犯罪行为，例如欺诈。但除非有十分确凿的证据，否则目标公司难以以此为由提起诉讼。

　　通过采取诉讼，可以迫使收购方提高收购价，或者延缓收购时间，以便另寻"白衣骑士"，同时，可以在心理上重振管理层的士气。

　　收购防御并不是没有代价的，目标企业在反收购时会带来直接与间接成本。直接成本是付给专业顾问的费用及其他成本；间接成本是专用于防御的管理时间与公司资源的价值或机会成本。在反收购过程中，一般不可能仅依赖于某一种反收购策略便能取得胜利，而应综合采用多种反收购策略，选择实施成本低、效益最大化的反收购策略的组合。

案例讨论（3-6）

资料1：微软收购雅虎事件全程重要事件回顾

微软收购雅虎拉锯战长达3个多月，从一开始微软私下接触雅虎到公开宣布收购提议，接着是雅虎对微软的正式拒绝，微软于是耐心等待并且发出要求雅虎接受收购提议的最后通牒，最终微软撤出收购计划。

2008年1月31日，微软首席执行官史蒂夫·鲍尔默向雅虎董事会提出，以总价446亿美元即每股31美元股票加现金的方式收购雅虎。

2月1日，微软对外宣布了收购雅虎的决定。当天，微软股价下跌至30.45美元，降幅达到6.6%；雅虎股价猛涨48%，每股涨至28.38美元。

2月11日，雅虎正式拒绝微软的收购要约，称微软的收购报价严重低估了雅虎的真正价值。

2月13日，消息来源透露，流行社交网站MySpace的母公司新闻集团和雅虎之间洽谈并购一事。

3月18日，雅虎做出未来两年的财绩预期，以证明其价值高于微软的收购出价。

4月4日，消息人士透露，微软正在评估其提出的收购雅虎的报价，因为自从微软第一次提出收购报价以来，雅虎的价值在缩水。

4月5日，微软向雅虎发出了接受收购的最后通牒，为收购雅虎进行双方谈判并且达成收购协议设置了一个最后截止期限，否则微软将发动代理权争夺战并且可能降低收购报价。

4月7日，雅虎再次拒绝微软，并且表示愿意就提高收购价格进行谈判。

4月9日，雅虎表示，将在其网站上测试竞争对手谷歌的搜索广告，这比出售自己的搜索广告更有利润。消息来源称，雅虎和时代华纳也在进行类似的合作洽谈，目的是导致时代华纳旗下互联网企业AOL与雅虎的联姻。

4月26日，微软对雅虎设置的最后通牒时间期满。

4月30日，鲍尔默飞赴加州，同雅虎首席执行官杨致远谈判。

5月3日，杨致远同鲍尔默在西雅图会面。微软将收购雅虎报价从当初的每股31美元提高至每股33美元，即总价为475亿美元。按照最初的报价计算方法，这相当于总报价提高。同日，鲍尔默致函杨致远，称由于双方无法在价格问题上达成一致，微软决定撤回收购要约，也不会发起敌意收购。这场持续3个多月的商业收购大战宣告结束。

——资料来源：苗壮：《微软放弃收购雅虎 知难而退还是以退为进 一场巨头之间的法律大战》，载于《法律日报》，2008年5月11日。

资料2： 早在微软发出要约之前，雅虎就已经采取了一些防御措施，之后又采取了一些更有针对性的措施。有的已经部署完毕，有的还在进行之中。总之，面对微软的威胁，雅虎"早已森严壁垒"。

1. "毒丸"计划

早在 2001 年，雅虎就通过了一项股东权利计划。根据该计划，如果收购方取得本公司股份超过 15%，其现有股东就有权以优惠的价格购买新发行的股份。值得注意的是，雅虎并没有实行董事任期错开制度，这就使其更易于受到股票代理权争夺的攻击。

2. 白色骑士

早在微软向雅虎"求爱"之前，雅虎就已经与新闻集团"恋爱"了。如今，面对"恶男"的骚扰，与"旧情人"、"再续前缘"也在情理之中。2 月 13 日，新闻集团拟以 500 亿美元的总价竞购雅虎。根据这一方案，交易完成之后，竞购方将取得合并后实体 20% 以上的股份，成为其第一大股东，并取得其实际控制权。这是一种典型的倒三角合并。不过，分析人士普遍怀疑，新闻集团有没有足够的实力与微软竞购雅虎。果然，3 月 10 日，该集团明确表示，不会介入微软与雅虎的公司收购之战："我们不会与微软为敌，他们的资金比我们要雄厚得多"。

3. "焦土"政策

就在微软发出要约之后的第二天，谷歌即聘请某并购专家担任顾问。据说，该专家建议以较高价格收购雅虎 20% 股份。如果仅限于此，充其量只能制造点麻烦。虽然可以浑水摸鱼，赚点价差，但这显然不是谷歌的主要目的。于是就有了后来的搜索业务外包协议。

微软特别提到，作为一种防御措施，雅虎今后有可能把搜索业务外包给谷歌。在微软看来，这将使雅虎的价值大为降低。原因在于，第一，这将不利于雅虎本身的长期发展；第二，这将使雅虎网络广告部门的大批技术开发人员离职；第三，这将引起监管部门的反垄断调查；第四，这将使谷歌今后在自身与雅虎搜索平台中获得关键词搜索定价权；第五，这将使微软与雅虎在搜索业务上合并的机会变得渺茫。

4. "金降落伞"与"锡降落伞"

2 月 19 日，雅虎向美国证券交易委员会（SEC）提交了一项离职补偿计划。根据该计划，在公司控制权发生变动后的两年内，雅虎所有员工无论自愿离职还是被公司解雇，都将继续享有其任职期间的薪酬及其他福利。该计划将鼓励员工在公司控制权易手之后另谋高就。这不但将大大提高对手的预期成本（离职补偿），而且将大大降低其预期收益（人才流失）。该计划与上述搜索业务外包协议相互配合，对微软的收购意图造成极大破坏。

——资料来源：苗壮：《微软放弃收购雅虎　知难而退还是以退为进　一场巨头之间的法律大战》，载于《法律日报》，2008 年 5 月 11 日。

• 本章思考题

1. 什么是敌意收购？它有哪些特点？
2. 敌意收购包括哪些阶段？各阶段有何特点？
3. 管理层为什么会抵制敌意收购？
4. 为什么要进行反收购？可以采取哪些反收购策略？
5. 反收购的各种措施的适用条件是什么？会产生怎样的效果？

第四章 跨国并购

内容提要： 跨国并购的基本内容；我国的海外并购；我国的外资收购

第一节 跨国并购的基本内容

一、跨国并购的概念

跨国并购（cross-border M&A）是指一国（或地区）企业为了某种目的，通过一定的形式和支付手段，购买另一国企业的部分或全部股份或资产，从而对后者的经营管理活动实施控制。跨国并购涉及两个或两个以上国家的企业，"一国企业"是指并购发出企业或并购企业，一般实力强大的跨国公司成为跨国并购的主体；"另一国企业"则指被并购企业，也叫目标企业。跨国并购是国内企业并购的延伸，即跨越国界，涉及两个或两个以上国家的企业，两个或两个以上国家的市场和两个或两个以上政府控制下的法律制度的并购。从研究的现实意义出发，联系中国的实际，跨国并购一方面包括国外企业对中国企业的并购，即外资收购；另一方面包括中国企业对外国企业的并购，即海外并购。

二、跨国并购的性质

跨国并购属于国际投资的一种。国际投资可以分为外国直接投资（foreign direct investment）与间接投资（foreign indirect investment）。外国直接投资是指一国（或地区）的居民实体（对外直接投资者或母公司）在其本国（或地区）以外的另一国的企业（外国直接投资企业、分支机构或国外分支机构）中建立长期关系，享有持久利益，并对其进行控制的投资。直接投资既涉及两个主体之间最初的交易，也涉及两者之间的所有后续交易。进行外国直接投资的可以是商业实体，也可以是个人。间接投资则是指仅仅以其持有的能提供收入的股票或证券进行投资，但对企业既不参加经营管理，也不享有控制或支配权，又称为证券投资（portfolio investment）。

外国直接投资又包含两种模式，一种是采取新建的办法，也称绿地投资；另一种是通过对多数股权的收购实现扩张，即跨国并购。与新建模式相比，跨国并购能有效突破进入新行业的壁垒、降低企业发展的风险和成本，在当前经济全球化的背景下，已成为外国直接投资的主要形式。跨国并购的优势主要体现在以下四点：

第一，减少风险，降低成本。随着经济节奏的加快，时间因素在竞争中的分量越来越大。新建投资的回收周期相对比较漫长，而跨国并购通过直接收购东道国国内相对成熟的同类企业，可以缩短投入产出时间，降低进入壁垒，减少经营风险。此外，还可以获得被并购企业的技术力量和销售网络。如果时机得当，如被并购企业资产被严重低估，或者目标公司正处于财务困境，或者由于股票市场股价波动，目标公司正处于较低水平等，并购方式都会比新建投资具有明显的成本优势。

第二，直接、有效并永久地消灭竞争对手。当外国企业进入一个新市场，尤其是当地企业已经占据很大市场份额时，为减少进入成本，避免与这些本地企业激烈竞争，他们会采取"化敌为友"的并购策略，将竞争对手变为自己的一部分，迅速获得更大的市场份额。在并购后，并购企业往往会逐渐使用自己的品牌，淡化原有企业的品牌，最终实现完全替代，从而使竞争对手永远消失。

第三，实现本地化品牌经营战略。并购企业通过并购一些在东道国国内具有一定知名度的本地企业和品牌，并利用这些企业和品牌在当地市场上已有的认可度进行扩张。这样做不仅可以减少推广自己品牌的巨额广告费用，还可以直接利用这些企业的营销网络及其与政府和其他机构的已有关系，实现良好的经济效益。

第四，通过并购东道国国内的上市公司而进入其证券市场，以最快捷的方式获得低成本进入、低成本扩张、本土化融资发展的优势。一些国家对于国外企业在其国内证券市场上发行股票和上市交易有较为严格的规定，而通过跨国并购可以绕过这些限制。

当然，跨国并购对东道国也有负面的影响，主要表现在：通过跨国并购给东道国提供的金融资源并不总是增加生产资本存量；跨国并购能不能为东道国转移或提供新的技术与技能，而且，根据收购者的公司战略，它可能直接导致当地生产或职能活动（如研发能力）的降级或关闭，或导致这些活动的重新选址；跨国并购短期内一般不会形成新的生产能力；跨国并购还可能加强东道国的市场集中，导致东道国的市场被外国企业垄断。

案例讨论（4-1）：海外敌意并购案首例　中钢全现金收购 Midwest

资料1：2008年7月11日，澳大利亚中西部公司（Midwest）挂出大股东中钢集团（以下简称中钢）的声明，截至7月10日，中钢总计持有Midwest股份已达到213 840 550股，持股比例达到50.97%，获得了Midwest的控股权。

中钢总裁黄天文表示："对Midwest的收购是中钢国际化发展中重要的一步。"在此次收购过程中，中钢集团遵循国际市场并购的规律和澳大利亚的市场规范，组建了专业的团队，反应迅速，对市场及时做出正确的判断和果断的决策，使得收购取得最终成功。

7月10日，中钢任命了三名董事进入Midwest董事会。他们是中钢矿业开发有限公司副总经理吴红斌，中钢澳大利亚矿业有限公司总经理程思俊，以及澳大利亚律师IanMaCubbin。Midwest发表声明表示欢迎三名新董事，任命于7月11日正式生效。另外，Midwest宣布将在中钢控股达到50.1%后，向市场发行3 019 245股新股，用以支付投行的费用。

"中钢总裁黄天文专门组建了一支项目团队，全权负责此项目，并且给予项目团队自主决定权。这成为中钢在如此复杂情况下竞购成功的主要因素之一。"

一位熟悉中钢的分析人士向记者表示，此次中钢在澳洲对中西部公司的成功收购，在中国企业海外并购史上是具有里程碑意义的。这是中国有史以来第一次在其他国家的资本市场上成功完成的"没有被邀请的要约收购"，也就是大家所称的敌意收购。此项目仅是中国国有企业的第三次海外敌意收购尝试，也是第一宗成功的敌意收购案例。其他中国公司很有可能会受此鼓舞，更加积极地实施他们的海外扩展计划。

该分析人士认为，中钢将为中西部新资源开发项目和相关基础设施的建设提供充足的资金和技术支持。此外，公司为当地的居民提供就业机会，并且将向澳大利亚政府纳税，因此澳大利亚也将从此交易中受益。

——资料来源：董文胜：《中国第一次海外敌意收购成功　中钢集团获澳中西部公司控股权》，载于《中国证券报》，2008年7月12日。

资料2：2008年3月14日，中国中钢集团公司就通过全资子公司中钢大洋资本有限公司收购澳大利亚铁矿石开采商——Midwest Corporation提出一项全现金的收购要约。这份要约对Midwest的估值为11.97亿澳元，出价合每股5.6澳元，并已经得到澳大利亚投资审核委员会的批准。

这是中国企业在海外发起的首起敌意并购。相对于此前被Midwest否决的收购意向，中钢依然维持同样水平的出价。2007年12月份，中钢首度表达了收购Midwest的意向，但这一每股5.6澳元的收购建议在2月被Midwest拒绝。

此次要约不再受制于澳大利亚投资审核委员会的批准，中钢集团已经就收购 Midwest 获得了这家机构的批准。中钢集团表示，将尽快向澳大利亚证券投资委员会和 Midwest 递交附有详细信息的收购要约方声明。

摩根大通（JPMorgan）任此次要约的财务顾问，的近（Deacons）律师行任此次要约的法律顾问。

中钢集团总裁黄天文称，中钢集团的要约对 Midwest 的股东将非常具有吸引力。"我们直接向 Midwest 的股东发出要约，因为我们相信，Midwest 的股东可以通过此次要约在相对于历史交易价格较高溢价的水平上，以现金方式实现确定的投资价值。尤其值得注意的是，目前的经济环境对大型资源类项目的开发具有较高挑战性。"

这次 5.6 澳元每股的现金要约，将针对 Midwest 的所有普通股，不过，此项要约将受限于一些要约生效条件：最低 50.1% 的接受率以及中钢集团获得必要的中国政府对此项交易的批复等。

中国进出口银行已承诺为此次要约提供所有的债务融资。根据中钢集团的要约，Midwest 包括期权等在内的所有股份的完全摊薄价值为 11.97 亿澳元。由于中钢目前持有 Midwest 19.89% 的股份，因此，如果全面收购所有股份，中钢将需要约 9.5 亿澳元的资金。

2007 年底，为了抵御默奇森（Murchison）对 Midwest 带有敌意性质的收购，作为 Midwest 的合作伙伴公司，中钢集团提出了收购意向。而今，为了进一步保障其权益，中钢集团终于采取了行动。

Midwest 2 月份拒绝了中钢每股 5.6 澳元的收购建议。Midwest 称，准备进行一个 15 000 万份的行权价格在每股 1.46 澳元的期权计划，并计划将其提交到今年 5 月份的年度股东大会上通过。中钢集团称：根据澳大利亚证券交易所上市条例，Midwest 的董事或其关联方无权在 5 月的年度股东大会上对此项期权计划投票表决，而且中钢集团及其子公司将投票反对此项期权计划。

——资料来源：袁朝晖：《海外敌意并购案首例　中钢全现金收购 Midwest》，载于《经济观察报》，2008 年 3 月 15 日。

三、跨国并购的环境分析

跨国并购是作为一种国际直接投资方式，涉及两个或两个以上国家（或地区）的企业、市场和政府控制的法律制度，因此对其国际投资环境的分析具有十分重要的意义。

国际投资环境是指在一定时间内，东道国（或地区）拥有的影响和决定国际直接投资进入并取得预期经济效益的各种因素的有机整体，它是开展国际直接投资活动所具有的外部条件,是国际直接投资赖以进行的前提。由于东道国的政治、社会、经济、文化、法律等方面存在着差异,如果投资地的社会、经济、文化等条件不适合项目的发展,则该投资在运行过程中将会遇到种种困难,有可能导致投资的全面失败。因此,在做出跨国并购决策之前,必须对东道国投资环境的各因素进行调查和评估,并在不同的投资地点之间进行选择,以确定具有最佳投资环境的地点,做出正确的投资决策。

对于跨国并购的国际投资环境的分析,可以从以下六个方面展开:

第一,东道国的政治因素。是指由东道国(或地区)的政治体制、社会结构、政局稳定性、社会安定性、国际信誉度等内容构成的政治和社会综合条件。政治因素是吸引外国直接投资的首要条件和最敏感因素。因为投资者进行跨国投资,东道国的政局是否稳定、社会是否安定、国际信誉高低等直接关系到投资有无保障的问题。只有政局稳定、社会安定、讲求效益、致力于和平建设的国家,才能确保投资的安全,并为经营获利创造必要的前提。

第二,东道国的经济因素。国际直接投资一般都是为了开拓市场、获得廉价生产要素、提高资本回报率,而这些动机的实现,又直接受到东道国经济发展水平和特点的影响与制约。东道国的经济发展因素主要包括东道国的经济发展状况及其趋势,市场规模、潜力及开放程度,产业结构、就业结构、消费结构及其水平,经济发展政策和措施,资源和原材料的供应情况,工业配套水平,企业生产系统及其经营成本的水平,金融信贷制度及资本市场发达程度,财政税收制度,通货膨胀及汇率情况,国际收支状况,信息及社会服务水平等。

第三,东道国的基础设施因素。是指外国投资者在东道国(或地区)进行直接投资从事生产经营活动所面临的基本物质条件,可分为生产基础设施和生活基础设施两部分。生产基础设施包括交通、通讯、供电、给排水、可燃气、仓库、厂房等;生活基础设施除生产基础设施中可用于生活的部分外,还包括道路、住宅、购物场所、娱乐设施等。

第四,东道国的法律因素。是指东道国通过有关法制和立法所体现的对外国投资的一般态度,如积极引进还是消极抵制,特别是对外国投资者期待的利益可能给予的影响。例如,对外国投资的行业范围的限制;外国投资者的权利与义务;外国资本投资企业的经营管理权限;对特定投资项目的鼓励、限制或禁止以及对外国投资企业的税收优惠、对政治风险的保障等,这些都是通过一定法律形式做出明文规定的。

第五,东道国的社会文化因素。是指东道国(或地区)影响和制约国际直接投资和经营活动的各种社会文化因素的总称。它的内容比较广泛,主要包括民族语言、文字、宗教信仰、风俗习惯、文化传统、价值观念、道德准则、教育水平以及人口素质等。这些是东道国投资软环境中的重要组成因素,也是投资环境整体中不可或缺的内容。

第六，东道国的自然地理因素。是指东道国（或地区）的地理位置、气候条件、地质水文、自然资源情况以及环境保护情况等的总和。不同性质的投资项目所要求的自然地理条件不同，对某些投资项目自然地理因素起着决定性作用，外国投资者必然要选择与自己投资项目相适应的自然地理环境。

第二节　我国的海外并购

一、我国海外并购的发展历程

我国对外直接投资起步较晚，从20世纪80年代开始，投资方式以新建为主，海外工程承包和劳务输出为投资的主要形式。进入20世纪90年代，中国对外直接投资迅速发展，而海外并购也逐渐成为中国企业对外投资的重要方式。

我国企业海外并购的发展过程分为两个阶段，它们对应着中国对外直接投资发展的两个高峰期。

第一阶段（1992~2000年）：出现了第一个对外投资的高峰，这一阶段主要以窗口公司或者比较有创新思维的公司为主，而且集中于一些能够在当地市场受到欢迎的行业和产品，如机电产品、纺织产品。而从区域来看，这个阶段的投资分布也主要集中在与中国有贸易往来的东南亚和非洲国家。总的来讲，此时的对外投资主要是尝试性的，并购的规模并不大。

第二阶段（2000年至今）：我国加入WTO后，中国企业意识到只有走出国门，融入世界经济体系当中，才能有更强的生存能力，中国企业对外投资开始了第二个高峰。通过并购外国企业的股权获得资源、技术、市场的海外并购成为该阶段的主要形式。尤其是自全球金融危机之后，很多欧美企业陷入危机，中国企业的海外并购进程进一步加快。

案例讨论（4-2）：美克：一家OEM企业的谨慎海外出击

一、并购过程

2009年1月6日，美克公司正式宣布，与美国Schnadig公司签订了《收购协议》，收购后者的净营运资产，包括有形资产和无形资产及相应的债务，成交价格约894万美元。

像大多数缺乏自有品牌的中国企业一样，在20世纪90年代中，美克是一家专为外国家具巨头做贴牌生产的中国公司。经过数年的打拼，这家发迹于新疆的民营企业，已在家具出口中做得有声有色，对美国的家具出口量占全亚洲同类产品的85%。

过去，曾长期依赖 OEM 生产的美克只能享受生产环节的部分利润，多年的 OEM 身份，让美克一直渴望能在海外市场上拥有自己的品牌。此番正式收购已有 56 年历史的 Schnadig 公司，则可以获得品牌商部分的利润。在美国，Schnadig 旗下品牌的家具有着较好的客户基础，因而通过收购，美克公司不仅能在销售环节提高利润，也将提升企业整体的盈利能力。

虽然金融危机让美克获得了一个心仪已久的机会，但美克的选择并非一时冲动，相反是慎之又慎。在他们眼中，"本次收购是继续推动美克公司向智能型商业模式转型的一个重要举措和步骤，使公司形成了从产品设计、产品开发、产品生产及产品销售为一体的完整进化链，建立了新的业务增长方式。是价值链向上游攀升的公司战略的具体实施。多年来，公司积累了丰富的国际合作和管理经验，本次吸收 Schnadig 的经营资产，将使公司家具制造业真正成为一家'服务型的制造业'"。

二、并购协议条款

根据协议，美克公司收购 Schnadig 公司的净营运资产，包括有形资产和无形资产及相应的债务。其中有形资产包括存货、应收账款、固定资产。美克公司的董秘透露，收购 Schnadig 公司之后，他们的生产基地仍以国内为主。当然，Schnadig 之前拥有的全部生产订单，也都将转归美克所有。

由于过去多年 Schnadig 公司的产品以外包为主，销售也由代理商负责，并不参与销售环节，类似于一个品牌商，因此美克更看重的是对方的无形资产以及设计能力。

无形资产包括 Schnadig 拥有的四个品牌——Compositions、Schnadig、Karpen、International Furniture 的公司名称、服务标记、销售渠道、供应渠道和客户关系。美克公司表示，收购 Schnadig 公司之后，他们今后会在美国继续使用和推广这 4 个品牌。

根据并购条款，至 2010 年 2 月 28 日，美克将根据存货销售情况和应收账款的收回情况，对未售出存货退回 Schnadig，并将余款相应调减；根据应收账款的实际坏账与坏账准备的差额对余款进行调整，超付部分 Schnadig 将退还美克公司。同时，收购款项也将被分期交付，美克公司在交割日交付 50%，余款将在两年内分期支付。

此外，对于如何解决 Schnadig 公司的原有雇员问题，美克也在并购条款中做了详细的规定：美克没有义务雇用 Schnadig 的员工，但有权根据实际经营需要选择所需雇员。

同时，为了防止 Schnadig 公司杀个"回马枪"，美克公司还在并购条款中要求，Schnadig 公司自交割日起在至少 5 年内或者协议适用法律允许的最长时间，不直接或者间接从事、参与同公司相同的业务。

三、关于 Schnadig 公司

Schnadig 是一家根据美国特拉华州法律成立的公司，主营业务是从事家具设计、采购和销售。这家成立于 1952 年的家族企业拥有两个配送中心，其鼎盛时期产品一度销售到美国 46 个州及多个美洲国家。

作为一家主要的软体家具和实木家具设计者、商品供应者以及销售商，Schnadig 公司以"为客户提供时尚而优雅的高品位家具产品和值得信赖的服务"，在美国业界享有盛誉。事实上，在所有产品类别中，Schnadig 的沙发业务尤其出色，而这刚好是美克家具相对较弱的一个领域。

2006 年，Schnadig 公司将其在美国国内的工厂全部关闭，并将生产转移到中国。也就是从那时起，美克成为 Schnadig 公司的供应商之一。一年后，Schnadig 被罗伯特·思迈雷领导的投资集团"优势资本"收购。

据美克公司后来的解释，Schnadig 之所以会被出售，是其家族企业已不愿意再将 Schnadig 经营下去，在金融危机的冲击之下，便开始寻找买方，并最终遇到了美克这个接盘者。

四、关于美克公司

美克公司的前身——美克国际家私制造有限公司是一家合资公司，1995 年 8 月，由新疆美克实业有限公司和台湾台升木器厂股份有限公司共同出资成立，前者和后者分别占注册资本的 75% 和 25%。

2000 年 11 月 27 日，美克公司在上海证券交易所上市。上市之初，其经营范围主要包括生产、销售装饰、装修材料、实木家具、聚酯家具及配套产品。

作为国内最早的家具制造企业之一，美克一直以新西兰、芬兰、俄罗斯为原料地，在阿拉山口建立了自用兼可外销的木材加工基地，同时还在俄罗斯的基洛夫州兴建了大型木材基地。

上市成功后，美克公司不再满足于家具制造商的身份，开始向产业链的下游零售突围。由于缺乏相关经验，因此他们从 2001 年开始与美国最大的家具零售商之一——伊森艾伦公司合作，将其优秀的零售理念、产品风格、顾客服务通过连锁店提供给中国消费者。伊森艾伦在美国已有 75 年的历史，一直坚持做"美国一站置家资源的引领者"，其零售网络已遍布南北美洲、中东地区以及亚洲。

在与依森艾伦合作后，美克公司以开办家具连锁店"美克·美家"的方式进入国内市场，并从一开始就定位于"中国精英人士"这一高端市场。现在，美克公司已在全国 21 个城市布有零售网络。由家具制造起家的美克公司，通过不断向产业链上下游延伸，现在业务单元已包括三部分：木业、家具制造业与家具零售业务，覆盖了完整的家具行业产业链。

——资料来源：冯嘉雪：《美克：一家 OEM 企业的谨慎海外出击》，载于《中国新时代》，2009 年第 3 期。

二、我国海外并购的主要问题

在我国企业跨国并购的实践中,有令人振奋的成功之作,也有很多遗憾的失败案例,存在的主要问题有以下五个方面。

1. 对外投资管理体制不完善

由于我国对外直接投资的管理体制脱胎于计划经济体制,弊端较多:一是审批程序不适应海外并购的要求,影响了企业迅速捕捉海外并购的良好机遇。二是重"管理"轻"促进"。缺乏有效促进和保障海外并购正常发展的手段和方式。

2. 法律体系建设滞后

由于种种原因,至今还没有一个完整的法规是针对我国对外直接投资和跨国并购的。

3. 资本市场改革不到位

目前我国企业普遍缺乏在国际市场上融资的经验和能力,如何有效地为跨国并购筹集资金已成为我国资本市场的重大课题。

4. 政治因素

政治因素在一定程度上影响我国企业海外并购的正常发展。阻碍我国企业跨国并购的政治因素主要有两方面:一是"中国威胁论"有抬头趋势;二是投资主体的国资背景。

5. 企业自身能力有待加强

要成功地进行海外并购,企业必须要提高其自身的核心竞争能力,继续努力培育自己的比较优势,加强企业制度建设和提高现代化管理水平,同时要遵循现代市场规律,循序渐进地培育海外并购的能力。

案例讨论(4-3):平安收购富通:冲动的惩罚

收购方:中国平安

被收购方:富通集团

收购时间:2007 年 11 月

成交价格:累计投资人民币 238.7 亿元

整合状况:随着富通集团的巨额亏损,双方从交好走向了交恶

第四章 跨国并购

面对即将四分五裂的富通集团（Fortis），最大单一股东——中国平安终于打破沉默，以一张高高举起的反对票联合一半股东，在比利时富通集团股东大会上终止了出售富通资产的进程。

2月11日，同属比利时和荷兰两国的金融机构富通集团宣布，公司股东投票否决了将部分银行和保险业务出售给法国巴黎银行的提议。

被否决的议案包括荷兰政府购买富通在本国的资产、比利时政府收购富通银行、法国巴黎银行购买富通集团比利时银行75%的股权及其在比利时保险业务的10%的三笔交易。这是一次维护平安大股东尊严、强调公司治理原则的胜利。

但这仅仅是意味着中国平安争取到了待市场回暖后投资翻本的机会。因为自2007年10月以来中国平安已累计向富通集团投资人民币238.7亿元（合27.8亿美元），由于该集团股价大幅下挫，进而连累中国平安这笔投资的价值缩水了逾95%。

如果上述一系列出售富通银行的业务得以通过，富通将走向解体。当初平安在欧洲再三甄选、投资238亿元人民币、持有4.99%股权的富通将不复存在。业内人士评估："如果比利时政府把富通比利时银行75%的股权和10%的国际保险业务出售给巴黎银行，富通剩下的价值只相当于出售前价值的20%。"

目前，富通的股价已从当初中国平安投资时的均价19欧元下跌到不足1欧元，如果投资的主体被分解得支离破碎，投资价值无疑被全部抽空。

这一笔让中国平安当初为之兴奋的海外投资，目前看来已经是噩梦一场。根据2008年12月2日富通集团的公报，在拆分后，富通目前仅剩国际保险业务、66%的结构型投资组合权益与汽车融资的资产同负债，且富通将不再涉及任何银行业务。至2008年最后一个交易日富通仅报于0.93欧元。

可以确定的是，在短短一年多时间内，随着双方从交好到交恶的演变，中国平安收购富通案已经宣告失败。

富通集团是一家以经营银行及保险业务为主的国际金融服务提供商，在欧洲公司中排第20名，其股票在布鲁塞尔和阿姆斯特丹的泛欧交易所上市。这家从2000年开始迅速崛起的银行在鼎盛时期拥有了900多亿欧元的总资产、486亿欧元的市值。

但自2007年4月10日富通创出29.58欧元的新高以来，因次级债问题富通已连续四个月下跌，这也为中国平安提供了并购的绝佳机会。

2007年11月，中国平安即宣布，以18.1亿欧元（约196亿元人民币）购入了荷兰/比利时富通集团的9 501万股股份（占富通集团总股本的4.18%），成为富通集团单一的第一大股东。随后，中国平安将股权增持至4.99%以及在次年同比例参与富通增发，累计投资资金高达238亿元。

然而在强行并购荷兰银行和金融危机蔓延的双重打击下，富通集团轰然倒塌。2008年10月3日，荷兰政府斥资168亿欧元收购原荷兰银行在内的原富通全部在荷业务。10月5日，比利时政府也与巴黎银行达成一项股权互换协议，使得富通在比利时和卢森堡的业务也被完全剥离。这种情况下，平安不得不宣布157亿元亏损计提，并放弃了成立合资资产管理公司的初衷。

专家认为，比利时政府和荷兰政府的征收行为违反了其本国的法律，既没有征求富通集团股东的意见，甚至也没有取得富通集团董事会的正式授权，从头到尾都是荷兰和比利时政府一手包办，只在交易谈完了之后才拿着现成的文件，胁迫富通的董事会来签字。显然，富通重组事件已经超出了纯粹商业交易的范围。

作为欧洲前15大金融机构之一，富通集团确实是中国平安学习的榜样，这家公司以银行和保险业务为主，在业内被称为"银保双头鹰"，而其投资管理公司在与前荷银资产管理业务合并后，拥有2 450亿欧元的管理资产，这些让一直寻求打造保险、银行和资产管理三大核心业务的中国平安羡慕不已。

中国平安的主要收入来源仍以保险为主，银行业务虽然有利润贡献，但占整体利润的比重有限，资产管理对平安来说更是全新的开始，因此投资富通集团及富通投资管理公司，既可以获得投资收益，也能够获得技术，加速实现平安的金融集团之梦。

当时，平安对这两次投资的评价说，与富通集团的合作是一次非常难得、稳健的投资机会，此次交易对中国保险行业具有"里程碑式"的重大意义，它将帮助平安保险推动保险资金运用的创新，"资产管理市场在全球特别是中国具有巨大的发展空间，这项业务将迅速成为中国平安新的利润增长点"。

在入股富通集团之后，平安还与富通集团达成了以20亿欧元成立合资资产管理公司的协议。对此，平安集团表示：投资富通将让平安近距离学习富通银行、保险、资产管理三驾马车的业务框架。然而随着富通集团的倒塌，中国平安被迫放弃了成立合资资产管理公司的初衷，双方希望拓展国际市场的计划也永无可能。

——资料来源：陈益锋：《平安收购富通：冲动的惩罚》，载于《中国新时代》，2009年第3期。

三、我国海外并购的风险

从目前来看，我国企业的海外并购仍处于一个初始的阶段。其原因在于：一是我国企业对并购目标企业所在国家或地区的法律环境不够熟悉；二是我国企业国际化的商业经营能力不够强；三是我国企业对并购目标企业所在国家或地区的文化认同感仍需增强。在我国企业海外并购的过程中，法律环境的复杂性、合作方追求利益最大化的本性、文化的多样性与非共容性等因素，都使中国企业在跨国并购过程中面临更大的风险。

1. 收购阶段的风险

在收购阶段的风险主要表现为以下方面：

（1）市场准入风险。各国法律对外资并购均有管制性规定，以防止垄断，保证国家经济安全。

（2）政治性风险。政治性风险与东道国的政府政策变化等行为有关，包括征收、国有化、战争以及恐怖活动等政治暴力事件。尽管有些项目在经济上来讲是非常合算的，但是东道国从政治上考虑还是要进行审查，结果导致了项目中止或无法顺利进行。

案例讨论（4-4）：中海油放弃收购优尼科

一、中海油收购美国能源公司"优尼科"进程

优尼科是美国第九大石油公司，有100多年的历史。其在墨西哥湾、东南亚等地区都有石油和天然气开采资产和项目。2002~2004年其市值低于同类公司20%左右。市值低的一个重要原因是它的主产品天然气市场开拓不够，大量的已探明储量无力开发。

2005年年初，优尼科挂牌出售。雪佛龙公司（美国第二大石油巨头）、意大利埃尼公司等均表示了收购的兴趣。

2005年3月，中海油递交初步收购方案，每股报价在59美元~62美元。优尼科当时的市值还不到百亿美元，但很快，国际原油价格飙升，优尼科股价迅速上涨，中海油内部对这一收购看法出现分歧。

2005年4月，美国第二大石油公司雪佛龙宣布以160亿美元加股票的形式收购优尼科。

6月10日，美国联邦贸易委员会批准了雪佛龙的收购计划。

6月22日，中海油正式向优尼科正式提出收购要约，要约价为185亿美元，每股67美元。

7月19日，雪佛龙提高报价。优尼科董事会决定接受雪佛龙的报价。中海油认为185亿美元的全现金报价比雪佛龙高出近10亿美元，仍然具有竞争力，为了维护股东利益，无意提高原报价。

8月2日，中海油宣布正式放弃对优尼科的收购。

8月10日，优尼科和雪佛龙合并协议获批准。

（期间，美国众议院高票通过两项议案，反对中海油收购美国第九大石油公

司优尼科。)

中国海洋石油有限公司8月2日宣布撤回对优尼科公司的收购要约,至此,这场长达8个月之久、中国迄今为止涉及金额最多、规模最大的海外竞购,最终以中海油的主动退出而告终。这场并购最终没有达成,美国国内将原本单纯的商业操作"泛政治化"成为关键,也就是说,非经济因素成为中海油竞购失利的关键。

虽然这次中海油竞购失利,但仍有一些"意外"之喜。其退出竞购的消息在海内外资本市场上反应积极,其股票不跌反升。当天在香港股市上从4.175港币涨到5.55港币,涨幅为32.9%;其市值也从1 700多亿港元增加到2 200多亿港元。在纽约股市上也上涨了4.15美元,上升5.99%。同时,在这次大胆尝试中,无论是中海油,还是中国企业的"走出去"战略都获得了宝贵的经验。而针对这样一个具有典型性的并购案例,也给人们留下了反思的空间。

二、中海油从竞购中得到了什么

作为竞购主角,中海油认为虽然最后自己退出了,但仍不失为赢家。

回顾整个竞购过程,中海油总经理傅玉成认为自己完全是用美国人的规则在和美国人做生意:"整个竞购过程是严谨的,从分析到估值,再到定价,每个环节都是一流的。所以,尽管我们撤回了收购要约,但整体上我们仍是赢家:宣布竞购以来,中海油的股票持续上涨,目前仅大数就赚了70多亿美元,企业形象和国际上知名度也大大提高。"

国家发改委能源所所长周大地表示,从面向世界、走向世界这一点说,中海油的实践是值得肯定的。此次收购优尼科虽未获成功,但中海油借这个机会练了兵,熟悉了国际并购的游戏规则,也彰显了实力。其适时的退出,一方面表明中海油的竞购完全源自商业标尺;另一方面,也对照出美国在这一问题上本不该有的泛政治化立场。

事实上,中海油此次竞购,并非如美国右翼人士所言的国家行为,而是在全面考察优尼科特点和自身战略发展需要基础上的一次理性商业并购。

从有关资料来看,有着115年历史的优尼科在全球石油市场版图上,规模并不算大,但其在东南亚、墨西哥湾、里海等地区拥有大量优质油气储备,其中约一半的油气储备位于东南亚的天然气田。而中海油恰巧在液化天然气方面有得天独厚的优势,因而能很好地消化优尼科资源。

所以,尽管竞购的是一家美国公司,但中海油的兴趣并不在美国。

目前,国际业务已占到优尼科天然气和石油开采量的一半以上,而国际业务的大部分又集中在东南亚。自20世纪70年代以来,优尼科逐渐将业务重心向这一区域转移。优尼科公司在东南亚地区的泰国、缅甸和印度尼西亚拥有丰富的油气资源,其中缅甸沿海的油气田拥有超过1 400亿立方米的天然气储量,并且已经建设了油气运输的管道基础设施。

所以有推测说,中海油只中意于优尼科的亚洲资产,甚至已要求投资银行研究整体收购优尼科并随后出售其美国资产的可能性。

在上市后的2002~2004年度,中海油进行了总计15.53亿美元的6次跨国收购。除在哈萨克斯坦北里海油田收购未成,其余5次成功的收购都在亚太地区的印度尼西亚和澳大利亚。在完成这5笔收购之后,中海油开始收购优尼科在东南亚的这批油气储量资源。这种交易在空间上的密集分布,愈发清晰地显示出中海油在有意营造一个区域性网络。

三、美国对中国竞购缘何如此敏感

尽管预料到美国当局可能会拒绝来自中国企业的收购意向,但经过反复的比较和战略思考后,中海油还是毅然做出了收购优尼科的决策。

中海油总经理傅玉成表示,中海油当时曾通过多种渠道对可能来自美国的政治压力进行评估,结论是"会引起关注,但不会有太强烈的反对声音。因为美国是一个自由开放的国家,而且这是公司间正常并购行为。"但一个本该是双赢的简单的企业行为,还是被美国政治化了。

中海油首席财务官兼高级副总裁杨华说,中东很多政府控股的公司都曾参与竞购美国公司,英国的石油公司也对美国的一些石油公司进行过几起大的并购,都没有引起类似的反响和关注。中海油此次竞购引起的反应,明显超出了纯粹商业竞争的范畴。

中国社科院能源经济中心主任史丹说,对于任何一个国家的石油战略来说,"安全"是其核心,从中海油并购优尼科这件事情来说,触及了美国"国家安全"的神经。美国为"安全"起见,认为当前的收益必定小于未来的损失,所以要力阻并购。美国认为中国到美国去进行并购是国家行为,实际上它的"过度反应"才完全是一种国家行为,只不过它是用一套冠冕堂皇的法律或程序为工具来阻止并购。

中国宏观经济学会常务副秘书长王建指出,当美国国内经济形势不乐观的时候,其对于来自海外的并购就相当抵触。他认为美国反应之所以强烈,还有另一重深刻的经济背景,即随着国际分工的发展,现在发达国家的资源开始流向中国这样的制造业大国。美国对这种趋势从心态上讲也不适应。中美贸易目前的格局是中国在制造业方面是顺差,而美国在资源出口方面是顺差。美国的制造业在走下坡路,消化不了这么多资源。而中国是制造业大国,大量消耗资源、能源,所以其能源产品会自然地流向中国。这与第二次世界大战以后的情况有了很大的变化。当时是发展中国家的原料和资源向发达国家单向输出,发达国家向我们大量输出工业制成品。而现在的情况正好相反,制造业向中国这样的国家集中,中国向发达国家出口工业制成品,发达国家向中国出口初级资源。所以,虽然中海油并购优尼科失败,但并不会影响资源的流向。

周大地说,中海油的适时退出,说明中国企业"走出去"是以商业利益为标尺的,相反倒是美国政府将商业行为政治化的举动,使其显得很被动。

——资料来源:常志鹏、黄蕙:《中海油竞购失利反思:"走出去"还须拓展渠道》,载于《瞭望》,2005年第32期。

(3)选择收购对象的决策风险。由于我国尚未形成一批在行业内位居全球龙头地位的"重量级"跨国公司,加上购并动因不同、融资条件限制等影响,决定了现阶段多数企业仍将以购并境外中小企业或大型企业的部分业务为主,有些还是处于亏损的状态。这种"人弃我取"的策略是由当前我国企业发展阶段、自身规模和管理水平决定的。

(4)法律专业化操作的风险。由于各国的法律环境各异,很多海外并购的失败都是因为不熟悉东道国的相关法律规定,由于国内在此领域专业人员的匮乏与专业能力的不足,加之企业没有认识到这个方面的重要性,导致在并购中处于非常被动的地位。

(5)财务风险。并购中还经常出现中外财务系统不匹配、投资回报预测假设条件存在缺陷、税收窟窿及其他未登记风险、有形与无形资产的定价、融资成本等财务风险。

(6)工会与劳工组织的风险。由于不熟悉东道国工会与劳工组织的组织模式和运行机制,在并购过程中与工会谈判往往遭遇阻挠,或在并购后的整合中对人员无法控制,进而影响整个并购项目的效果。

案例讨论(4-5):上汽:双龙未来将葬送在工会手中

2009年1月8日,在被上海汽车股份有限公司(以下简称"上汽")收购四年之后,韩国双龙汽车公司(以下简称"双龙")董事会召开会议决定正式向韩国法院提请"回生"流程(相当于美国的破产保护),同时确定了《经营正常化方案》。董事会之所以做出上述决定,是因为目前双龙汽车的资金已经到了枯竭的边缘。此前,为解决资金链问题,大股东上汽已多次与韩国政府和银行进行磋商,但韩国政府表态,作为WTO成员方,政府无法向企业提供资金支持,韩国产业银行(KDB)也已正式拒绝向双龙公司提供抵押贷款。上汽提出的结构调整、降低人员成本等举措,则始终遭到双龙工会的反对。

1月12日,韩国双龙汽车工会在平泽工厂举行的记者发布会上称,双龙汽车的倒闭是作为国家基础产业的汽车技术泄露问题,并指责大股东上汽集团没有给予足够的资金支持。上汽回应称,放弃双龙经营权是在非常时期的无奈之举,各方应共同努力援救双龙,如果工会坚持罢工则表明其不积极救助双龙的姿态,双龙未来将葬送在工会手中。

上汽自从2004年10月收购韩国双龙汽车48.9%的股权后,又两度斥资增持股份,成为双龙的最大股东。但此后他们便与韩国劳工陷入了旷日持久的纠纷。2006年8月中旬,双龙汽车工人再次大罢工,抗议中国上汽集团对双龙汽车的收购,向上汽集团提出加薪、停止向中国转移技术等要求。

——资料来源:熊国志:《闹罢工?上汽:双龙未来将葬送在工会手中》,载于《每日经济新闻》,2009年1月13日。

2. 整合阶段的风险

海外并购后整合阶段的风险主要表现为:企业文化融合的过程及其风险;法人治理结构、企业知识产权保护、企业合同管理、企业经营、税收等方面的风险;企业风险防控机制的健全与落实等。

案例讨论(4-6):TCL并购阿尔卡特、汤姆逊后首度盈利

2006年10月21日,TCL集团(000100)发布的第三季度报告称,第三季度实现销售收入112.52亿元,实现净利润0.31亿元。这是TCL集团2004年收购汤姆逊和阿尔卡特之后首度实现报告期内盈利,公司管理层表示将致力于最短时间恢复整体盈利。

自2004年TCL接连收购跨国巨头汤姆逊的彩电业务和阿尔卡特的手机业务以来,接连出现的亏损让外界对TCL国际化方式不断质疑。2005年前三季度,集团公司亏损超过11亿元,2006年上半年仍亏损7亿多元。三季度盈利对已义无反顾地踏上国际化"不归路"的TCL来说,无疑是一支强心剂。

公告显示,在2006年第三季度,TCL集团共销售彩电202万台,中国市场销售收入27.82亿元,在彩电中国市场保持领先地位。其中,液晶电视销量较2005年同期增长超过164%,在中国液晶市场的占有率超过12%,业绩优于预期。国际市场上,在北美业务第一次获得盈利,公司RCA品牌在美国市场排名第三,市场份额达9%,新兴市场及策略OEM业务发展良好。

在手机业务,本季度实现销售277万台,与去年同期相比增长15%;实现销售收入13.94亿元。其中海外销售221万台,与去年同期相比增长48%,国内销售56万台,同期下降38%。公告称,中国市场业务首次达到季度收支平衡,手机业务销量和盈利能力持续改善。

在欧洲市场,TCL集团表示正积极推行业务重组,务求扭转业务亏损之势,以达盈利目标。目前,公司已着手制定重组计划,在全新的业务模式下,改变营运规模及进行架构重组,并预期于10月底落实最终方案。

同日发布的年度业绩预期公告中，TCL 称，2006 年第四季度较第三季度将继续大幅改善，但因上半年亏损较大，预计年度将出现经营性亏损。

——资料来源：周玲：《TCL 并购阿尔卡特、汤姆逊后首度盈利》，载于《东方早报》，2006 年 10 月 23 日。

四、我国海外并购特别关注的事项

1. 目标企业的确定

在选择目标企业时，要从我国企业的实际出发，明确企业的市场定位和海外并购要实现的目标。在此基础上，应关注并购目标公司所处国家或地区的政治、商业及法律环境。应尽量选择与我国外交关系较好、政治经济较稳定的国家或地区。

2. 中介机构的选择

准备进行海外并购的企业要仔细甄选中介机构，应通过聘请包括通晓当地法律的专业跨国并购律师（具体涉及知识产权领域、国际交易领域、劳动用工领域、税收策划领域等）、财务顾问、资本专家等进行把关，并在结合各方专家意见和建议的基础上制定切实可行的并购战略，以减少随意性和盲目性，防范公司高层出现"并购冲动"。中介服务机构在海外并购中相当关键，事关目标公司的诸多指标和细节，比如，企业的财务状况、发展前景、关联交易、市场份额、员工素质以及当地产业政策法规、商业环境等等，都需要由中介机构予以提供，它们提供的这些信息将直接影响并购企业的决策取向和实际绩效。

3. 双方文化的整合

并购后能否正常运营并购企业是海外并购能否成功关键问题，而这也正是目前许多海外并购案例中出现的困境，其根源其实可以归结为文化方面的冲突与差异。因为国家、地区间的工作关系、商业流程、商业文化可能大相径庭，此时则需要企业与专业中介机构与顾问间的通力合作，以弥补上述商业运营方面和文化层面上的种种差异，进而确保并购企业能在并购完成后迅速完成融合、顺利进入正常轨道。

案例讨论（4-7）

资料 1：柳传志：联想并购 IBM 文化磨合上出了问题

2004 年 12 月 8 日，联想宣布收购 IBM PC 的消息，消息宣布后在中国引起了非常大的震动，包括在国际上也引起了很大的震动，在中国的朋友们和企业家朋友们，IT行业的同仁们都一片为我的勇气叫好，信心大概是没有的，我记得在北京大学光华管理学院讲话的时候，当时EMBA的学员有90多个人，问多少人认为我们并购会成功，有3个人举手了，更有意思的是有2个人是联想派去的学员，大家都不看好，实际的结果是，中国企业出去还是很有必要的。

2004年的时候，当时尽管在中国占了30%以上的份额，但是实际营业额也就是29亿美元，并购后2007财年也就是金融危机以前的一年我们的营业额达到了169亿美元，并购前的利润是1.4亿美元，并购后达到了4.84亿美元，国际占有的份额在2007财年达到了7.6%，出去和不出去，情况是大不相同的。并购之前我们做了非常充分的考虑，主要有以下的问题：考虑IBM为什么不要PC，为什么我们可以做PC，IBM要PC不行，风险有哪些，将这些问题进行了反复的考量，然后才动手的，动手后，三个风险之中，最大的风险还是文化磨合的问题。高层的领导和下面的磨合，中国人和外国人磨合，到底怎样配合的好，果然在这个问题上出现了问题。

在金融危机出现之前的2008~2009财年的利润有1亿多美元，金融危机后就下降到2 300万美元，最后下跌到负的9 600万美元，这种情况下我又回去当董事长，因为并购的时候，我就不当董事长了，请外国的人当CEO，2月2日的时候我又回来了，我做的第一个就是将杨元庆扶上去，我当董事局主席，实际上就是电影的制片人，真正起作用的就是CEO，我们的作用就是将杨元庆扶上位置，创造更好的条件，就出现了今天的情况。

——资料来源：《柳传志：联想并购IBM文化磨合上出了问题》，载于《新华网》，http://www.xinhuanet.com/internet/2010-05/20/content_13520433_4.htm.

资料2：TCL遇并购综合症：面对国际化的诱惑与困惑

"李东生先生会非常生气，如果他想在假期给法国员工开会的话，他压根儿找不到人。"马克雷诺说，"中国人会说，这些法国人根本不知道工作是多么重要，而法国人会说，中国人简直是疯了，成天都在工作。"

马克雷诺（Marc Raynaud），国际企业文化管理咨询公司（ICM）合伙人，4月7日晚，他在上海财经大学演讲的题目是《跨国并购中的文化整合》，演讲以这样一句话开头："李东生先生是一个中国人，但TTE的COO赵淇松是一个韩国人，他们之间起码存在语言障碍。"

作为一个法国人，他深知TCL并购两家法国大型企业汤姆逊和阿尔卡特之后遭遇的整合难题，他还拿采用同样方式的联想与TCL做了一个比较。

马克说了这样一件有趣的事情，当联想和IBM的整合小组进行工作会议时，联想方面一位负责的女士只有30岁，而许多IBM的工作人员为IBM服务却超过了 30 年！当他们在一起开会时，IBM 的工作人员要求联想的工作人员记笔记。联想的那位女士非常礼貌地说，我们并不介意记笔记。会后，她却向自己的上级汇报了此事。

在马克看来，文化的碰撞是一个外在的表现，在外国人眼中长期从事 OEM（贴牌生产）和低价倾销的中国企业，试图去整合一个发达国家的知名企业，永远会存在各种各样的困难。

——资料来源：王诚：《TCL 遇并购综合症：面对国际化的诱惑与困惑》，载于《全球财经观察》，2005 年第 8 期。

第三节 我国的外资并购

一、外资并购的概念

外资并购是跨国并购的一种，是从东道国的视角来看待外国投资者的并购行为，是指境外投资者以并购的方式进入东道国市场，获得对其国内企业控制权的行为。

按照我国《关于外国投资者并购境内企业的规定》，外资并购是指外国投资者购买我国境内非外商投资企业股东的股权或认购境内公司增资，使该境内公司变更设立为外商投资企业（股权并购）；或者，外国投资者设立外商投资企业，并通过该企业协议购买境内企业资产且运营该资产，或，外国投资者协议购买境内企业资产，并以该资产投资设立外商投资企业运营该资产（资产并购）。外国投资者股权并购的，除国家另有规定外，对并购后所设外商投资企业应按照比例确定投资总额的上限，具体见表 4-1。外国投资者资产并购的，应根据购买资产的交易价格和实际生产经营规模确定拟设立的外商投资企业的投资总额。拟设立的外商投资企业的注册资本与投资总额的比例应符合有关规定。

表 4-1　　　　　　　　外国投资者股权并购的投资总额

第十九条　外国投资者股权并购的，除国家另有规定外，对并购后所设外商投资企业应按照以下比例确定投资总额的上限： （一）注册资本在 210 万美元以下的，投资总额不得超过注册资本的 10/7； （二）注册资本在 210 万美元以上至 500 万美元的，投资总额不得超过注册资本的 2 倍； （三）注册资本在 500 万美元以上至 1 200 万美元的，投资总额不得超过注册资本的 2.5 倍； （四）注册资本在 1 200 万美元以上的，投资总额不得超过注册资本的 3 倍。

——资料来源：《关于外国投资者并购国内企业的规定》。

由于外资并购可能产生外资对我国市场的垄断，妨害我国市场竞争，损害我国消费者的利益，因此，外资并购达到一定规模，投资者应就所涉情形向商务部和国家工商行政管理总局报告。如果并购规模过大，可能导致境内市场过度集中，妨害境内正当竞争、损害境内消费者利益，商务部和国家工商行政管理总局经审查可以作出不同意并购的决定。另外，在满足一定条件的前提下，外资并购一方当事人可以向商务部和国家工商行政管理总局申请审查豁免。具体规定见表 4-2。

表 4-2　　　　　　　　关于外资并购汇报与审查的规定

第五十一条　外国投资者并购境内企业有下列情形之一的，投资者应就所涉情形向商务部和国家工商行政管理总局报告：
（一）并购一方当事人当年在中国市场营业额超过 15 亿元人民币；
（二）1 年内并购国内关联行业的企业累计超过 10 个；
（三）并购一方当事人在中国的市场占有率已经达到 20%；
（四）并购导致并购一方当事人在中国的市场占有率达到 25%。
虽未达到前款所述条件，但是应有竞争关系的境内企业、有关职能部门或者行业协会的请求，商务部或国家工商行政管理总局认为外国投资者并购涉及市场份额巨大，或者存在其他严重影响市场竞争等重要因素的，也可以要求外国投资者作出报告。
上述并购一方当事人包括与外国投资者有关联关系的企业。

第五十二条　外国投资者并购境内企业涉及本规定第五十一条所述情形之一，商务部和国家工商行政管理总局认为可能造成过度集中，妨害正当竞争、损害消费者利益的，应自收到规定报送的全部文件之日起 90 日内，共同或经协商单独召集有关部门、机构、企业以及其他利害关系方举行听证会，并依法决定批准或不批准。

第五十三条　境外并购有下列情形之一的，并购方应在对外公布并购方案之前或者报所在国主管机构的同时，向商务部和国家工商行政管理总局报送并购方案。商务部和国家工商行政管理总局应审查是否存在造成境内市场过度集中，妨害境内正当竞争、损害境内消费者利益的情形，并做出是否同意的决定：
（一）境外并购一方当事人在我国境内拥有资产 30 亿元人民币以上；
（二）境外并购一方当事人当年在中国市场上的营业额 15 亿元人民币以上；
（三）境外并购一方当事人及与其有关联关系的企业在中国市场占有率已经达到 20%；
（四）由于境外并购，境外并购一方当事人及与其有关联关系的企业在中国的市场占有率达到 25%；
（五）由于境外并购，境外并购一方当事人直接或间接参股境内相关行业的外商投资企业将超过 15 家。

第五十四条　有下列情况之一的并购，并购一方当事人可以向商务部和国家工商行政管理总局申请审查豁免：
(1) 可以改善市场公平竞争条件的；
(2) 重组亏损企业并保障就业的；
(3) 引进先进技术和管理人才并能提高企业国际竞争力的；
(4) 可以改善环境的。

——资料来源：《关于外国投资者并购国内企业的规定》。

案例讨论（4-8）：法国 SEB 收购苏泊尔

资料1：2006年8月，苏泊尔（002032）与SEB签署了《战略投资框架协议》，拟通过协议股权转让、定向增发和部分要约三种方式，引进SEB的战略投资，同时在市场、技术等多方面开展全面合作。

首先，SEB协议受让苏泊尔25 320 116股，占苏泊尔现有总股本的14.38%。股份构成为苏泊尔集团持有的17 103 307股、苏增福持有的7 466 761股以及苏显泽持有的750 048股。该协议转让已获苏泊尔董事会同意。其次，苏泊尔向SEB全资子公司定向增发4 000万股股份，苏泊尔的总股本增加到216 020 000股，SEB将一共持有苏泊尔65 320 116股，占增发后苏泊尔总股本的30.24%。该增发方案也已获苏泊尔董事会同意。最后，SEB通过上述投资触发要约收购义务，SEB将向苏泊尔所有股东发出部分要约，预定收购股份数量为66 452 084股，生效条件为预受要约数量高于或等于48 605 459股，针对此条款框架协议作出承诺：在获得相关批准的前提下，苏泊尔集团持有的53 556 048股苏泊尔股票将不可撤销地用于预受要约。因此预受要约的股数超过48 605 459股已无悬念，要约完成后SEB将占苏泊尔总股本52.7%~61%之间，成为控股股东。并且收购的协议转让价、定向发行价和部分要约收购价，都是18元/股，为苏泊尔最新每股净资产的4倍多。

2006年8月28日，包括爱仕达、双喜、顺发等6家国内知名炊具企业自发组成了反对并购联盟，联合对外发布了集体反对苏泊尔并购案的紧急声明，声明中称："我们请求国家有关部门，高度关注此次并购行为的严重后果，尽快、果断叫停此并购行为。"

此次反对法国SEB并购苏泊尔的6家企业与苏泊尔一样，同为中国五金制品协会烹饪炊具分会的副理事单位。6家企业在声明中称，法国SEB并购苏泊尔涉嫌违反《关于外国投资者并购境内企业的规定》，同时还对因垄断带来国产炊具企业的生存危机表示强烈担忧。同时，6家反并购联盟企业还表示，由于相关产品市场被垄断集中，可通过控制产量等手段实现高价销售，而其他品牌面临消亡，消费者将丧失自由选择的权利，同时垄断难以促进产品升级，产品安全性和质量无法保证，对于消费者权益形成极大损害。8月30日，苏泊尔发表声明称，爱仕达等六家企业联合声明中的部分内容与事实严重不符，严重侵害了其合法权益，公司将保留对此采取法律措施的权利。

——资料来源：谢诚：《外资并购国企新规迫近 苏泊尔同行力阻收购案》，载于《国际金融报》，2006年8月31日。

资料2：2007年7月2日，证监会发审委有条件通过了苏泊尔向法国SEB国际定向增发4 000万股A股股票的方案,这表明历时一年多的外资收购案也即将走完最后的程序。不过,苏泊尔还需等待中国证监会做出核准或不核准的决定文件。早在2007年4月份商务部对上述收购案做出批复之前,曾有市场人士预计,苏泊尔一路走高的股价将成为收购的极大阻碍;同时他们还表示,除非法国SEB提高收购价格,否则流通股股东将不会参加要约收购,从而将迫使苏泊尔集团将持有的苏泊尔全部股权卖给SEB,违反各方最初协议的初衷。其理由是,要约收购的价格只有18元/股,远远低于当时26元左右的股价。但截至8月1日收盘,苏泊尔的股价已经达到43.70元/股,而目前的信息表明,苏泊尔定向增发的价格可能仍然是18元/股。

市场人士的预测之所以会出现如此大的偏差,在于忽视了法国SEB与苏泊尔各方的协商能力。今日,苏泊尔在披露定向增发方案获得有条件通过的同时,也详细公布了SEB与苏泊尔各股东之间漫长而细致的谈判细节。

此外,SEB还承诺,将支持苏泊尔集团继续执行其股改承诺,同意苏泊尔集团在2010年8月8日之前维持其持有的苏泊尔股份占苏泊尔现有总股本的比例不低于30%,并同意免除苏泊尔集团在框架协议项下关于预受要约承诺的相关义务。同时还承诺,在中国证监会对部分要约发出无异议函之后将履行部分要约收购义务,并且将认真履行框架协议项下的其他相关约定和已作出的相关承诺。

——资料来源:林喆:《苏泊尔向法国SEB国际定向增发获得有条件通过》,载于《中国证券报》,2007年8月3日。

二、外资并购的历史沿革

1995年8月9日,上市公司北旅发布公告称,日本五十铃自动车株式会社和伊藤忠商事通过协议一次性购买北旅未上市流通法人股东4 002万股,占北旅总股本的25%,成为北旅的第一大股东,从此开启了我国的外资并购的序幕。外资并购在我国的十几年发展,大致可以分为四个阶段:萌芽期、限制期、过渡期和发展期。

1. 萌芽期(1995年7月~9月)

这一阶段的外资并购案例基本上是发生在汽车行业。当时中国还没有关于上市公司外资并购的政策法规,但一些具有先见之明的外国资本,逐渐将触角伸向中国的上市公司。1995年8月9日,在中国的证券市场中出现了第一例外资并购上市公司案例——"北旅法人股转让"。随后,1995年9月,美国福特汽车公司通过认购江铃新发B股,占江铃发行后总股本的20%,成为江铃的第二大股东。

这一期间发生外资并购案件有三大特点：率先涉足外资并购的案例发生在制造业中；外资方都是大型国际资本；外资方都将目光瞄准了上市公司股权。

2. 限制期（1995年9月~1998年8月）

这一阶段，政策的收紧使悄然兴起的上市公司外资并购停止。"北旅事件"引发出的在税基确认、评估方法、信息披露等方面的问题均需要研究，加上当时中国有关的立法不健全、证券市场规模较小，发展还不够完善，1995年9月23日国务院发布了《暂停向外商转让上市公司国家股和法人股的通知》。而北旅股份本身在引入外资方后，公司业绩并没有大的改观。其后，上市公司连续亏损，外资方则黯然退出。

3. 过渡期（1998年8月~2001年11月）

这一阶段，外资方通过并购中国上市公司直接切入国内市场的目的更加明确。1999年8月，国家经贸委颁布了《外商收购国有企业的暂行规定》，明确了外商可以参与并购国有企业，政策面开始转暖、上市公司的外资并购活动又重新开始活跃。本阶段发生外资并购的案例已经从汽车行业拓展至电子制造、玻璃、橡胶、食品等行业。外资并购将目光更多地集中在实质性的操作之中，更多地带有积极改善经营的目的。

4. 发展期（2001年11月至今）

这一阶段外资并购的最大特征是，一方面在中国面对经济全球化的背景下，外资并购正在全方位地得到发展，外资并购的操作手段更为广泛；另一方面政策法规的不断完善也积极、有效、稳健地推动外资并购有力展开。随着相关政策的陆续到位，一些新的并购模式，如要约收购、债转股、国内投资机构的替代性收购、支持管理层收购或自然人收购、外资上市公司换股收购或者融资收购等也在不同程度上成为可能，使外资并购迎来更为广阔的发展空间。

三、外资并购的主要方式

20世纪80年代，外商在中国直接投资的方式主要是新建企业，即以货币资金与实物投资创办三资企业。随着中国体制改革和对外开放的不断深入，进入90年代以来，外资直接并购中国现有的企业成为新的发展趋势。外资并购中国企业的方式主要有以下两种：一种是针对的目标企业为非上市公司的；另一种是针对的目标企业为上市公司。

1. 目标企业为非上市公司的并购方式

（1）并购控股。

即外商通过并购获得中国企业的50%以上的股份，成为该企业的控股方，而国内企业成为参股方。外商通过这种方式不仅可以控制某一个企业，而且还可以控制某一地区的某一个行业，这种并购方式是目前外资并购中最主要的一种方式。

（2）整体并购

外商直接买下某一中国企业的全部资产，使该企业成为外商独资企业。

（3）增资扩股

非控股的外商在合资经营过程中增资扩股，以降低中方所持份额，使外商由参股或少部分股权合资向控股合资转变，乃至成为外商独资企业。

2. 目标企业为上市公司的并购方式

（1）直接控股。

一是外资通过协议收购上市公司非流通股直接控股上市公司。在"股权分置"时期，我国上市公司流通股比例较小、国有股居控股地位、外资进入A股市场的限制尚未完全放开以及非流通股价格低于流通股的价格等因素的影响，外资要成为上市公司的控股股东或大股东，协议受让低价格的国有股或法人股成为其主要途径。我国股市已经进入"全流通"时代，该方法已经成为历史。

二是上市公司向外资定向增发B/H股令其达到并购目的。对外资来讲，定向增发B/H股的比例较高，就可能成为公司的控股股东，因此也是外资并购的方式之一。

三是通过拍卖方式竞买上市公司股权。上市公司的大股东由于到期债务不能清偿而被诉诸诉讼，其所抵押的上市公司股权将通过人民法院的强制执行程序被拍卖。外资可以通过介入拍卖市场获得相应上市公司的股权。

四是外资通过换股的方式直接并购上市公司。换股是国外比较流行的大公司并购方式，其最大特点在于股权的价值以对方股权而不是现金的形式体现出来，因此可以避免大公司并购时巨大的资金压力。在外资并购的标的中，企业股权占了八成以上，换股既能合理避税、节约交易成本，还能带动股价上扬。

（2）间接控股。

一是外资通过由其控股的外商投资企业并购上市公司。为绕过有关政策和法律对外资准入的限制，有的外商通过在境内设立由其控股子公司，进而由子公司以中国法人的身份在国内证券市场上进行收购以达到进入上市公司的目的。

二是通过母公司间接收购。外资通过收购上市公司的母公司或与上市公司的母公司合资，间接持有上市公司的股权，成为上市公司的实际控制人。这种间接控股的方式又分三种情况：

第一种，收购方通过并购上市公司外资股控股股东以间接控股上市公司，该方式需以上市公司已存在外资大股东为前提。

第二种，外资通过并购上市公司的国内控股股东间接控制上市公司。

第三种，与上市公司母公司合资，间接控股上市公司。

三是通过债权市场间接收购。通过收购上市公司债权而间接获得其股权，即"债转股"。

四是第三方收购。通过国内投资机构进行替代性收购。国内投资机构可先行收购，政策许可时，再待机转让给外资，实现国内投资机构的替代性收购。这种方案也是规避短期国内政策障碍和节省时间的一种权宜之计。

(3) 其他方式。

一是上市公司向外资定向增发可转换债券以达到收购目的。此种方式既可以使国内企业及时获得紧缺的资金与管理资源，可转债的低利率大大降低了公司的融资成本，又可以避免股本迅速扩张带来的业绩稀释问题，有利于保护中小股东的利益。

二是收购上市公司的核心资产实现收购目的。这种方式不造成对上市公司股权的收购，避免了由于并购带来的各种审批程序，过程相对简单。外资在获得优质资产的同时，不用直接面对上市公司的经营问题。

三是外资以融资方式参与管理层收购。融资问题是 MBO 的关键问题，外国投资者可以采用为上市公司管理层融资来参与 MBO，然后通过对管理层施加影响的方式实现对上市公司的间接控制，为其全球战略服务。

四是外资通过托管方式取得上市公司控制权。托管方式是将自己持有的资产和股权托管给外国投资者，由其代为行使对公司的表决权。当委托人为公司的控股股东时，公司股权托管就演化为公司的控制权托管。托管方式适用于委托人自身经营管理能力较差，而受托人具备较好的经营管理能力的情况。托管本身并不必然导致对目标公司的收购兼并，要达到并购目的，委托人和受托人之间还需要做出特别的约定。

五是机构一致行动人收购。外资企业有可能与国内企业联手通过"一致行动人"方式收购国内上市公司，这可以增加在二级市场上收购的隐蔽性，并规避《证券法》第八十一条的强制收购义务。

案例讨论（4-9）：嘉士伯控股重庆啤酒　家乡酒渐成洋啤酒

2010年6月18日，重庆啤酒股份有限公司董事会正式通过决议，将公司12.25%的股份转让给嘉士伯及其关联公司，嘉士伯正式成为重庆啤酒的实际控制人。通过此次交易，嘉士伯在中国西部啤酒市场将占据高达50%的份额，而中国人的酒杯中，将又会多了一种穿着"唐装"的洋啤酒。

此次，嘉士伯以23.85亿元人民币的天价，力压百威英博和华润雪花，成功收购了中国西南地区最大的啤酒企业——重庆啤酒12.25%的股权。收购后，嘉士伯持有该公司29.71%的股份，成为公司第一大股东。而重庆啤酒集团持有重庆啤酒20%的股权，退居第二大股东。

收购的平均每股收购价为40.22元，高于市价近8.6%。分析人士认为，出现如此的天价收购，除了竞争对手的强力竞争外，重庆啤酒子公司的乙肝疫苗项目有分拆上市的预期，也使得重庆啤酒身价倍增。据悉，重庆啤酒子公司佳辰生物已于2010年6月5日，在重庆召开关于治疗用（合成肽）乙型肝炎疫苗Ⅱ期临床研究多中心启动会议。华创证券认为，该项目上市后第一年可以实现近5亿元销售收入和2亿元净利润，上市后10年内每年将可能有30%左右的增长率，产生数百亿元的销售收入。

在完成了此次收购后，嘉士伯将占据中国西部啤酒市场份额的50%以上，成为西部啤酒市场的霸主。

早在2003年，嘉士伯就先后将云南华狮啤酒厂和大理啤酒厂全部收入囊中；2008年4月，嘉士伯通过收购股权方式已经成为新疆啤酒花的实际控制人。此外，嘉士伯与兰州黄河和西藏发展都合资成立了啤酒公司，双方各占50%股份。据了解，啤酒花、重庆啤酒、兰州黄河和西藏发展在我国新疆、重庆、甘肃和西藏地区啤酒市场占有率分别高达85%、75%、75%和50%。

嘉士伯通过控股和合资的方式，占领了西部啤酒市场的半壁江山。而目前嘉士伯全球61%的啤酒产量，46%的利润都来自中国。

——资料来源：何为乐：《嘉士伯控股重庆啤酒 家乡酒渐成洋啤》，载于《新闻晚报》，2010年6月22日。

● 本章思考题

1. 跨国并购的优势体现在哪些方面？
2. 进行跨国并购之前，应进行哪些方面的考察？
3. 我国海外并购需要着重注意哪些问题？
4. 外资并购的方式有哪些？
5. 如何看待我国企业"走出去"的问题？
6. 如何评价外资并购对我国的影响？

第五章 管理层收购与员工持股计划

内容提要：杠杆收购；管理层收购；员工持股计划

第一节 杠杆收购

一、杠杆收购的含义

所谓杠杆收购（leveraged buy-out，LBO），是指收购企业以目标企业的资本及经营成果作担保而大量举债，以向目标企业股东购买股权的高负债融资的收购行为，因此杠杆收购又被称为融资收购。在一项收购活动中，如果被收购企业价格较高且必须用现金来支付，收购企业自己又拿不出这么多的资金，此时就可以借助杠杆效应通过杠杆收购方式来实现收购的目的。

采用杠杆收购方式，收购企业不必拥有大量的资金，只需准备少量的现金，缺口部分以目标企业的资产及其经营所得作为担保和还款来源，通过融资而得到，以此来并购任何规模的企业。

杠杆收购与一般的收购最大的不同在于，收购企业在收购中所引起的负债主要由被收购企业的资产或现金流量来支持偿还，收购者的资金只占其中的很小的部分。因此，借助杠杆收购方式，小企业也有了收购大企业的可能。

杠杆收购产生于美国的20世纪60年代，在80年代形成高潮，但在1989年华尔街股市风波的冲击之下，投资者纷纷收缩这方面的业务，市场一度萎靡不振，一直到1995年后，此种收购方式才又重新活跃起来，2007年全球金融危机的爆发，又使得杠杆收购市场又一次遭到沉重打击。杠杆收购的出现和发展，改变了人们在资本运营方式上传统的理念，特别是转变了企业管理层的思维，事实上，管理层收购是一种特殊的杠杆收购，而员工持股计划也可以认为是从杠杆收购领域中发展出来的模式。

案例讨论（5-1）：杠杆收购市场渐现暖意

随着全球经济的逐步复苏，曾经一度陷入"冰冻"的杠杆收购市场也渐现暖意。因为市场预计杠杆收购将加速，一些收购目标公司的信用违约掉期（CDS）合约价格也随之上扬。如巴克莱将坐落在弗吉尼亚的计算机科学公司列入潜在收购目标公司之后，不仅该公司的 CDS 合约价格近来大幅上扬了 59%，而且对该公司 CDS 的叫价、出价金额也已经翻番。在美国银行将全美最大的润滑油添加剂制造商——路博润公司列入杠杆收购目标公司名单中以后，这家公司的 CDS 合约价格也升至 8 个月来最高价位。

此外，有迹象显示，更多新的杠杆收购项目已在 2010 年开始起步。根据摩根大通的数据，杠杆收购项目中"涉及金额比去年同期翻番还多"。而 2010 年 3 月前 20 天，已完成的组合贷款总额达到 73 亿美元，而 2 月份该数据为 111 亿美元，是自从 2008 年 7 月以来总额最高的一个月。

杠杆收购市场曾在 2007 年年中出现崩溃。由于当时信贷市场流动性骤然吃紧，导致收购目标公司的担保费用几乎在一夜之间突然猛增了 1.74 万亿美元，目标公司的信用评级随之下滑。不过，在 2009 年公司债务创下新高之后，收购市场似乎正在好转。布隆博格新闻社的数据显示，一些私人股本公司拥有大约 50.3 亿美元的可用资金；在过去 12 个月收购市场交易量达到 8.76 亿美元之后，今年收购市场将加速发展。"私人股本公司的确拥有一些富余资金。"花旗纽约信用策略师麦克哈尔·佛克斯表示。

美国银行——美林全球市场公司指数显示，投资者风险偏好继续上升。有知情人士透露，位于纽约的飞利浦莫里斯国际公司计划最近出售 100 万美元的 10 年期债券，而此公司债券付息率可能会比类似的已到期债券高出 98 个基点。不过，也有市场人士指出，当前并不能简单地断言风险投资的好时机已来临。

但是，不少投资公司已对投资者表示，预计今后收购市场的复苏步伐将加快。数据显示，从去年二季度到四季度，收购市场交易金额翻番至 3.19 亿美元。而在过去 3 个月内，已经宣布的收购总额达到 2.39 亿美元，但这仍低于去年同期 2.53 亿美元的收购总额。

美国银行、巴克莱和花旗策略师均建议投资者，采用对冲的手段或者从杠杆收购中牟利，他们还建议投资者甚至可以购买那些可能成为收购目标公司的 CDS 合约，或采用套息交易等工具来抵消收购案中由于汇率波动所带来的损失。

与此同时，花旗分析师也警告投资者，对收购市场已回暖的猜想可能为时尚早。资料显示，在 2007 年 8 月前的 2 年间，各类公司的杠杆收购贷款总额超过 1.45 万亿美元，其收购的规模和交易量都堪称历史新高，这种畸形发展导致市场容量超负荷，从而使得杠杆收购市场在 2007 年年中崩溃。而在杠杆收购市场崩溃之后,该市场一度"冻结",期间最大一笔收购案金额也仅为500万美元。"杠杆收购市场的反弹,绝不可能再重新回到2007年的场景。"有市场人士表示。

——资料来源:莫莉:《杠杆收购市场渐现暖意》,载于《金融时报》,2010年3月31日。

二、杠杆收购的特点

杠杆收购主要有以下四方面特点:

第一,收购企业用以收购的自有资金在收购的总资金中所占比重很小,一般只有10%~15%。

第二,收购的绝大部分资金为借贷获得。借贷方可能是金融机构、基金、产权投资人,甚至可能是目标公司的股东。

第三,收购贷款偿还的资金来源于目标企业自有的资本及其营运成果。支付对自己收购的出价。

第四,收购企业在收购中除投入非常有限的金额外,不再担负进一步的投资义务,亦即贷款给收购企业的债权人,只能向被收购企业求偿,而无法向真正的借贷人——收购企业求偿。

三、杠杆收购的动因

1. 高收益激发资本联合

杠杆收购的高收益吸引广大的投资者参与到由杠杆收购发起人管理的合并权益基金中来,杠杆收购企业和投资银行将这些来自于银行、保险公司、养老金和退休金、私人投资的资本联合起来,形成一股巨大的权益基金,为杠杆收购提供资金保障。

2. 私人债券的发展

随着杠杆收购的兴起和发展,一些商业银行和保险公司开始参与杠杆收购业务、为其融资,收益颇丰。而大的保险公司也不甘落后,在参与杠杆收购的活动中,为收购方提供附属债务和股权投资,且因为投资业绩良好而乐此不疲。许多主要机构也都纷纷设立专门部门负责杠杆的收购融资。这些融资活动的支持,使得杠杆收购能够比较容易地找到所需的资本,促使杠杆收购的完成。

3. "垃圾债券"的增长

"垃圾债券"的成功发行和增长,是杠杆收购快速发展的重要原因。在一项收购活动中，收购企业的收购资金一般有自有资金、发行新股票、银行借贷、发行债券等几个方面的来源，其中后两项资金实质上就是举债。通常当收购资金额相当大时，收购者不大可能从银行获得所需的全部或大部分贷款，在这种情况下，相当一部分借款就必须通过发行债券来获得，这时发行的债券具有以下特点：一是能迅速筹集到所需的资金；二是为能够迅速筹集到所需资金，债券利率必须相当高；三是为发行债券作担保的是被收购企业本身的现有资产以及其未来的获利能力；四是这种债券虽然有上述担保，但毕竟不是以收购企业本身的现有实力担保，因为有些收购企业本身实力并不是很强大，甚至远小于被收购企业的实力，因此这种债券本身就具有很高的风险。这种高收益率同时又是高风险的债券就是所谓垃圾债券（Junk Bond，JB），由于这些债券被认为风险很大，一些信用机构限制使用这种债券进行融资，这正是其名为"垃圾债券"的原因，因此，"垃圾债券"并非没有投资价值。

发行垃圾债券来进行公司收购在20世纪70~80年代在美国最为盛行。垃圾债券之所以能成功发行是因为：第一，对于购买这类债券的人来说，高利率有相当的诱惑力；第二，对于发行垃圾债券的收购企业来说，只要收购完成以后被收购企业有稳定的收入，就有把握偿还债务；第三，在杠杆收购中，发行高利率高风险债券可以提高收购方的财务杠杆力度，不但提高了收购方的投资收益率，而且特别有利于一些中小企业进行战略扩张；第四，由于发行的垃圾债券并不是完全没有担保，事实上它是以被收购企业的现有资产及未来的获利能力为担保，有时还能获得一定的银行担保，因此购买者也不觉得完全是无把握投资；第五，在美国，垃圾债券曾经可以上市流通，即可以在二级市场上进行买卖，这样一来，更消除了人们对垃圾债券的不信任，也更易于垃圾债券的发行与融资；第六，由于是以被收购企业未来的收益来为垃圾债券担保，这将迫使收购企业在完成收购以后加强被收购企业的改组与管理。

4. 过渡性贷款的资本承诺

金融机构尤其是投资银行以过渡性贷款方式垫付资金以完成杠杆收购，杠杆收购者用债券销售得来的资金偿还过渡性贷款是对杠杆收购的大力支持。投资银行在杠杆收购债券最终上市前无保留地购买，也是对杠杆收购极大的信用和资金承诺。

四、杠杆收购的条件

并不是所有的收购都可以采用杠杆收购的方式，一般来说，当目标企业具备以下几个方面的条件时，收购方才可以考虑是否采取杠杆收购的方式。

1. 稳定的现金流量

这是收购方采取杠杆收购的主要依据,因为在债权人看来,目标企业稳定的现金流量是并购方未来偿贷的保证,如果缺乏这个条件,债权人不会借贷给收购方,杠杆收购方式也就不能实现。

2. 稳健的管理层

债权人对目标企业管理层的要求往往比较苛刻,他们要求这些管理人员是精于业务、经验丰富并且稳健可靠。因为只有这样的管理人员才能尽心尽力,确保本金和利息的如期偿还。管理层的稳定性一般依据他们的任职时间长短来判断,就职时间越长,则贷方认为他们在完成收购后留任的可能性越大,这样就越能相对保持目标企业的正常经营,保证稳定现金流量的实现,管理层收购即具有这样的特点。

3. 充足的成本降低空间

杠杆收购后目标企业不得不承担新的负债压力,如果企业降低成本的空间较大,如清理冗余设备,控制运营成本,必要时的裁员,减少资本性支出、生产能力的充分运用等,那么这种压力就可以在一定程度上得到缓解。而且,拥有充裕的成本降低空间,可以保证并购后的整合能够顺利进行,确保对目标企业的生产以及现金流量的稳定不致产生剧烈的影响。

4. 一定规模的股东权益

目标企业用于抵押的资产可以为债权人提供某种保护,在此基础上,如果收购方能够做一定数额的权益投资,如增加一定的股本金等,那么债权人的风险就可以得到进一步的缓冲。

5. 较低的负债比例

尽管杠杆收购伴随着较大的财务和借贷风险,但并不是风险越大越好。如果目标企业在并购前已经就拥有较高的负债比例,其负债甚至高于可抵押的资产的价值,那就意味着贷款如果借贷给杠杆收购的并购方将导致非常大的借贷风险,因此收购方在这种情况下常常是不可能获得贷款支持的。相反,如果目标企业的负债在收购前远远低于可抵押资产的价值,则意味着收购方在并购目标企业后可承担更多的债务,借贷方的风险也就相应的得到了降低。

6. 易于剥离的非核心业务

如果目标企业拥有较易出售的非核心部门或业务,那么,在收购完成之后,通过资产剥离的形式出售这些部门或业务，迅速地获得偿债资金，这是赢得借贷方支持，实现杠杆收购的一个很有效的途径。

从上述分析可见，作为杠杆收购的理想收购对象，这些目标企业要拥有较好的管理层、长期负债不多、市场占有份额大、流动资金相对充足、企业的实际价值超过账面价值，但经营业绩暂时不景气、股价较低。所以，杠杆收购的最大原动力，就在于收购企业相信，被收购的目标企业有巨大的潜在价值，一经重组、开发与加强管理与整合包装，就一定会在不长时间内远远超过收购时的价值，而且收购企业也相信自己有能力做到这一点，这样他们才敢于冒险大量举债进行收购。

在杠杆收购中，收购企业能否在收购后还清负债是杠杆收购成功的关键。因此收购者一方面要分析目标企业的收购价值，另一方面还要非常关注由融资方式所导致的高负债率，有可能会引起收购企业自身股价下跌，更有甚者会导致倒闭。

案例讨论（5-2）：论坛报业集团破产预示传媒业杠杆收购危机来临

2008年12月10日下午消息，美国论坛报业集团（Tribune Co.）申请破产，对于美国2005~2007年媒体业总额达900亿美元的杠杆收购交易而言，这无疑是一个糟糕的前兆。

美国无线广播运营商（Clear Channel Communications Inc.）部分债券价格已经跌至16.5美分，西班牙语广播电台（Univision Communications Inc.）债券价格跌至12美分。两者分别于2008年和2007年以179亿美元和123亿美元的价格被投资集团杠杆收购。

2007年，地产大亨山姆·泽尔（Sam Zell）收购论坛报业集团，此次杠杆收购导致公司负债129亿美元。由于美国报纸广告销售加速下滑，仅2008年第三季度就下降18%，论坛报业集团申请破产。

"预计将有更多在过去两三年中以高价进行杠杆收购交易的公司破产。"私募股权投资基金HarbourVest Partners LLC执行董事布鲁克斯·泽格（Brooks Zug）如是说。

2005年至2007年，美国媒体业宣布了282桩杠杆并购交易，交易总额达到890亿美元。

私募股权咨询公司Nyppex Holdings LLC执行董事拉里·艾伦（Larry Allen）预计，收购公司将可能扩大减计规模至被收购媒体公司价值的40%~80%。

Clear Channel买家之一、投资公司Thomas H. Lee Partners LP联席总裁史考特·斯佩林（Scott Sperling）以及参与收购Univision的投资公司Madison Dearborn Partners LLC发言人查克·多伦温德（Chuck Dohrenwend）均拒绝就艾伦的上述预测发表

评论。

Clear Channel 发言人迈克尔·克拉克（Michele Clarke）拒绝置评。Univision 发言人布鲁克·摩根斯坦恩·戈登（Brooke Morganstein Gordon）表示，公司"拥有充足流动性，完全能够在当前市场环境下经营，手头有足够的现金，能满足所有到期的债务，包括偿还 2009 年 3 月到期的资产出售过桥贷款"。

研究机构 Sanford C. Bernstein & Co. 分析师迈克尔·纳森（Michael Nathanson）在报告中称，美国第三季度广告支出下降 4%，第四季度将可能下滑 6.6%，并预计 2009 年广告支出将缩减 9.3%，远高于 2008 年 6.7% 的降幅。

——资料来源：《论坛报业集团破产　预示传媒业杠杆收购危机来临》，载于新浪网，http://finance.sina.com.cn/stock/usstock/comment/20081210/14535617428.shtml.

五、杠杆收购的程序

杠杆收购一般需要完成以下步骤：

（1）收购方确定收购对象以后，自己先筹措收购价格 10% 左右的资金，作为收购行动的自有资金，然后向银行借入相当于整个收购价格 50%~70% 的资金，所不足 20%~40% 的资金，收购方通过发行债券募集。

（2）收购方筹足资金以后，即出价购入市面上流通的以及大股东手中的股份，将目标企业控制在自己的手中，此时目标企业自上市公司中退出。

（3）收购企业将被收购的目标企业的相当一部分资产卖出，同时对被收购的目标企业进行精简机构与裁员，并以上述运作所得的收入用以偿还所借债务。

（4）与此同时，收购企业对被收购的企业予以大力整顿，委派得力的经营管理专家努力改善经营，使其经营大有改善。

（5）经过重组后的被收购目标企业裁掉了多余的机构，保留下来那些财务状况好、盈利能力强的部门。通过精简雇员、改善管理，使企业生产经营日趋见好、成本降低、利润渐增，企业形象得到很大的改善、信誉提高。这时，就可以使这家企业的股票重新上市，由于企业形象好转，因此股票上市时股价就会较高，从而收购企业又可以收回大量资金，不但可以偿还债务，还可以有相当丰厚的回报。

（6）若收购企业再将被收购的企业整体卖出获得差价，由于股价很高，收购企业能够获得的投资回报率也很高。

从上述程序中可以看出，一项杠杆收购从开始出价到最后卖出，能否获得差价，能否赢利，很重要的一点是目标企业的状况以及收购后对目标企业的重新整合。

案例讨论（5-3）

资料1：好孩子投石问路　国内首例真正意义杠杆收购案例

2005年12月13日，第一上海投资有限公司（以下简称第一上海）与太平洋联合集团（Pacific Alliance Group，PAG）签订协议，出让持有的吉奥比国际公司（Geoby International）股权。吉奥比国际是江苏好孩子集团的海外持股公司，第一上海则是吉奥比国际的控股股东。根据此协议，第一上海会同其他几家机构投资人将其在好孩子集团中持有的全部股权转让给由PAG控制的名为G-baby的持股公司。

在PAG接手之前，好孩子集团的控股股东为香港上市公司第一上海（0227，HK），持股49.5%。其他股东还有中国零售基金（CRF）持股13.2%，软银中国（SB）持股7.9%，PUD公司持股29.4%。其中，PUD公司是好孩子集团管理层在英属处女群岛注册的投资控股公司，实际拥有人为宋郑还、富晶秋、王海烨、刘同友等高管及好孩子集团的其他中高层雇员。

在确定收购意向后，PAG先通过好孩子管理层组成的集团筹集收购价10%的资金，然后以好孩子公司的资产为抵押，向银行借入过渡性贷款，相当于整个收购价50%的资金，并向PAG的股东们推销约为收购价40%的债券。PAG借助外资银行贷款完成了此次杠杆收购交易，交易所需部分资金来自台北富邦商业银行（Taipei Fubon Commercial Bank）的贷款，贷款金额5 500万美元。

2006年1月，PAG斥资1.225亿美元，从第一上海、软银和美国国际集团手中接手了好孩子集团67.4%的股权，成为好孩子集团的控股股东。与此同时，PUD也接手82.78万股，持股比例增至32.6%（实际上增持了3%）。双方购买价格差异较大：PUD以比PAG便宜约40%的价格购得好孩子股份，PAG买成4.49美元一股，而PUD买成2.66美元一股，这主要归功于易凯资本有限公司。该公司是好孩子集团的财务顾问，全程参与了此次收购。期间，易凯主要做了两件事：协助好孩子管理层做好财务预测和为管理层股东争取更多的利益。

好孩子公司创立于1989年，是中国最大的童车生产商。2000~2005年内，好孩子的年增长率达到20%~30%。2005年，好孩子集团的销售额达到25亿元，纯利润1亿多元，净利润率约5%，位居世界同行业前几名，其中国际与国内市场的比例为7:3。作为国内最知名的童车及儿童用品生产企业，好孩子集团已经成功占领了消费市场。其产品进入全球4亿家庭，在中国也占领着童车市场70%以上的份额。好孩子的销售额有将近80%来自海外市场，部分产品在海外市场占有率近50%。正是来自全球各地大量而稳定的现金流，使得该企业不断受到投资者关注。香港大福证券的一位分析师指出，好孩子的良好零售渠道以及强大的市场份额成为私人基金眼中的宠儿。"在占有美国学步车和童车1/3市场后，好孩子在国内同样占有超过70%的市场份额。区别于其他单纯的供应商，好孩子还拥有良好的自建通路。"在该分析师看来，在中国迅速发展的巨大商业市场背景下，拥有1 100多家销售专柜的好孩子拥有让资本青睐的本钱。最重要的是，好孩子所在的消费品行业基本不存在产业周期，因此能够创造稳定的现金流。因为只有消费品行业企业才具有持续的业绩增长能力，而持续的业绩增长能力是可以给予市场溢价的，这正是PAG投资信心的来源。

PAG是一家在香港注册、专门从事控股型收购的私募基金。PAG旗下管理着大约4亿美元基金，投资好孩子集团是其在中国的第五宗交易。在2008年，PAG在中国累计投资约2亿美元，其中包括收购好孩子集团。

易凯资本是好孩子的财务顾问，全程参与了这个历时一年多的交易。易凯资本的首席执行官王冉对于新投资者PAG的评价是：非常低调，反应速度很快。其他一些知名的基金，受到的监管比较多，在法律等方面的细节也考虑很多，决策比较犹豫。而PAG行动非常迅速，善于避开枝节，因此仅跟好孩子集团短暂谈判两个月，就达成协议。

——资料来源：王旗，《好孩子投石问路　国内首例真正意义杠杆收购案例》，载于《财经时报》，2006年2月18日。

资料2：如何用1 200万元买到价值1.2亿公司

此次杠杆收购涉及的股权转让十分复杂，PAG以1.225亿美元收购好孩子100%股权，同时向管理层支付32%股份。新旧投资者以及好孩子管理层等三方利益盘根错节。实际在此次收购中，好孩子管理层既是买家，又是卖家，因此与新旧投资者的利益不一致。

PAG通过注册于英属维尔京群岛的"纸上公司"G-Baby，向好孩子集团原有股东购入所有股份，收购价格为每股4.49美元。如果依照好孩子2004年6 070万港元的净利润计算，此次收购1.2亿美元的总价，相当于14.4倍的市盈率。

与向PAG转让股权协议同日签署生效的，还有另外一份协议：第一上海、软银等，向PUD（即好孩子管理层）售出82.78万股股份，每股价格2.66美元。该协议起因于管理层与原股东在2003年签署的一份期权协议，但那份协议在法律上并没有执行，原股东最终还是履行了当初的承诺。PUD购入这些股份后，持股比例升至32.5%。

由于G-Baby有一定负债，因此PAG付给PUD的代价，由现金和发行G-Baby股份两部分组成。也就是说，好孩子集团管理层在这次交易之后，不仅提升了3个百分点的股权，而且还有额外的现金收益。

收购让原股东得到丰厚的投资回报，第一上海卖出的价格接近收购时的5

倍，现金入账 4.49 亿港元，整个项目收益 8 170 万港元。而软银和美国国际集团卖出的价格接近收购时的 2 倍。此外，这次收购还厘清了好孩子集团的股东结构，股东减少到两个，将使好孩子公司内部的决策更有效率。

——资料来源：云小北：《如何用 1200 万元买到价值 1.2 亿公司》，载于《中国投资》，2006 年第 4 期。

第二节 管理层收购

一、管理层收购的含义

管理层收购（Management Buy-Outs，MBO）是指公司的管理层利用以自有资本和外部融资获得本公司的股份或资产，从而引起公司所有权、控制权、剩余索取权、资产等变化，以改变公司所有制结构。通过管理层收购，使企业的经营者变成了企业的所有者。

MBO 是一种特殊的杠杆收购，通常组织杠杆收购的投资者有以下几类：专业并购公司以及专门从事并购业务的投资基金公司；对并购业务有兴趣的机构投资者；由私人控制的非上市公司或个人；能通过借债融资收购的目标公司内部管理人员，最后一种情况即管理者收购。

MBO 最初是金融工程中的一种杠杆融资，或作为抵御敌意收购的一种方式，但是目前，MBO 已逐渐从一种单纯的金融工具演变成改变公司治理结构和促进公司管理、激励机制变化的有效工具。其原因在于，MBO 能对管理人员产生有效的激励，降低代理成本问题。由于管理层持有大量的股权，他们会密切关注接管后的企业管理，这将大大减少管理人员与股东之间的信息不通畅、不对称现象，必然会降低代理人成本。同时，杠杆收购所导致的债务的增加，减少了管理人员对自由现金流量的分配权，也就相应地减少了自由现金流量引起的代理人成本。此外，债务的增加也会给管理人员带来压力，并促使其加倍努力，以避免企业破产。

二、管理层收购的特点

（1）MBO 的主要投资者是目标公司的经理和管理人员，他们往往对本公司非常了解，并有很强的经营管理能力，通过 MBO，他们的身份由单一的经营者角色变为所有者与经营者合一的双重身份。

（2）MBO 主要是通过借贷融资来完成的，因此，MBO 的财务由优先债（先偿债务)、次级债(后偿债务)与股权三者构成。目标公司存在潜在的管理效率提升空间,管理层是公司全方位信息的拥有者,公司只有在具有良好的经济效益和经营潜力的情况下,才会成为管理层的收购目标。

(3) MBO 常发生在拥有稳定的现金流量的成熟行业。MBO 属于杠杆收购,管理层必须首先进行债务融资,然后再用被收购企业的现金流量来偿还债务。成熟企业一般现金流量比较稳定,有利于收购顺利实施。

随着 MBO 在实践中的发展,其形式也在不断变化。除了目标公司的管理者为唯一投资收购者的形式外,实践中又出现了另外两种 MBO 形式:一是由目标公司管理者与外来投资者或并购专家组成投资集团来实施收购,这样使 MBO 更易获得成功;二是管理者收购与员工持股计划(Employee Stock Option Plan, ESOP)相结合,通过向目标公司员工发售股权,进行股权融资,从而免缴税收,降低收购成本。

三、管理层收购的主要方式

1. 收购资产

收购资产是指管理层收购目标公司大部分或全部的资产,获得目标公司的业务经营控制权。收购资产的操作方式适用于收购对象为上市公司、大集团分离出来的子公司或分支机构、公营部门或公司。如果收购的是上市公司或集团子公司、分支机构,则目标公司的管理团队直接向目标公司发出收购要约,在双方共同接受的价格和支付条件下一次性实现资产收购。

如果收购的是公营部门或公司,则有两种方式:一种方式是目标公司的管理团队直接收购公营部门或公司的整体或全部资产,一次性完成"私有化"进程;另一种方式是先将公营部门或公司分解为多个部分,原来对应职能部门的高级官员组成管理团队分别实施收购,收购完成后,原公营部门或公司变成多个独立经营的私营企业。

2. 收购股票

收购股票是指管理层从目标公司的股东那里直接购买控股权。如果目标公司有为数不多的股东或其本身就是一个子公司,购买目标公司股权的谈判过程就比较简单,直接与目标公司的大股东进行并购谈判,商议买卖条件即可。如果目标公司是个公开发行股票的公司,收购程序就相当复杂。其操作方式为目标公司的管理团队通过大量的债务融资收购该目标公司所有的发行股票。通过二级市场出资购买目标公司股票是一种简便易行的方法,但因为受到有关证券法规信息披露原则的制约，如购进目标公司股份达到一定比例，或达到该比例后持股情况再有变化都需履行相应的报告及公告义务，在持有目标公司股份达到相当比例时，更要向目标公司股东发出公开收购要约，所有这些要求都易被人利用哄抬股价，而使收购成本增加。

3. 综合证券收购

综合证券收购是指收购主体对目标企业提出收购要约时，其出价有现金、股票、公司债券、认股权证、可转换债券等多种形式的组合。这是从管理层在进行收购时的出资方式来分类的，综合起来看，管理层若在收购目标公司时能够采用综合证券收购，既可以避免支付更多的现金，造成新组建公司的财务状况恶化，又可以防止控股权的转移。由于这两大优点，综合证券收购在各种出资方式中的比例近年来呈现出逐年上升的趋势。

四、MBO 的操作程序

MBO 的操作程序与一般的企业收购程序并无太大区别，但由于 MBO 的收购主体从收购目标公司中诞生，他们对公司的经营、财务状况非常清楚，对公司的发展潜力、现存问题主要矛盾及其解决途径拥有建立在多年的经验和亲身感受的基础上的判断，因而实现收购的周期和路线相对一般的并购要短得多。但是，也正因为收购主体来源于目标公司，导致了一些问题的出现，如"自买自卖"、"贱卖"等问题，在此不做过多讨论，究其原因，大多是没有严格按照规范的程序进行。

MBO 的操作程序主要包括以下步骤：

1. MBO 策划，组建收购集团

管理层收购其公司的动机有许多种，比如创业尝试，对实际或预期敌意收购的防御，实现公司私有化等。管理层为了成功地实施收购，有目的地策划和组建收购集团有着举足轻重的作用。

在进行 MBO 策划、组建收购集团的第一阶段，主要工作程序如下：

（1）尽职调查。

尽职调查旨在了解和调查目标企业及其股东的情况，以确定交易能否较好地满足买方的需求，尽职调查在大多数交易中是一项非常艰难、费时费力的过程。然而在 MBO 执行过程中，由于管理团队长期服务于目标公司，掌握着得天独厚的内部信息资源，对目标公司的历史沿革、股东及管理层、经营状况、分销渠道、财务资料、客户及供应商情况、企业文化等都极为了解。因此，管理层对目标公司开展的尽职调查，内容可倾向于 MBO 可行性分析，其重点放在检查和确认目标企业的竞争优势、现在以及可以预见的未来若干年财务和现金流情况；对供应商、客户和分销商的稳定性进行评估；目标公司现存经营管理和制度上的问题、改进潜力；收购存在的法律障碍和解决途径；收购有关税收事项及安排；员工的养老金问题；管理层完成对目标公司收购后，在满足商业银行和战略投资者的还本付息和其他利益要求外，公司股东权益的增长和管理层的利益回报等方面。

(2) 组建管理团队。

以目标公司现有管理人员为基础，由各部门的高级管理人员和职员组成收购管理团队。组建管理团队时，应从优势互补的角度考虑，引进必要的外部专家和经营管理人员，同时剔除掉内部那些缺乏敬业精神和团队协作的原管理人员或高级职员。通常情况下，管理团队以自有积蓄或自筹资金提供10%的收购资金，作为新公司的权益基础。

(3) 设计管理人员激励体系。

管理人员激励体系的核心思想是通过股权认购、股票期权或权证等形式向管理人员提供基于股票价格的激励报酬，使管理人员成为公司的所有者，其收入及权益与公司盈亏直接挂钩，能够得到基于利润等经营目标的股东报酬，从而充分发挥其管理才能和敬业精神。

(4) 设立收购主体。

由管理团队作为发起人注册成立一家壳公司或称为"纸上公司"，作为拟收购目标公司的主体，该公司的资本结构就是过渡性贷款加自有资金。设立新公司的原因是因为管理层作为一群自然人要实现对目标企业资产的收购，必须借助于法人形式才能实现。因此，在这种情况下，管理层在组建管理团队后，首先要在目标公司的经营业务的基础上设计公司框架，制定公司章程，确定公司股份认购原则，发起设立新公司。在新设立的公司中，管理团队人员通过选举确定董事长、总经理和董事会成员以及各个层面的高级管理人员。

(5) 选聘中介机构。

管理团队应根据收购目标公司的规模、特点以及收购工作的复杂程度，选聘专业中介机构，如投资银行、律师事务所、会计师事务所等，指导业务操作，提高收购成功率。

(6) 收购融资安排。

在任何一个管理层收购交易当中，除非目标公司非常小，否则管理层往往只能够支付得起总购买价格中很小的部分。其他资金则通过债务融资筹措，其中所需资金的大部分（50%~60%）通过以公司资产为抵押向银行申请抵押收购贷款，其他资金以各种级别的次等债券形式，通过私募或公开发行高收益率债券（也就是垃圾债券）来筹措。

此外，战略投资者在融资安排中也起着重要作用。战略投资者也叫外部投资者，其角色经常由投资银行、养老基金、保险公司、风险投资公司等机构担任，战略投资者提供管理团队收购资金和各种贷款安排所不足的部分。战略投资者的出资可能进行有限的股权参与，但通常情况下都会有购回协议，在规定的时期后这些股权将被购回，以保证投资者获得事先确定的收益。战略投资者的股权购回方式以股票期权或权证的形式向管理人员提供基于股票价格的激励报酬。这样，管理人员（不包括董事）的股权份额将不断增加，一般最终会高于30%。

2. MBO 执行，进行收购行动

MBO 执行，即管理层进行收购行动，这一阶段的主要工作程序包括：

（1）评估和收购定价。

目标公司价值的确认一般遵循两个依据：一是根据目标公司的盈利水平评价；二是按照目标公司的账面资产价值评价。管理团队根据其对目标公司经营情况和发展潜力的充分了解，确定能够接受且合理的总购买价格。管理团队在确定收购价格时，要充分考虑到建立在公司资产评估基础上的各价值因素，如固定资产、流动资产、无形资产的价值；企业改造后的预期价值；被转让的债权、债务；员工的养老金、医疗保险和冗余人员的安置费用；外部买主的激烈竞争；足够的筹资能力和可行的筹资手段，并确定最终的收益能负担筹资成本。

（2）收购谈判，签订合同。

管理团队就收购条件和价格条款同目标公司董事会进行谈判。收购条款一经确定，MBO 便进入实质性阶段，管理层与目标公司正式签订收购合同，这是 MBO 的核心和关键步骤。

（3）收购合同的履行，完成收购。

收购集团按照收购目标或合同约定完成收购目标公司的所有资产或购买目标公司所有发行在外的股票，使其转为非上市公司。收购完成后，根据收购具体情况办理下列手续和事项：

审批和公证。协议签订后，经双方法定代表人签字，报请有关部门审批、然后根据需要和双方意愿申请法律公证，使收购协议具有法律约束力，成为以后解决相关纠纷的依据。

办理变更手续。收购完成后，意味着被收购方的法人资格发生了变化。协议书生效后，收购双方要向工商等有关部门办理企业登记、企业注销、房产变更及土地使用权转让手续，以保证收购方的利益和权利。

产权交接。收购双方的资产交接，须在律师现场见证、银行和中介机构等有关部门的监督下，按照协议办理移交手续，经过验收、造册，双方签证后，会计据此入账。收购目标公司的债权、债务，按协议进行清理，并据此调整账户，办理更换合同、债据等手续。

发布收购公告。这是收购过程的最后一道程序。可以在公开报刊上刊登，也可由有关机构发布，使社会各方面知道收购事实，并开始调整与之相关的业务。

3. MBO 完成后的公司整合

收购完成后，管理层拥有企业相当比例甚至全部的股权，同时也肩负着商业银行和投资银行沉重的债务。因此，对于管理层而言，收购的完成仅仅是第一步，接下来还将面临公司经营业务调整和重新制定发展战略等一系列重大事项。

首先，是经营调整。经营调整是收购完成之后的首要任务。经营调整的核心内容是管理层通过对原来经营管理存在问题和弊病的分析，重新制定发展战略和调整经营政策，通过削减经营成本、改变市场战略，增加利润和现金流量。

其次，如果调整后的公司整体能力得到较大的提升，并且收购集团的目标已经实现，管理层应重点考虑股权资本的流动性，制定和实施上市或再上市（收购企业原本为上市公司）计划，或者出让部分或全部股权。

案例讨论（5-4）

资料1：曹国伟熬成新浪"婆"　成中国互联网首例 MBO

2009年9月28日，新浪宣布一项重大股权交易，以新浪 CEO 曹国伟为首的新浪管理层，将以约1.8亿美元的价格，购入新浪约560万普通股，成为新浪第一大股东。据悉，这是目前国内互联网行业首个重大的 MBO 案例。

根据这项购股计划，新浪管理层将通过新浪投资控股有限公司进行此次管理层收购。新浪 CEO 曹国伟和新浪管理层将拥有新浪投资控股的实际控制权。

新浪将向新浪投资控股增发约560万股普通股，全部收购总价为约1.8亿美元。增发结束后，新浪的总股本将从目前的约5394万股扩大到约5954万股，新浪投资控股占据新浪增资扩股后总股本的约9.4%，成为新浪第一大股东。

这项收购已得到新浪董事会的批准，同时无需通过其他审批手续，新浪投资控股持有的新浪股份将有6个月的锁定期，而增发筹措的1.8亿美元资金，将会被用于新浪公司未来可能发生的收购，以及公司的正常运营。

新浪董事长汪延表示："新浪公司非常高兴能与新浪管理层达成此次私募融资。这次融资将进一步增加新浪的流动资金，加强公司的战略发展能力。"

据悉，新浪管理层的1.8亿美元购股计划是迄今为止国内互联网行业内首个重大的 MBO 案例。

截至2009年6月30日，新浪的现金、现金等价物及短期投资总额为5.8亿美元，收购完成后，新浪的现金储备有望得到进一步提升，达到7.6亿美元，有利于进一步改善新浪公司的财务状况。

曹国伟表示，管理层成为新浪公司第一大股东，有利于进一步提升公司的治理结构，同时由长期负责公司运作的管理层成为公司大股东，有利于新浪的长期发展，以及公司发展战略的统一和稳定。

引人关注的是，选择在 9 月 28 日发布这项 MBO 计划，对曹国伟有着特殊的意义，这天是他进入新浪整 10 年的纪念日。

从带领新浪登陆纳斯达克上市，到收购广州讯龙、深圳网兴奠定新浪无线业务的基础，进而负责新浪门户网站及网络广告业务，再到成功阻止盛大突袭新浪的收购，直到三年前正式出任新浪 CEO，曹国伟主导了新浪的多个重要进程。

对于携管理团队入股新浪成为实际控制人，曹国伟表示："这对我个人和团队来说，都是意义重大的事件。我将带领我的团队进行新浪历史上的第二次创业。"

——资料来源：宗合：《曹国伟熬成新浪"婆" 成中国互联网首例 MBO》，载于《半岛都市报》，2009 年 9 月 29 日。

资料 2：新浪 MBO 完成：曹国伟等管理层拥有绝对控制力

新浪的董事会从未对曹国伟说过"不"，但这位 CEO 需要一种更真实的控制权。

愿望现在已经达成。11 月 25 日，新浪宣布完成与新浪投资控股有限公司之间 1.8 亿美元的股权交易。这距离 9 月 20 日的董事会会议并没有多久，一切都在按照曹国伟的计划进行。

那次会议上，他向董事会提出了在新浪进行管理层收购的想法。大多数情况下，这对上市公司是一种利好消息，它代表高级经理人对公司未来的信心。随后的周五，在一次预先安排的晚餐时间，曹国伟向管理层同事透露了自己的计划，"大家都很兴奋"，他告诉《第一财经周刊》。

这种兴奋也许是因为，在此之前，对于谁能够真正左右这家公司的命运始终是个疑问。股权高度分散的新浪多年来遭遇着前赴后继的资本买家们的追逐，MBO 提供了一种新的答案。

在 CEO 负责制的新浪，曹国伟已经拥有权威，在这家公司 10 年的职业经理人生涯为他赢得充分自信。例如他说，自己的提案还从未在董事会中遭到过批评或否定——即使像收购分众这样极其重大和复杂的交易。现在是曹国伟主动做出了决定：他希望能够真正主导这家公司，能够更大程度地影响公司未来的决策，并且在公司成长的同时获得更多回报。

但许多 MBO 的原因却来自于董事会或者市场的威胁。今年，美国新鲜蔬果巨头都乐食品公司在纽约证券交易所上市，这让它再次成为一家公众公司。2002

年时，当该公司股价始终徘徊不前时，董事长兼首席执行官 David Murdock 被华尔街分析师和股东们批评为不愿听取意见的人，他让公司治理出现问题，于是 Murdock 决心买下公司全部股份，将其私有化。相比之下，曹国伟要轻松得多，他与董事会的沟通成本很低，市场也给出积极反应，在 9 月 28 日公布收购计划后，一些机构上调了对新浪股票的评级。

计划迅速展开。成立一家新的控股公司从而实际完成对目标公司的收购，这是 MBO 的通常做法。新浪投资控股有限公司就是为此注册在英属维尔京群岛的。在曹国伟与董事会达成的协议中，交易的方式是新浪向新浪投资控股增发约 560 万股普通股。

交易完成的重要环节是从外部获得融资，几乎没有哪个 CEO 能够依靠自己力量买下公司，因此 MBO 常常是一种杠杆收购。曹国伟说，对他来说，这并不是什么困难。他 10 年前以主管财务的副总裁的身份加入新浪，此前在硅谷，他整日与各种资本运作打交道。根据《华尔街日报》的报道，曹国伟与新浪管理层出资 5 000 万美元用于收购，中信资本、红杉中国、方源资本等三家私募股权基金提供其他 1.3 亿美元资金。

但管理层在这家公司内拥有绝对的控制力。根据新浪公布的信息，三家私募基金将有权指派一位董事加入新浪投资控股的董事会，而新浪管理层有权指派四位各拥有一个投票权的董事，或者指派一位拥有四个投票权的董事。在新闻公布时，曹国伟还是新浪投资控股的唯一董事。

财务投资者的最终目的都是获利退出，在各种 MBO 中也同样如此。今年，新浪的股价一直在稳定攀升，从年初的 25 美元涨到最近的 45 美元左右。当曹国伟 9 月 28 日宣布收购计划时，新浪股票在上一交易日收于 35.25 美元。

新浪股权分散的特殊性，加上在盛大收购案后新浪执行了"毒丸"计划（一旦单一机构持股率达到 10% 上限，新浪就可启动反恶意收购的股权摊薄措施），收购 560 万股普通股后的新浪投资控股持股比例约 9.4%，成为新浪最大的股东。

作为收购的一种，MBO 的唯一要素就是收购方是公司现任的管理层，它们之所以会受到追捧是因为这样的交易成本更低，而获得股权和风险资产的管理层会被认为能更好地管理公司。新浪的此次 MBO 让这种收购形式看起来很简单，但事实上，管理层并不总能如此顺利地、不经过讨价还价就将主动权握在手中。

新浪以每股约 32.14 美元的价格将股票出售给管理层也引发了一些疑问，里昂证券分析师 Elinor Leung 认为收购价低于当时股价，是打折出售。同其他收购相同，MBO 中的卖方也常常希望得到合理的溢价。

——资料来源：金晶：《新浪 MBO 完成：曹国伟等管理层拥有绝对控制力》，载于《第一财经周刊》，2009 年第 47 期。

第三节 员工持股计划

一、员工持股计划的含义

员工持股计划（Employee Stock Option Plan，ESOP）是员工所有权的一种实现形式，是企业所有者与员工分享企业所有权和未来收益权的一种制度安排。员工通过购买企业部分股票（或股权）而拥有企业的部分产权，并获得相应的管理权，实施员工持股计划的目的，是使员工成为公司的股东。ESOP 自 20 世纪 50 年代在美国问世以来，已成为企业对员工进行长期激励的重要方式。而且，ESOP 还被广泛用于各种各样的公司重组活动中，包括代替或辅助对私人公司的购买、资产剥离、挽救濒于倒闭的公司以及反收购防御。

二、员工持股计划的实现方式

从国外的通常做法看，员工持股计划一般可分为非杠杆型的 ESOP 与杠杆型的 ESOP。

1. 非杠杆型的员工持股计划

非杠杆型的员工持股计划是指由公司每年向该计划贡献一定数额的公司股票或用于购买股票的现金。该方式的要点是：

（1）由公司每年向该计划提供股票或用于购买股票的现金，职工不需做任何支出。

（2）由员工持股信托基金会持有员工的股票，并定期向员工通报股票数额及其价值。

（3）当员工退休或因故离开公司时，将根据一定年限的要求相应取得股票或现金。

2. 杠杆型的员工持股计划

杠杆型的员工持股计划主要是利用信贷杠杆来实现的。这种做法涉及员工持股计划基金会、公司、公司股东和贷款银行四个方面。首先，成立一个员工持股计划信托基金；其次，由公司担保，由该基金出面，以实行员工持股计划为名向银行贷款购买公司股东手中的部分股票，购入的股票由信托基金掌握，并利用因此分得的公司利润及由公司其他福利计划（如员工养老金计划等）中转来的资金归还银行贷款的利息和本金；最后，随着贷款的归还，按事先确定的比例将股票逐步转入员工个人账户，贷款全部还清后，股票即全部归员工所有。

该方式的要点是：

（1）银行贷款给公司，再由公司借款给员工持股信托基金会，或者由公司作担保，由银行直接贷款给员工持股信托基金会。

（2）信托基金会用借款从公司或现有的股票持有者手中购买股票。

（3）公司每年向信托基金会提供一定的免税的贡献份额。

（4）信托基金会每年从公司取得的利润和其他资金，归还公司或银行的贷款。

（5）当员工退休或离开公司时，按照一定条件取得股票或现金。

三、员工持股计划的基本程序

员工持股计划尤其是杠杆型员工持股计划与管理层收购有很多相似之处，也涉及成立持股主体，筹集资金、获得股票、偿还债务、获得收益等环节。而从具体的操作流程来看，员工持股计划包括以下方面的内容。

（1）实施员工持股计划的可行性研究，涉及政策的允许程度、对企业预期激励效果的评价、财务计划、股东的意愿统一等。

（2）对企业进行全面的价值评估。员工持股计划涉及所有权的变化，因此合理的公正的价值评估对于计划的双方员工和企业来说都是十分必要的。企业价值高估，显然员工不会愿意购买；而企业价值低估，则损害企业股东的利益。

（3）聘请专业咨询顾问机构参与计划的制订。员工持股计划是一项需要综合技术、涉及多个部门和复杂关系界定的工程，聘请富有专业经验和有知识人才优势的咨询顾问机构的参与是必要的。

（4）确定员工持股的份额和分配比例。员工持股的比例的设计要与实施员工持股计划的目标相一致，既能够起到激励员工的目的，又不会损害企业股东的利益。

（5）明确员工持股的管理机构。可以由外部的信托机构、基金管理机构等作为员工持股的管理机构。

（6）解决实施计划的资金筹集问题。筹资渠道主要有自有资金、向金融机构借贷、发行债券等。

（7）制定详细的计划实施程序。实施 ESOP 详细的计划程序主要体现在员工持股的章程上面，章程应对计划的原则、参加者的资格、管理机构、财务政策、分配办法、员工责任、股份的回购等作出明确的规定。

(8) 实施员工持股计划。在获得相关部门的批准后,由员工持股的管理机构按照之前的方案实施该计划,包括表决权的实施、收益权的分配,以及相应股权的处理等事务。

案例讨论（5-5）

资料1：美国西北航空公司的职工持股

20世纪90年代,西北航空公司是美国第三大航空公司,总资产近50亿美元,职工3万多人,主要经营美国—日本等东方航线。

20世纪80年代末90年代初,美国政府解除了对航空业的管制,放开价格,取消政府补贴,再加上航空公司增加过多,市场竞争激烈,油价上涨,航空业出现了普遍亏损的局面。从1990~1993年,亏损额超过了前20年美国航空业盈利的总和,其中西北航空公司是亏损最严重的企业。

两个私营投资者1989年收购该公司时在管理方面作了些改进,但到1992年西北航空公司仍然亏损严重,资产负债率达到100%。由于债务负担沉重,企业的净收入逐年下降,1993年,公司的净收入只有1.6亿多美元,而需要偿还的本金就有3.3亿美元。

按照当时的法律,当企业处于资不抵债的状况时可以申请破产保护。但公司破产受以下两个主要因素的制约：一是宣布破产后,以公司净资产偿还债务,银行和其他债权人的利益要受到损失,一大批飞行员、技师和空姐要面临失业；二是西北航空公司的主要航线在亚洲国家,东方人对"破产"难以接受,大型企业破产在美国的影响也很大,从而申请破产保护会影响正常营业。

西北航空公司最初希望通过资产重组来挽救企业。经股东、雇员和银行之间的多次协商,曾达成以下一些重组协议：(1) 四大债权人（原收购公司的股东、荷兰皇家公司、澳大利亚持股人和银行）同意再贷款2.5亿美元给公司,贷款协议规定一年后偿还贷款。(2) 已欠的2.67亿美元债务延期一年支付。(3) 7 000万美元的购物款暂停支付一年。(4) 取消已订物资的订单。

然而,重组协议并没有使公司摆脱困境。1993年12月公司负债高达47.36亿美元,其中银行长期贷款12.90亿美元,短期循环贷款4.93亿美元,政府特别贷款2.50亿美元,其他欠款17.80亿美元,飞机制造公司设备租赁费欠款9.23亿美元。

面对这种情况,西北航空公司的股东、债权人、职工在1993年决定实行职工持股以挽回局面。

1993年,美国西北航空公司的债权人、股东、职工代表（飞行员、技师、空姐三个工会）三方经过激烈的谈判,在相互妥协的基础上达成了调整股权结构、实行雇员持股、加强公司管理、挽救企业的协议。协议的核心内容是实行雇员持股计划。

一、持股的实行办法

1. 西北航空公司的职工在 3 年内以自动降低工资的方式，购买公司 30% 的股权。

2. 按比例降低工资。由于公司职工的收入差异很大，因而采取按比例降低工资的办法。具体做法是：年薪 1.5 万美元以下者不降低工资；年薪 2 万～2.5 万美元者降低 5% 工资；年薪 3 万～4.5 万美元者降低 10% 工资；年薪 5 万～8 万美元者降低 15% 工资；年薪 8 万美元以上者降低 20% 工资。

3. 债权人重新确定还债年限，把还债高峰由 1993 年推移到 1997 年和 2003 年。

4. 2003 年全部偿还债务后，如果雇员想出卖股票，公司有义务从雇员手中全部回购股票。

二、职工持股后的产权关系

雇员持股后，西北航空公司的股权结构为：公司原有两个股东持股占 52.5%；雇员持股占 30%；荷兰皇家公司及澳大利亚和美国的两个公司分别持股 14%、8.8% 和 7%，合计持股占 29.8%；银行持股占 7.7%。

在 30% 的雇员持股中，飞行员持股占 42.6%，技师持股占 39%，空姐持股占 9%，其他地勤人员持股占 9.4%。

雇员持股为有投票权的特殊优先股。职工股股息年利为 5%。职工股可由优先股转为普通股，并可以在股市上自由转让。公司在 2003 年之前可随时收回职工股，但必须提前 60～90 天通知职工。职工股也有投票权，由托管机构代理行使投票权。

西北航空公司的职工股托管机构每年向职工通报股票数量与市价。在每次召开股东大会前，托管机构把股东大会上要表决的问题发到职工手中，职工填好意见后交给托管机构，由托管机构根据职工意见行使投票权。

由于雇员持股的比例较高，雇员代表直接进入公司董事会。公司董事会由 15 人组成，其中雇员董事 3 人，分别由飞行员工会、技师工会和空姐工会选举产生。

三、实行职工持股的效果

西北航空公司实行雇员持股后，迅速扭转了亏损局面，后又成为上市公司，股票增值很快。一般来说，股票增值到每股 24 美元时，即可完全补偿所减少的雇员工资，现在每股已增值到 37 美元，持股雇员的收入大为增加。由于雇员将新增收入用于继续购买本公司的股票，雇员持股比例曾一度达到 55%，成为一个典型的雇员控股公司。

——资料来源：代凯军：《管理案例博士点评》，中华工商联合出版社 2000 年版。

资料 2：美国联合航空公司员工持股下降　失去多数股权

美国联合航空公司（United Airlines）进行的雇员持有多数所有权的实验夭折。因为此前该公司雇员持股比例下降至 20% 以下。这导致该公司治理结构变更，从而结束了员工占大多数比例的投票权及在公司董事会中具有超半数决策权的状况。

美国联合航空公司目前正处于破产保护期，该公司继续向工会施压，迫使其同意一项金额达 25.6 亿美元的年度节约计划。这家全球第二大航空公司已经表示，如果该项节约开支计划不能获得双方通过，其将于下周向破产法院法官递交诉状，请求取消与工会的合同，这样联合航空公司就能独自制定节约开支新条款。法官可能在 2003 年 5 月上旬作出裁决；联合航空公司与工会的谈判在此之前有望继续进行。

为在联合航空公司破产重组前挽回该公司员工的部分权益，联合航空公司员工持股计划托管人周五出售 UAL 的额外股票，将员工持股比例降至 20% 以下。

美国联合航空公司称，三名来自员工的董事会成员仍将在 12 人组成的董事会中保留他们的席位。但他们在诸如收购、剥离及选举首席执行长等关键问题的决策上，不再拥有有效的否决权。其余九名董事会成员将在变更董事会结构与成员上有更大的决策权。

——资料来源：《美国联合航空公司员工持股下降　失去多数股权》，载于民航资源网，http://news.carnoc.com/list/24/24216.html。

● **本章思考题**

1. 什么是杠杆收购？主要应用于哪些领域？
2. 实施杠杆收购需要哪些条件？有哪些步骤？
3. 什么是管理层收购？采用 MBO 的目的是什么？如何进行操作？
4. 什么是员工持股计划？采用 ESOP 的目的是什么？如何进行操作？

第六章　公司资产与权益重组

内容提要：资产剥离；股份回购；买壳上市；破产清算

第一节　资产剥离

一、资产剥离的含义

资产剥离（divestiture or divestment）的定义主要有两种，一种是从狭义角度，认为资产剥离是企业将其一部分资产出售给外部第三方，并取得现金及有价证券的行为。这里的资产剥离实际就是指资产出售（sell-off）。而广义的资产剥离定义则除了包括上述资产出售形式外，还包括资产置换、企业分立（spin-off）、分拆上市（equity carve-out），有些观点甚至将管理层收购（MBO）及员工持股计划（ESOP）也纳入其中。

二、资产剥离的形式

本教材采用资产剥离的广义定义，认为资产剥离具体包括资产出售、资产置换、企业分立、分拆上市四种形式。

1. 资产出售

资产出售，是指企业将其所拥有的子公司经营部门或者其他固定资产的所有权有偿让渡给第三方，并以此获得现金或者其他有价证券的行为。它是企业进行业务调整、提高经营集中度的重要方式，同时还是企业在特殊情况下的一种有效融资途径。资产出售意味着母公司与出售的资产完全脱离关系。因此，只有待处理资产与企业长期战略不相符或待处理资产确实出现了很大的亏损、前景并不明朗时，企业才考虑出售该部分资产。

2. 资产置换

资产置换，是指交易双方将经过评估的资产进行等值置换，将不符合公司发展的资产剥离出去，同时注入对公司发展有利的优质资产。此处的"优质"资产是相对的概念，一方公司的"不良"资产通过置换进入另一方公司，可能创造非常大的效益，从而成为"优质"资产。资产置换也可以理解为一种支付方式，即，交易双方购买对方资产，同时以自己的资产进行支付。资产置换可以包括实物资产、股权、现金以及债权置换等多种形式。

3. 企业分立

企业分立（spin-off），是指一个企业依照有关法律、法规的规定，分立为两个或两个以上的企业的行为。具体而言，是指将母公司在子公司中所拥有的股份，按股东在母公司的股权比例予以分配，形成一个与母公司股东和股权结构均相同的新公司。在分立过程中，不存在股权和控制权向第三者转移的问题，因为现有股东对母公司和分立出来的子公司保持着同样的权利。这里的子公司可以是原来就存在的子公司，也可以是为了分立临时组建的子公司。母公司可以根据业务重组的需要，对分立出去的子公司进行最有效的利用。特别是在解散式分立中，母公司将自己的所有资产全部事先分解成一个个子公司，才能最终完成母公司的自动消失。

企业分立可以采取存续分立和新设分立两种形式。存续分立是指原企业存续，而其一部分分出设立为一个或数个新的企业；新设分立是指原企业解散，分立出的各方分别设立新的企业。企业在进行分立时是不需要进行清算的，而分立前企业的债权和债务，按法律规定的程序和分立协议的约定，由分立后的企业共同承担。

分立可以看做是一种特殊形式的剥离，分立后的新公司拥有独立的法人资格，而股东直接持有新公司的股票，可以直接参与公司的经营管理，从而取得了更大的控制权。最重要的是，在分立中不存在各利益主体之间的现金或证券支付，而这种支付在剥离中通常会发生。

4. 分拆上市

分拆上市，就是子公司股票的首次公开发行，是指母公司将其下属的业务部门或者子公司分离出来重新设立一个公司，再将其部分股票向社会公众出售。分拆上市有广义和狭义之分。广义的分拆包括已上市公司或者未上市公司将部分业务从母公司独立出来单独上市；狭义的分拆指的是已上市公司将其部分业务或者某个子公司独立出来，另行公开招股上市。分拆上市后，母公司将获得超额的投资收益。

对于上述几种资产剥离方式，可从现金、控制、税收、债权持有人等角度来分析其区别，见表6-1。应根据公司内外部环境选择最能满足公司对现金和控制的需要，又能减轻股东的潜在税负，最大限度地保护公司债权人利益的方式。

表6-1 资产剥离方式的比较

方式 特征	资产出售	资产置换	企业分立	分拆上市
现金流	能产生很充足的现金流	当支付方式为非实物时，能产生现金流	基本上不能为母公司带来现金流	子公司发行新股可以产生现金流
控制能力	出售后，公司不再控制该资产	母公司不再有控制能力或控制力减弱	母公司不再有控制能力	母公司有控制能力
能否产生新企业	不能	不能	能	能
对股权持有人的影响	公告前后股价上涨能在一定时期内为股东带来超额收益	对公司股价具有较为明显的影响，产生超额收益	对公司股价具有明显的影响，产生一定的超额收益	对公司股价影响不大
剥离后与母公司的关联程度	与母公司完全无关	与母公司关联程度很弱	企业分立后，与母公司股东有很大关联	分拆上市后，与母公司有很大关联

——资料来源：胡艳：《谈企业资产剥离方式的选择》，载于《财会月刊》，2008年第12期。

三、资产剥离的原因

资产剥离的原因主要可以从战略、组织、法律、经营等方面来分析，但事实上，公司的剥离决策很少是由单个原因引起的，通常都会涉及相互关联的多个因素，因此，在做出剥离决策时，应该综合考虑这些因素。

1. 战略原因

（1）经营战略的调整。任何一个公司都是在一个动态的环境中经营的，为了适应环境的变化，公司的经营方向和战略目标也要随之做出调整和变化。例如，有些部门或业务本身是赢利的，但是由于公司主业发生变化，经营的战略重点改变了，公司准备将更多的资源投入到新的主业中去，便仍会将盈利的业务出售。此外，一个公司也可以采用剥离的方式从一个竞争激烈的市场中退出来。如公司在一些产品市场上遇到了强大的竞争，就目前该公司的生产率水平、研发能力而言，很难在竞争中取胜，因此，该公司决定从这些市场上退出，并将这些业务部门出售给一家较大的、有较强融资能力的公司，从而避免了公司在竞争中可能造成的损失。

（2）追求主业清晰，强化核心业务。越来越多的事实证明，过分多元化会导致企业经营管理的种种弊端，而强化核心业务则会增强自身的竞争力，为了追求主业清晰，强化核心业务，剥离与主业不相关的资产就变得非常必要。

（3）优化资产结构，提高资产质量。公司往往会存在一些流动性差、回报率低甚至亏损的业务部门，这些不良资产很可能会对整个公司利润增长造成负面影响，如果公司不能通过改进管理、有效开拓市场等措施扭转资产状况，那么通过资产剥离至少可以使公司挽回部分投资损失，同时提高资产的存量价值、改善资产的获利能力和流动性。

（4）提升管理效率，消除负协同效应。公司进行收购时，可能是看中被收购企业的部分业务或资产，收购后，被收购企业的其他业务往往对收购方没有吸引力，甚至干扰公司其他业务的发展，导致管理效率下降，产生负协同效应。这时，尽快剥离掉这些不适宜的业务，对整个公司的发展来说可能是一个较好的选择。

（5）满足公司适应经营环境变化的需要。公司的环境包括技术进步、产业发展趋势、国家有关法规和税收条例的变化、经济周期的改变等。这些因素的变化，可能使公司目前的母子公司的战略安排失去效率，因此，采取资产剥离的策略，如将子公司从母公司中分立出去，创造出一个简洁而有效率的和分权化的公司组织，能使公司能够更快地适应经营环境的变化。

（6）激发公司管理层的经营积极性。从激励机制来看，资产剥离可以使管理人员更直接地影响到公司的绩效，使他们的利益与股东的利益保持一致，同时也会影响到管理人员的报酬，因此可以降低代理成本。比如，分立出来的公司管理人员可以通过签订协议，使其报酬的高低直接与新公司的经营效益相联系，而不是与母公司的利润相联系，从而对他们可以起到更为直接的激励作用。

2. 直接原因

（1）减轻债务负担，改善财务状况。公司负债的负担过重会导致财务状况不佳，为改善财务状况，往往将资产和负债同时剥离，以改善公司的财务状况。

（2）获得急需的现金。公司有时需要大量现金来满足主营业务扩张或者减少债务负担的需要，而通过借贷和发行股票的方式来筹资可能会面临一系列的障碍，此时通过出售公司部分非核心或非相关业务的方式来筹集所需的资金，则不失为一种有效的选择。

3. 特殊原因

（1）弥补错误的并购决策。许多公司在并购整合时面临着两个公司在组织、经营、文化等方面的差异过大，使得预期的整合和重组目标难以实现，这种情况下，应尽快将错误的并购进行剥离，以防止更大经营风险的发生。

（2）规避管制、节约税收。如果子公司从事受管制行业的经营，而母公司从事不受管制行业的经营，那么，母公司就会常常受到管制性检查的拖累。并且如果管制机关在评级时以母公司的利润为依据，受管制子公司就会因与有赢利的母公司的关系而处于不利地位。这时采用资产剥离，让子公司独立出来，既可使从事不受管制行业经营的母公司不再受到法律规章的约束与审查，又可以使子公司得以有更多的机会提高评级水平。而在西方国家，政府有时还会根据反垄断法强制公司剥离一部分资产或业务。

（3）"买壳上市"的需要。"买壳"后，一般情况下"壳"公司的业绩都不是很好，资产质量也不是很高。当新的大股东入主该"壳"公司后，首先要做的就是清理原有不良资产，清理力度大小要取决于买壳方的实力、业务相关度及原公司资产质量等，而清理不良资产的主要方法就是资产剥离，即向原大股东或其他机构出售不良资产。

（4）作为公司的反并购对策。并购公司实施并购的动因有时仅是为了获得目标公司的某项特定资产。如果目标公司能够清楚地意识到这一点，那么就可以通过资产出售、资产置换、企业分立等形式将这一特定资产剥离出去，从而打消并购公司的意图，即反收购中的"皇冠之珠"策略。

四、资产出售的基本步骤

1. 确定参与人员

一个公司在进行资产剥离时，既可以在公司内部选择专业管理人员参与，也可以从公司外部聘请专业顾问人员，这取决于公司的规模及部门设置、该项剥离业务的工作量大小、实施的难易程度以及公司与外部专业顾问机构间的关系。一般来说，大的公司都设有计划部、财务部和研究发展部，甚至设有专门从事并购和剥离的部门。如果这些部门的大量专业人员熟悉兼并与收购市场以及剥离的具体程序，就可以由他们去完成一项剥离方案。而中小规模的公司由于缺少内部专业人员，通常要聘请外部顾问机构，外部顾问机构通常包括投资银行、专业的并购与剥离顾问公司、会计师事务所、律师事务所、管理顾问公司等。这些机构一般都有并购和剥离方面的专家和专业人员，能够帮助一家公司有效地完成一项剥离方案。聘请的外部专业顾问机构最好是那些熟悉剥离业务或所在行业的机构。

2. 准备资产剥离备忘录

备忘录的内容一般包括：资产剥离的原因、公司的历史背景、公司目前的状况、公司的未来发展潜力、产品生产线状况、公司的服务能力、公司的人员状况、固定资产状况、房地产、公司的综合财务状况等。公司的财务状况应包括：3~5年的利润表、目前的资产负债表、现金流预测、短期财务状况预测等。

3. 确定最终的购买者

首先由专业人员准备一份可能的购买者的清单，在此基础上再决定是采用个别谈判的方式还是采用拍卖的形式来选择最终的购买者。两种方式的选择取决于准备出售的业务的特点、市场效率、管理人员的期望和偏好等因素，可以根据具体情况来选择。如果选择个别谈判的方式，一般可以在能够控制的基础上同时与3~5个公司接触。前期谈判的主要目的是确定符合条件的购买者，以便在初步达成一致意向的基础上进入实质性的谈判。如果在前期接触中发现不能达成一致意见，那么应尽快转向其他的购买者。

拍卖也是确定最终购买者的一种有效的手段。与个别谈判方式相比，拍卖一般具有较高的效率，能够在最短的时间内把最大数量的、可能的购买者吸引过来，因此出售成本较低，且不易受到外界的干扰。另外，由于在拍卖中最后的期限是事前确定的，因此出售方能够控制出售的进程和市场竞争中的反应，从而消除了个别谈判方式中可能造成的时间延误。但是，拍卖与个别谈判方式相比，也有一些不利因素：一是保密性差。由于在拍卖过程中需要充分地揭示公司的内部信息，对于一个拥有技术或其他知识产权的公司来说，要保护这些技术和其他知识产权不被泄露几乎是不可能的。二是容易引起公司雇员的不安。由于剥离造成的公司未来发展的不确定性会引起公司雇员的不安心理，在很多情况下，由于一些关键人员因恐慌而离开公司或为了自身的利益而抵制新的所有者，都可能会影响到剥离方案的顺利实施。三是容易引起竞争性反应。采用拍卖方式常常会给公司的竞争对手带来一个了解公司内幕的机会，这些竞争对手的动机显然不同于其他可能的购买者。然而，在很多情况下，公司的某一竞争对手可能会在拍卖报价中取得成功，为企业带来更大的挑战。四是容易引起市场反应。在大多数情况下，剥离被看做是公司发展的一项战略选择，因此会受到投资者的欢迎，但也有些情况下，剥离可能会引起市场的不安，一些消费者可能会担心在剥离实施的过程中公司不能保证产品和服务的正常供给以及难以确定谁是新的所有者，剥离以后公司会采取什么样的政策等问题，从而减少对该企业产品的购买。

五、企业分立的程序

相对于资产出售和资产置换,企业分立的程序更为复杂,在此有必要进行详细的介绍。企业分立主要包括以下步骤:

1. 董事会提出分立方案

当企业董事会初步达成企业分立的意向后,提出、起草分立草案,供企业股东大会讨论。

2. 股东会做出分立决定

由股东大会表决,做出同意或者不同意分立的决定。不同类型的企业在表决比例上有所不同,我国《公司法》规定,有限责任公司做出分立决定,须经代表 2/3 以上表决权的股东通过;股份有限公司的分立,须经出席股东会的股东所持表决权 2/3 以上通过,并经国务院授权的部门或者省级人民政府批准。

3. 签订分立合同

企业分立时,应当根据股东会做出的决议签订分立合同、权利、义务、职工等做出安排。分立合同应采用书面形式,主要包括以下内容:

(1)分立后原公司存续与否。
(2)存续公司或新设公司的名称与住所。
(3)企业的财产如何分割。
(4)原企业债权、债务的处理方法。
(5)分立后各方的公司章程内容。
(6)分立时需要载明的其他事项,如企业职工的安置等。

4. 编制资产负债表及财产清单

资产负债表能反映企业在某一特定日期财务状况,企业分立时,应将分立后各方拥有的资产、负债及所有者权益记载于资产负债表中,并将各方分得的全部动产、不动产、债权、债务以及其他财产一一列入财产目录,编制财产清单,财产清单要准确、翔实、清楚。

5. 进行公告

企业应当自做出分立决议之日起 10 日内通知债权人,并于 30 日内在报纸上公告 3 次。债权人自接到通知之日起 30 日内,未接到通知书的自第一次公告之日起90日内,有权要求企业清偿债务或提供相应的担保。不清偿债务或者不提供相应担保的,企业不得分立。这样做的目的,主要是为了保护债权人的合法权益,预防某些行为不良的企业借企业分立之机逃避债务。在法定期限内,如果债权人未提出异议,则视为同意企业分立。

6. 办理工商登记

存续分立的,新公司要办理注册登记手续,母公司如果因分立而导致有关工商登记事项的变动,也应该到工商管理机关办理变更手续;新设分立的,原企业不再存续,应进行注销登记,新企业要按照有关规定进行工商注册登记。登记时,需提交分立协议和决议,以及企业在报纸上公告至少3次的证明和债务清偿或者债务担保情况的说明。股份有限公司分立的,还应当提交国务院或者省级人民政府的批准文件。

我国《公司法》关于企业分立的相关规定见表6-2。

表6-2　　　　　　　　　关于企业分立的规定

第一百七十六条　公司分立,其财产作相应的分割。公司分立,应当编制资产负债表及财产清单。公司应当自作出分立决议之日起十日内通知债权人,并于三十日内在报纸上公告。
第一百七十七条　公司分立前的债务由分立后的公司承担连带责任。但是,公司在分立前与债权人就债务清偿达成的书面协议另有约定的除外。
第一百七十八条　公司需要减少注册资本时,必须编制资产负债表及财产清单。公司应当自作出减少注册资本决议之日起十日内通知债权人,并于三十日内在报纸上公告。债权人自接到通知书之日起三十日内,未接到通知书的自公告之日起四十五日内,有权要求公司清偿债务或者提供相应的担保。公司减资后的注册资本不得低于法定的最低限额。
第一百七十九条　有限责任公司增加注册资本时,股东认缴新增资本的出资,依照本法设立有限责任公司缴纳出资的有关规定执行。股份有限公司为增加注册资本发行新股时,股东认购新股,依照本法设立股份有限公司缴纳股款的有关规定执行。
第一百八十条　公司合并或者分立,登记事项发生变更的,应当依法向公司登记机关办理变更登记;公司解散的,应当依法办理公司注销登记;设立新公司的,应当依法办理公司设立登记。公司增加或者减少注册资本,应当依法向公司登记机关办理变更登记。

——资料来源:《中华人民共和国公司法》。

案例讨论(6-1)

资料1:东北高速:分立为两家上市公司

2010年1月13日,东北高速晚间正式公布了分立方案。根据方案,东北高速将分立为两家股份有限公司,即龙江交通和吉林高速。龙江交通和吉林高速将依法承继原东北高速的资产、负债、权益、业务和人员,原东北高速在分立完成后依法注销。龙江交通和吉林高速的股票经核准后上市。按照分立预案,龙高集团将其持有的吉林高速的股份与吉高集团持有的龙江交通的股份互相无偿划转,股权划转是本次分立上市的一部分，将在分立后公司股票上市前完成。

此次分立上市的审计基准日为 2009 年 6 月 30 日。资产划分也基本基于东北高速的负债、资产按其历史形成原因进行划分，不能确定归属的负债和资产，原则上施行平均分配。此次的资产分配方案遵循属地原则，黑龙江省境内的哈大高速公路收费权及相关资产、东北高速持有的东绥高速 48.76% 股权进入龙江交通；吉林省境内的长平高速公路的收费权及相关资产、东北高速持有的长春高速 63.8% 股权将进入吉林高速。而非主业资产主要是股权投资，分配方案是：归属龙江交通的非公路长期股权投资共有 7 项，分别包括哈尔滨特宝股份有限公司 42.25% 股份、黑龙江东高投资开发有限公司 90% 股权、哈尔滨龙庆公路养护有限责任公司 30% 股权、洋浦东大投资发展有限公司 98.04% 股权、深圳东大投资发展有限公司 98.04% 股权、江西智通路桥管理有限公司 35% 股权、大连东高新型管材有限公司 92.5% 股权。归属于吉林高速的非公路长期股权投资共有 4 项，分别为吉林东高科技油脂有限公司 95% 股权、吉林省长平公路工程有限公司 20% 股权、二十一世纪科技有限责任公司 49.25% 股权、大鹏证券有限责任公司 4.4% 的股权。

截至 2009 年上半年，东北高速母公司报表上有货币资金 5.56 亿元。分立后，龙江交通保留 4.91 亿元货币资金；吉林高速保留 6 500 万元的货币资金。对于债务的处理，主要按照历史形成原因划分，不能确定归属的平均分配。而应付职工薪酬和税费由吉林高速承担。分立后的两公司股本与东北高速相同，均为 12.132 亿股。扣除股本后，分立后两公司权益的其余部分转入资本公积。

——资料来源：《东北高速公路股份有限公司分立上市报告书（摘要）》，载于《上海证券报》，2010 年 1 月 14 日。

资料 2：首例上市公司分立试点收官　吉林高速和龙江交通今上市

2010 年 3 月 18 日上交所晚间公告，吉林高速公路股份有限公司和黑龙江交通发展股份有限公司 A 股股票将在 3 月 19 日起上市交易。至此，东北高速的分立工作宣告完成。

公告显示，吉林高速（601518）和龙江交通（601188）A 股股本均为 12.13 亿股，其中各有 6.16 亿股于 3 月 19 日起上市交易。

吉林高速和龙江交通于今日分别刊发《分立上市公告书》。公告书显示，截至 2009 年 12 月 31 日，吉林高速备考每股净资产为 1.22 元，2009 年度备考每股收益为 0.104 元。龙江交通备考每股净资产为 1.90 元，2009 年度备考每股收益为 0.09 元。

两家公司大股东龙高集团和吉高集团分别承诺，为增强分立后公司的持续盈利能力，在分立上市事项完成后，将积极支持上市公司的持续发展，在两年内选择适当时机依法、合规地将其拥有的高速公路等优质资产注入上市公司。

东北高速本次分立是上市公司进行分立的首次试点，也是上市公司利用资本市场进行并购重组的一种创新形式。上市公司分立的经济意义是，解放和促进生产力的发展，有利于降低上市公司多元业务之间的负面协同效应，有利于解决历史遗留问题，提高公司治理的效力。上市公司分立应当切实保护投资者特别是公众投资者的合法权益，应当具备《证券法》规定的上市条件，有利于消除负面制约并获得更好发展。分立后的公司之间不存在同业竞争和持续性关联交易，能够清楚划分资产、债务，新公司在人员、财务、资产、业务、机构等方面保持独立。此外，公司分立不得损害债权人的合法权益。东北高速分立试点基本符合这些条件。

业内专家认为，东北高速分立试点不具有可仿效性。东北高速是在特定历史时期按照当时"限报家数"的证券发行管理体制，将黑龙江、吉林两省高速公司捆绑上市形成的产物。公司上市后未能完成经营机制转换工作，仍然维持地方行政管理体制，导致股东之间产生的矛盾和对立，形成了公司治理长期不健全的状态，造成了风险和不稳定因素，这在我国上市公司中属极个别案例。东北高速进行分立试点，是采用国际通行和我国法律许可的金融工具，以市场化方式解决历史遗留问题。

据介绍，现阶段我国上市公司分立尚处于试点阶段，证监会结合本次东北高速分立试点案例，总结经验，依据现行法律法规研究制定《上市公司分立试行办法》，严格上市公司分立标准和条件，在条件成熟时，依法合规，谨慎推开试点工作。

——资料来源：张欢、魏梦杰：《首例上市公司分立试点收官 吉林高速和龙江交通今上市》，载于《上海证券报》，2010年3月19日。

第二节 股份回购

一、股份回购的含义

股份回购（stock repurchase）是指出于某种特定目的，公司通过一定途径将已发行在外的股份重新购回的行为。股份回购是上市公司用以提高股票内在价值的重要手段之一，涉及上市公司的资本结构与股利分配政策。股份回购在公司资产与权益重组中属于公司收缩的范畴。

股份回购可以减少发行在外的股份数量，提高每股盈利水平，提升股票市价。对上市公司而言，通过股份回购，不仅可以减少权益资本，有利于增加每股收益，调整和优化股本结构，从而提高股票的内在价值，而且可以降低未来权益资本的融资成本，有利于上市公司通过配股等持续融资行为进行股本扩张。

二、股份回购的意义

在成熟的资本市场上，股份回购作为常见的资本运营模式，具有极其重要的意义。

1. 股份回购是实施反收购，维持公司控制权的重要工具

为了维护目标公司股东的利益，公司可以采取股份回购的方式抵御恶意收购，具体效果主要表现在：

（1）向外界股东进行股份回购后，公司原大股东或管理层持股比重相应提高，控制权进一步加强。

（2）资产负债率低的公司在进行股份回购后可以适当提高公司负债率，有效利用"财务杠杆"效应增强公司未来盈利，从而提高公司股价，提高收购难度。

（3）储备大额现金的公司易受收购者的青睐和袭击，在此情况下，公司将大量现金用于股份回购，可减弱收购者的兴趣。

（4）当公司以高于收购者出价的溢价进行股份回购时，一方面提醒公司股东注意公司价值增长的潜力，另一方面也提高了收购方的收购成本。

2. 股份回购对公司的经营决策具有重要影响

（1）调整公司资本结构。股份回购作为上市公司现金股利的一种替代形式，通过减少发行在外的股票数量，增加每股收益，能够提高股票市值，同时，上市公司可以用负债方式回购股份，通过增加负债，减少权益资本，并增强了公司的财务杠杆效应，从而提高每股收益，提升股票内在价值。

（2）调整公司净资产收益率。资本市场上考察公司盈利水平的主要指标是净资产收益率。上市公司的盈利能力在一定程度上受到其所处产业发展前景的影响，当公司所处产业进入衰退期，产业平均利润率较低的时候，公司若需要维持原有盈利水平来满足资本市场的期望，就可以通过股份回购来减少公司股份和股东权益，达到调整净资产收益率的效果。但是，必须清醒地看到，这种减轻公司盈利压力的方法只是暂时的，并且是一次性的，上市公司只有在迫不得已的情况下才可能运用这种手段。

（3）股份回购的市场效应。股票价格决定于股票内在价值和资本市场的供求关系，通常在宏观经济不景气时，股市进入低迷状态，持续低迷引发股票抛售，导致股价下跌、流动性减弱的恶性循环。公司在本公司股票严重低估时，应积极进行回购，一方面，收购价格传递了公司价值的信号，具有一定示范意义；另一方面，减少每股净收益的计算基数，在盈利增长或不变情况下维持或提升每股收益水平和股票价值，可以减轻经营压力。

案例讨论（6-2）：创业板公司频频回购 或与股价偏低交易清淡有关

2008年9月18日，在香港上市的慧聪网（8292.HK）公告，公司9月18日在香港创业板回购公司股份6万股，回购价格0.55~0.61港元，涉及资金3.5万港元。

慧聪网此前曾于8月28日回购50万股，每股0.6~0.62港元，涉资30.48万港元；9月1日回购45.8万股，每股0.58~0.63港元，涉资27.708万港元。截至9月18日，公司2008年以来已经回购股份3 524 000股，占公司已发行股本的0.715%。

而同在香港创业板上市的中华网（8006.HK），9月19日也发布回购报告，该日公司以5.4~5.5港元的价格，回购公司股份17 000股，涉及金额9.25万港元。2008年以来公司已经回购股份1 704 850股，占已发行股本的1.557%。

分析人士认为，一般只有在股价较低时公司才会出手回购，这可能与香港创业板长期股价偏低、交易清淡有关。

香港创业板公司回购股票时有发生。不久前刚刚转至主板的网龙（8288.HK），曾在2008年1月31日进行股份回购，共回购股份2.71万股。截至2008年1月31日，网龙累计的回购股份共42.76万股，涉及资金5 649万港元。回购价在12.40~14.48港元。

网龙主席兼执行董事刘德建表示，进行回购是集团提升股东权益的策略，回购行动有助稳定股东信心。而这些回购后来被证明是为其转板做好铺垫。

2007年9月3日，TOM在线正式从香港联交所创业板退市，这是第一家在境外上市并退市的中国概念股公司。而从8月28日开始，TOM在线开始从股东手中回购公司股票，回购价为1.52港元/股，回购期将截止到9月7日，整个私有化涉及资金15.7亿港元。

2004年，TOM在线首度登陆香港创业板和美国纳斯达克，发行价1.5港元和15美元，最高时涨到28.89美元。2006年信息产业部和中国移动、联通等电信运营商连续颁布SP管理政策，无线业务占90%的TOM在线业绩受到影响，股价也一落千丈。去年3月4日，TOM在线在纳市的股价为11.60美元，香港创业板的股价为1.14港元，早已跌破发行价。

摩根斯坦利分析师季卫东称，TOM在线2007年美国股市市盈率为15.8倍，与之相比，新浪为34倍，腾讯为26.3倍，正是收购好时机。

互联网行业分析师吕伯望认为，上市公司被私有化，可能是母公司不再需要它们融资,或者已无法完成融资的使命。而 TOM 在线,可能是因为其股价一直低迷不振引起集团的不满。TOM 集团旗下有很多媒体业务,可以将其私有化之后进行媒体平台整合。

时任 TOM 集团执行董事、TOM 在线 CEO 的王雷雷曾表示,TOM 在线退市只是因为公司价值被资本市场低估,并不意味着失去了价值。

而早在 2003 年,香港创业板首批上市公司之一的上实医药就挥别创业板,其大股东上海实业控股有限公司斥资约 5.2 亿港元,将该公司"私有化",撤离创业板转而在内地打造医药业务上市旗舰。

上实控股回购上实医药股份的定价为每股 2.15 港元,比 2003 年 5 月 20 日上实医药股份停牌前的收市价 1.87 港元出现了约 15% 的溢价,出手非常豪爽。

1999 年 12 月 2 日,香港创业板面世不足一个月,上实医药挂牌上市,成为香港创业板的元老之一。上市不过 3 年有余,却挂冠而去。上实控股董事长蔡来兴表示,主要原因是创业板长期成交清淡,上实医药从证券市场融资的功能受到局限。随后,上实控股把生物医药业务的集资旗舰放在上海,有香港财经媒体评论指出,此举对低迷的香港创业板是一个沉重的打击。

——资料来源:万晶:《创业板公司频频回购 或与股价偏低交易清淡有关》,载于《中国证券报》,2008 年 9 月 22 日。

(4) 股份回购与员工持股计划和股票期权制度。员工持股计划和股票期权制度是企业有效的内部激励机制,由于新股发行手续繁琐,程序复杂,成本较高,因此,满足员工持股计划与股票期权制度所需股票的较好途径就是股份回购,公司选择适当的时机从股东手里回购本公司股票作为库藏股,依程序交给员工持股管理机构管理或直接作为股票期权奖励给公司管理人员,从而实现公司的员工持股计划和股票期权制度。

案例讨论 (6-3):永新股份回购股票用于股权激励

2010 年 4 月 27 日,永新股份 (002014) 公告,根据公司《首期 (2007~2012 年) 限制性股票和股票期权激励计划》,公司已经完成限制性股票的回购事宜,回购股份现存放于公司回购专户,公司将在一个月内完成由公司到激励对象个人账户的非交易过户手续。

永新股份本次用于回购激励股票的资金总额为 818.11 万元,购买股票 43.76 万股,占公司总股数的 0.31%。回购股份的起始时间为 3 月 22 日,终止时间为 4 月 26 日,回购股份的平均成交价格为 18.69 元/股。

——资料来源:向南:《永新股份回购股票用于股权激励》,载于《证券时报》,2010 年 4 月 27 日。

(5) 股份回购与中小投资者权益。基于少数异议股东的回购请求权,回购公司股份,还可以起到保护中小投资者权益的效果。公司重大事项的表决适用单纯多数或绝对多数决定,因此绝对或相对控股的股东,不惜损害中小股东的权益,操纵公司,谋求自我利益最大化,而中小股东的"以手投票"权利则因"一股一票"而受限。为了平衡双方力量,有关法律规定赋予股东诉讼权等权利,但这些权利的实施成本较高,而股份回购请求权则使股东"以脚投票"的权利得以强化,重大事项表决时,大股东与中小股东利益发生严重冲突,中小股东可以要求公司以公平合理的价格回购股份,这样,一方面减少公司经营中的摩擦与冲突,降低协调成本;另一方面,充分保障中小股东权益,使之免受不公平待遇。

案例讨论(6-4)

资料1:谷歌要求时代华纳回购 AOL 股票

2009年2月4日,时代华纳表示已接到谷歌行使要求登记权(Demand Registration Right)的请求,要时代华纳回购其持有的美国在线(AOL)5%的股权或让 AOL 上市。

时代华纳 CFO 约翰·马丁(John Martin)在电话会议上表示,该公司正在对此事进行评估,可能的选择包括让 AOL 上市、回购谷歌持股或者延迟做出决定。

2005年谷歌与时代华纳达成协议,以10亿美元购买 AOL 5% 的股权,同时谷歌获得一项权利,即谷歌可以要求时代华纳让 AOL 单独上市或要求时代华纳以公平市价回购这些股票,该权利在2008年7月1日后方可行使。

双方当时对 AOL 的估价为200亿美元。上周,谷歌减计了大半 AOL 资产价值(约7.26亿美元),暗示 AOL 目前价值仅为55亿美元。

马丁表示,很明显,谷歌持有的 AOL 股票价值将"远低于最初投资时的价值"。

——资料来源:王飞:《谷歌要求时代华纳回购 AOL 股票》,载于新浪网,http://tech.sina.com.cn/i/2009-02-05/03342794077.shtml。

资料2:时代华纳2.83亿美元回购谷歌持有5%的 AOL 股票

2009年7月28日消息 据路透社报道,时代华纳公司在本周一提交给证券监管部门的文件中表示,已经从搜索引擎巨头谷歌公司手中回购5%美国在线的股票,这笔交易的总价格为2.83亿美元。

与此同时,美国在线也在向美国证券交易委员会提交的文件中证实了这一交易。该公司表示,时代华纳与谷歌的交易,已经于7月8日完成。据悉,时代华纳将在2009年内将美国在线的业务整体剥离,以提高公司盈利能力。按照双方此次交易的价格计算,美国在线的总估价大约为57亿美元左右。目前,时代华纳新闻发言人拒绝就美国在线估值问题发表评论。

据悉，美国在线是在一份提交给美国政府的注册声明中证实时代华纳与谷歌此次交易的，而这也是其与时代华纳拆分的必要程序。两家公司自八年前合并以来，一直未能在业务上取得预期的整合效果。相反，两家公司的业绩都在整合后受到影响。

Brigantine Advisors 公司分析师吉利斯（Colin Gillis）表示，由于美国在线即将与时代华纳拆分，因此本次谷歌交易所显示的 57 亿美元整体估值，已经是美国在线的最低价格。吉利斯表示："美国在线的估值不可能比这一价格还低。"据悉，一旦时代华纳与美国在线拆分完毕，那么目前的时代华纳股东将持有新成立的美国在线的股票。

美国在线首席执行官阿姆斯特朗（Tim Armstrong）在上周曾向路透社表示，美国在线将调整业务重心，并逐步转变为一家互联网广告公司。

美国在线在其声明中还表示，在 2009 年后三个季度的经营中，公司的重组费用还将增加 9 000 万美元。另外在今年第一季度，美国在线进行了包括裁员及关闭分支机构在内的一系列成本削减措施，并由此花费了 5 830 万美元的重组费用。

另外，谷歌此次出售的 5% 美国在线股票，是该公司于 2005 年 12 月收购的。在过去五年中，谷歌与美国在线一直保持着广告合作。

截至本周一美国股市收盘，时代华纳股价上涨 2 美分，报每股 27.60 美元；谷歌股价下跌 1.92 美元，报每股 444.80 美元。

——资料来源：普莱：《时代华纳 2.83 亿美元回购谷歌持有 5% 的 AOL 股票》，载于网易，http://tech.163.com/09/0728/08/5FA2343MDDD9158F.html。

（6）股份回购与公司股利分配。股东收益包括股票股利与股票转让的资本利得收入两部分。一般来说，国家对前者课以较高的个人所得税，而对后者课以较低的资本利得税。若公司分派现金股利，则股东不得不缴纳个人所得税；公司实行股份回购，股东拥有选择权，具有流动性偏好的股东，转让股票可取得现金形态的资本利得；而继续持股的股东由于所持股票的每股盈余提升，使个人财富增加，并使相关的资本利得税可以递延到股票出售时缴纳，因此，基于税收的考虑，公司常以股份回购替代现金红利的分配。

三、股份回购的方式

在成熟的股票市场上，常用的股票回购方式包括公开市场收购、现金收购要约、可转让出售权、私下协议批量购买和交换要约。我国在《上市公司回购社会公众股份管理办法》中规定可以采取的方式主要是证券交易所集中竞价交易方式、要约方式。具体规定见表6-3。

表6-3　　　　　　　关于股份回购方式的规定

第九条　上市公司回购股份可以采取以下方式之一进行：
（一）证券交易所集中竞价交易方式；
（二）要约方式；
（三）中国证监会认可的其他方式。

——资料来源：《上市公司回购社会公众股份管理办法》。

1. 公开市场回购

公开市场回购指公司在股票市场上以一个潜在投资者的身份，按照公司股票当前市场价格收购本公司发行在外的股份。美国上市公司90%以上的股票回购采用的是公开市场收购方式，公司通常使用该方式在股票市场表现欠佳时小规模回购特殊用途（如股票期权、员工持股计划和可转换证券执行转换权）所需的股票。美国证券交易委员会在实施公开市场收购的时间、价格、数量等方面有严格的监管规则。制定这些规则的目的是防止价格操纵和内幕交易，尽可能减少股票回购对股票市场价格的影响。我国股票市场采用的是集中竞价交易方式，在《上市公司回购社会公众股份管理办法》中也对交易的时间、价格、数量等进行了规定，而在2008年发布的《关于上市公司以集中竞价交易方式回购股份的补充规定》中不再对回购期间的现金分红作出强制限制，同时增加了加强实时监测防范内幕交易的内容。具体规定见表6-4。

表6-4　　　　　　　关于上市公司回购股票的规定

二、上市公司应当在股东大会召开前3日，将董事会公告回购股份决议的前一个交易日及召开股东大会的股权登记日登记在册的前10名股东的名称及持股数量、比例，在证券交易所网站予以公布。
三、上市公司股东大会就回购股份作出的决议，应当包括下列事项：
（一）回购股份的价格区间；
（二）拟回购股份的种类、数量和比例；
（三）拟用于回购的资金总额以及资金来源；
（四）回购股份的期限；
（五）决议的有效期；
（六）对董事会办理本次回购股份事宜的具体授权；
（七）其他相关事项。
四、上市公司股东大会对回购股份作出决议，必须经出席会议的股东所持表决权的2/3以上通过。
五、上市公司应当在股东大会作出回购股份决议后的次日公告该决议，依法通知债权人，并将相关材料报送中国证监会和证券交易所备案，同时公告回购报告书。
六、上市公司应当在下列情形履行报告、公告义务：
（一）上市公司应当在首次回购股份事实发生的次日予以公告；

续表

（二）上市公司回购股份占上市公司总股本的比例每增加1%的，应当自该事实发生之日起3日内予以公告； （三）上市公司在回购期间应当在定期报告中公告回购进展情况，包括已回购股份的数量和比例、购买的最高价和最低价、支付的总金额； （四）回购期届满或者回购方案已实施完毕的，上市公司应当停止回购行为，并在3日内公告回购股份情况以及公司股份变动报告，包括已回购股份总额、购买的最高价和最低价以及支付的总金额等内容。 七、上市公司回购股份的价格不得为公司股票当日交易涨幅限制的价格。 八、上市公司不得在以下交易时间进行股份回购的委托： （一）开盘集合竞价； （二）收盘前半小时内； （三）股票价格无涨跌幅限制。 九、上市公司在下列期间不得回购股份： （一）上市公司定期报告或业绩快报公告前10个交易日内； （二）自可能对本公司股票交易价格产生重大影响的重大事项发生之日或者在决策过程中，至依法披露后2个交易日内； （三）中国证监会规定的其他情形。 十、上市公司回购股份期间不得发行股份募集资金。

——资料来源：《关于上市公司以集中竞价交易方式回购股份的补充规定》。

2. 现金要约回购

现金要约回购可分为固定价格要约回购和荷兰式拍卖回购。固定价格要约回购指公司在特定时间发出的以某一高出股票当前市场价格的价格水平，回购既定数量股票的要约。为了在短时间内回购数量相对较多的股票，公司可以宣布固定价格回购要约，这种方式的优点是赋予所有股东向公司出售其所持股票的均等机会，而且这种方式下公司通常享有在回购数量不足时取消回购计划或延长要约有效期的权利。与公开市场回购相比，固定价格要约回购通常被市场认为是更积极的信号，其原因可能是要约价格存在高出市场当前价格的溢价。但是，溢价的存在也使得固定价格回购要约的执行成本较高。

荷兰式拍卖首次出现于1981年Todd造船公司的股票回购。此种方式的股票回购在回购价格确定方面给予公司更大的灵活性。在荷兰式拍卖的股票回购中，首先由公司指定回购价格的范围和计划回购的股票数量，然后股东进行投标，说明愿意以回购价格范围内的某一特定价格水平出售股票的数量；公司汇总所有股东提交的价格和数量，确定此次股票回购的"价格—数量曲线"，并根据实际回购数量确定最终的回购价格。

在要约回购中，确定回购溢价水平或溢价范围最为关键。我国《上市公司回购社会公众股份管理办法》中规定要约回购的价格不得低于回购报告书公告前30个交易日该种股票每日加权平均价的算术平均值。具体规定见表6-5。

表6-5　　　　　　　　　关于要约回购的规定

第三十条　上市公司以要约方式回购股份的，要约价格不得低于回购报告书公告前30个交易日该种股票每日加权平均价的算术平均值。

第三十一条　上市公司以要约方式回购股份的，应当在公告回购报告书的同时，将回购所需资金全额存放于证券登记结算机构指定的银行账户。

要约的期限不得少于30日，并不得超过60日。

第三十二条　上市公司以要约方式回购股份，股东预受要约的股份数量超出预定回购的股份数量的，上市公司应当按照相同比例回购股东预受的股份；股东预受要约的股份数量不足预定回购的股份数量的，上市公司应当全部回购股东预受的股份。

第三十三条　上市公司以要约方式回购境内上市外资股的，还应当符合证券交易所和证券登记结算机构业务规则的有关规定。

——资料来源：《上市公司回购社会公众股份管理办法》。

3. 可转让出售权

在股票回购中，公司不能强迫投资者出售其手中的股票。通常的做法是公司设定股票回购数量的最高限额，每个股东可根据自己的意愿选择接受或拒绝回购要约。在固定价格回购要约中，公司赋予股东一项卖出期权，固定的回购价格即为期权执行价格。当回购价格高于当前市场价格时，期权处于实值状态，具有价值。但是股东只有接受回购要约才能执行其拥有的卖出期权，取得期权价格。如果有些股东出于税收等因素不愿出售自己的股票，则回购要约到期后这些股东不能得到任何收益，实值期权的作废意味着财富由未接受回购要约的股东转移到接受回购要约的股东。为了解决这一问题，人们设计出了可转让出售权方式的股票回购。

可转让出售权是实施股票回购的公司赋予股东在一定期限内以特定价格向公司出售其持有股票的权利。之所以称为"可转让"是因为此权利一旦形成，就可以同依附的股票分离，而且分离后可在市场上自由买卖。执行股票回购的公司向其股东发行可转让出售权，那些不愿出售股票的股东可以单独出售该权利，从而满足了各类股东的需求。此外，因为出售权的发行数量限制了股东向公司出售股票的数量，所以这种方式还可以避免股东过度接受回购要约的情况。

4. 私下协议批量购买

私下协议批量购买通常作为公开市场收购方式的补充措施，价格通常会低于当前市场价格，尤其是在卖方首先提出的情况下。但是有时公司会以超常溢价向某些存在潜在威胁的非控股股东批量购买股票。因为这种股票回购不是以全体股东财富最大化为出发点，所以该行为存在委托代理问题。

5. 交换要约

作为使用现金回购股票的替代方案，公司可以向股东发出债券或优先股的交换要约。交换要约中存在的主要问题是两种证券流动性的差异，为了补偿交换证券缺乏流动性的弱点，公司往往需要支付较高的溢价。或许因为此原因，现实中绝大多数股票回购都采用现金形式进行。

第三节 买壳上市

一、买壳上市的含义

买壳上市，又称为反向收购（Reverse Merge），是指拟上市的公司通过购买一家上市公司（壳公司）的绝大部分股权，控制该公司，然后通过"反向收购"的方式注入自己的资产和业务，成为新的上市公司。所谓壳公司（Public Shell），是指一个上市公司，由于各种原因已经停止了正常的经营业务，但还保留着上市公司的身份和资格。有的壳公司的股票仍然在交易，有的暂时停止了交易。

从买壳上市的含义来看，买壳上市包括以下几个步骤：首先，非上市公司收购一家上市公司，完成"买壳交易"；其次，由上市公司收购"买壳企业"的优良资产或进行资产置换；最后，实现非上市公司的间接上市，利用配股时机提升企业价值。

相对于直接上市，买壳上市具有操作时间短（大约需要 3~9 个月）、上市成功有保障、上市费用相对较低等优点，但是直接上市一旦完成可立即获得资金，而买壳上市则要待上市后推动股价上涨进行融资，才能完成筹集资金的目的。

二、买壳上市的主要方式

"买壳"的方式主要有两种：一种是二级市场收购，是指企业通过二级市场收购上市公司的流通股份，从而获得对上市公司的控股权。在二级市场上公开收购，只要达到控股的股权即视为"买壳"成功，对于股权分散、市场流通量大的目标"壳"公司比较适用。另一种是协议转让，对于股权比较集中，尤其是国有股、法人股控股的企业比较适用。另外，拍卖的方式也时有发生，在资产业务状况极差的壳公司的股权被拍卖时，也可通过参与拍卖获得壳公司的控股权。

三、买壳上市的程序

买壳上市一般要经历四个阶段：聘请财务顾问、选择目标公司、考察评估论证、方案组织实施。

1. 聘请财务顾问

如果企业对于资本运营不熟悉，在准备买壳上市时，一定要聘请专业质素较高且富有经验的财务顾问，以便为公司的买壳上市进行整体策划和组织实施，并由财务顾问协助公司聘请买壳上市所需的会计、评估、法律等方面的中介机构。

2. 选择目标公司

在做出买壳上市的决策后，企业必须在财务顾问的指导下根据自身的资产、财务、经营、战略发展规划等方面的具体情况初步确定目标公司的大致属性，然后对所物色的几家上市公司的行业属性、经营范围、股权结构、资产规模、财务状况、经营状况等诸多方面进行综合衡量，并经过初步沟通和谈判，筛选出最适合自身状况的壳公司。

3. 考察评估论证

确定了目标公司后，尚需对其从财务状况、经营状况、股权结构等方面进行深入的调查分析，以获得较为完整、真实、准确的信息，在此基础上对目标公司的价值进行综合评估论证，从而为整个买壳上市行为提供依据和支持。随后，需结合公司本身和目标公司的情况制定详细的重组方案，并对上市公司未来的经营管理活动进行分析预测。同时，也需对买壳上市做最后的成本效益论证评估。

4. 方案组织实施

在财务顾问的指导与协调及各类中介机构的协助下，买壳方与目标公司的控股方签署系列相关的合同，并在履行相应的义务后进驻上市公司，改组董事会，视具体情况重组经营管理层。同时，着手办理产权过户手续。随后，开始对上市公司的资产、负债、业务、人员等进行重组整合。

案例讨论（6-5）

资料1：安徽出版集团借壳科大创新　传媒业掀上市潮

出版传媒（601999.SH）IPO登陆沪市后，又一家出版企业也在逼近资本市场，而这次是通过借壳方式。

2008年2月28日，科大创新（600551.SH）公告，称其将向安徽出版集团有限责任公司（以下简称安徽出版集团）定向增发不超过1.22亿股，以收购其旗下出版、印刷类资产。当日，停牌近两个月的科大创新，开盘即告涨停，当日收于16.67元。根据公告，此次发行价为13.88元/股，安徽出版集团持有的印刷、传媒类资产，预估值为16.8亿元。

一旦转身出版传媒行业，科大创新每股收益有望增至1元。而安徽出版集团将成为国内第二家整体上市的出版发行企业。除安徽人民出版社外，安徽出版集团旗下的教育出版社、科学技术出版社、文艺出版社、出版印刷物资公司等核心资产几乎全部置入，熟悉安徽出版集团的人士表示："安徽出版集团基本实现了整体上市"。根据重组方案，科大创新第一大股东中科大资产经营公司持股比例将降为11.68%，退居二股东，安徽出版集团则以61.92%的持股成为大股东。重组预案显示，安徽出版集团拟注入的资产，2007年净利润达1.88亿元，其中，安徽教材出版中心实现净利润1.47亿元，而科大创新原有业务尚没有置出计划，重组后会占7%左右的业务份额，以辐射化工产品和电子产品为主。

——资料来源：王传晓：《安徽出版集团借壳科大创新　传媒业掀上市潮》，载于《21世纪经济报道》，2008年2月29日。

资料2：国美借壳上市过程

第一步：控股京华自动化（0493 HK）

（1）2000年，黄光裕认识了素有"金牌壳王"之称的詹培忠，开始运作如何控股京华自动化。

（2）2000年12月6日，China Sino收购鹏润集团部分资产"鹏润大厦"。其中China Sino是黄光裕的关联公司。

（3）2000年12月29日，京华自动化以2 568万港元收购China Sino全部股权，其中1 200万港元是现金支付，其余以每股0.38港元京华自动化16.1%股份支付。至此，京华自动化拥有了房地产概念，黄光裕拥有京华自动化16.1%股份，是第二大股东。第一大股东是詹培忠，持有22.3%京华自动化股份。

（4）2002年3月，京华自动化向Shinning Crown Holding Inc（黄光裕全资壳公司）定向配售13.5亿股，每股价格0.1港元（此时股价0.29港元、每股净资产0.187港元）。至此，黄光裕持有85.6%股份。

（5）2002年4月10日，京华自动化收购鹏润集团部分地产，协议价格1.95亿港元。1.2亿港元现金支付，剩余7 500万港元可转换票据支付。

（6）2002年4月25日，京华自动化股价在利好刺激下涨到0.445港元。黄光裕以每股0.425港元减持11.1%股份，套现7 650万港元，从而避免了全面收购要约义务。至此，黄光裕持有74.5%的股份。

（7）2002年6月20日，京华自动化更名"中国鹏润"。至此，上市公司总股本200亿股。

第二步：国美电器借壳上市

（1）2003年年初，黄光裕成立北京鹏润亿福公司，并100%持股。国美集团将北京国美等 18 家公司股权重组国美电器。其中，北京鹏润亿福持有 65% 股份，黄光裕持有 35% 股份。

（2）2004 年 4 月，北京鹏润亿福将其持有的国美电器 65% 的股权出售给 Ocean Town 公司。协议价格为 2.274 亿港元。Ocean Town 是一家 BVI 公司，黄光裕通过 Gome Hodings（国美控股）全资持有的 Ocean Town 公司。

（3）2004 年 6 月 3 日，中国鹏润（0493，HK）收购 Ocean Town 公司，从而持有国美电器 65% 股权。协议价格 83 亿港元，支付方式分三部分：第一部分是上市公司向黄光裕定向增发 2.4 亿港元的股份；第二部分是上市公司向黄光裕定向发行第一批价值 70.14 亿元的可换股票据；第三部分是上市公司向黄光裕定向发行第二批价值 10.27 亿元的可换股票据。至此，黄光裕持有上市公司 74.9% 股份，如果可转票据转化为股份，则持有 97% 股份。

至此完成国美电器借壳上市过程。

——资料来源：李域：《国美香港借壳上市案例分析》，载于新浪网，http://finance.sina.com.cn/stock/companyresearch/20081125/12015549966.shtml。

第四节 破产清算

一、破产与破产界限

1. 破产的概念与意义

破产是指在债务人不能清偿其到期债务时，由法院强制执行其全部财产，公平清偿全体债权人，或者在法院监督下，由债务人与债权人会议达成和解协议，整顿复苏企业，清偿债务，避免倒闭清算的法律制度。

企业破产是市场经济发展的客观要求，主要表现在：

第一，市场经济的竞争法则就是优胜劣汰，在竞争中获胜的企业得到发展，在竞争中没有获胜的企业则被淘汰、破产，市场机制这只"看不见的手"调整和引导着企业的行为，形成优质产品取代劣质产品、高效企业取代低效企业的良性循环，实现资源要素的优化配置。

第二，企业破产是经济结构调整的一个有效途径。破产可以使社会有限的资源在企业间重新组合，从而带来产业结构、产品结构、企业组织结构的有效调整，促进经济的有效发展。

第三，企业破产是维护债权人和债务人利益，维护经济秩序的重要手段。从本意上讲，破产是债务人以其有限的存量资产偿还债务，实际上是对债权人的一种保护；而对于债务人来说，只要没有违法舞弊行为，没有欺诈和侵害债权人的利益，依法宣告破产、以其资产抵偿债务之后，就可以得到解脱，而对于未能清偿的债务就不再承担偿还责任，这就是破产法对于债务人合法权益的保护。

2. 破产界限

破产界限是指法院宣告债务人破产的法律标准，在破产立法上，对破产界限主要有两种立法方式：一种是列举主义，即在法律中列举若干表明债务人丧失清偿能力的具体破产行为，凡存在这些行为者，便认定达到破产界限；另一种是概括主义，即对破产界限做抽象的概括规定，它着眼于破产发生的一般原因，而不是具体行为。我国《企业破产法》采用的就是概括主义立法方式。具体规定见表6-6。

表6-6　　　　　　　　　　关于破产的界定

第二条　企业法人不能清偿到期债务，并且资产不足以清偿全部债务或者明显缺乏清偿能力的，依照本法规定清理债务。 企业法人有前款规定情形，或者有明显丧失清偿能力可能的，可以依照本法规定进行重整。

——资料来源：《中华人民共和国企业破产法》。

二、破产的一般程序

企业破产不仅涉及该企业的债权人、股东、员工，还有可能影响到资本市场、当地政府乃至社会公众，各国政府对于企业破产程序都有非常详细的法律规定，只有在法院等机构的监督下，遵照严格的法律程序，才能尽最大可能的保护相关主体的利益，将企业破产的不良影响降到最低。根据我国《企业破产法》的规定，破产清算的基本程序大致可分为破产申请、债权人会议、重整和解和破产宣告与破产清算四个阶段。

1. 破产申请阶段

当债务人不能清偿到期债务时，债权人可以申请宣告债务人破产，使自己的债权得以最大限度的实现；而债务人在面对不能清偿到期债务的情况下，为摆脱资不抵债的困境，也可以向法院申请宣告自己破产。目前，多数企业的破产申请是由破产企业自己提出。

提出破产申请，应当采取书面形式提交破产申请书等相关材料，提交的破产申请材料，因申请人不同而有所不同。债权人申请破产时，应向法院提交的材料有：债权发生事实及有关证据；债权的性质、数额；债权有无财产担保，债务人不能清偿到期债务的有关证据。债务人提出破产申请时，应向法院提交的材料有：企业亏损情况说明；财务报表，企业财务状况明细表和有形财产的处所；债权清册和债务清册；职工安置预案以及职工工资的支付和社会保险费用的缴纳情况等材料。

法院在接到破产申请后，应当依照破产法的有关规定进行审查，并在规定期限内决定是否立案受理。具体规定见表6-7。经审查认为符合受理条件的，用裁定的方式予以立案；认为不符合受理条件的，则做出驳回破产申请的裁定。法院做出受理破产申请的裁定，即标志着破产程序的开始。

表6-7　　　　　　　　　关于受理时间的规定

第十条　债权人提出破产申请的，人民法院应当自收到申请之日起五日内通知债务人。债务人对申请有异议的，应当自收到人民法院的通知之日起七日内向人民法院提出。人民法院应当自异议期满之日起十日内裁定是否受理。

除前款规定的情形外，人民法院应当自收到破产申请之日起十五日内裁定是否受理。

有特殊情况需要延长前两款规定的裁定受理期限的，经上一级人民法院批准，可以延长十五日。

第十一条　人民法院受理破产申请的，应当自裁定作出之日起五日内送达申请人。

债权人提出申请的，人民法院应当自裁定作出之日起五日内送达债务人。债务人应当自裁定送达之日起十五日内，向人民法院提交财产状况说明、债务清册、债权清册、有关财务会计报告以及职工工资的支付和社会保险费用的缴纳情况。

第十二条　人民法院裁定不受理破产申请的，应当自裁定作出之日起五日内送达申请人并说明理由。申请人对裁定不服的，可以自裁定送达之日起十日内向上一级人民法院提起上诉。

人民法院受理破产申请后至破产宣告前，经审查发现债务人不符合本法第二条规定情形的，可以裁定驳回申请。申请人对裁定不服的，可以自裁定送达之日起十日内向上一级人民法院提起上诉。

第十三条　人民法院裁定受理破产申请的，应当同时指定管理人。

第十四条　人民法院应当自裁定受理破产申请之日起二十五日内通知已知债权人，并予以公告。

通知和公告应当载明下列事项：
（一）申请人、被申请人的名称或者姓名；
（二）人民法院受理破产申请的时间；
（三）申报债权的期限、地点和注意事项；
（四）管理人的名称或者姓名及其处理事务的地址；
（五）债务人的债务人或者财产持有人应当向管理人清偿债务或者交付财产的要求；
（六）第一次债权人会议召开的时间和地点；
（七）人民法院认为应当通知和公告的其他事项。

——资料来源：《中华人民共和国企业破产法》。

2. 债权人会议阶段

债权人会议是全体债权人表达各自意愿并对破产事项进行决议的组织机构，

其职权主要有：审查有关债权的证明材料，确认债权有无财产担保及数额；讨论通过和解协议草案；讨论通过破产财产的处理和分配方案。债权人会议的决议，由出席会议的有表决权的债权人过半数通过，并且所代表的债权额必须占无财产担保债权总额的半数以上，而且通过和解协议草案决议的债权额必须占无财产担保债权总额的1/2以上。债权人会议的决议对于全体债权人均有约束力。关于债权人会议的相关规定见表6-8。

表6-8　　　　　　　　　债权人会议的具体规定

第五十九条　依法申报债权的债权人为债权人会议的成员，有权参加债权人会议，享有表决权。

债权尚未确定的债权人，除人民法院能够为其行使表决权而临时确定债权额的外，不得行使表决权。

对债务人的特定财产享有担保权的债权人，未放弃优先受偿权利的，对于本法第六十一条第一款第七项、第十项规定的事项不享有表决权。

债权人可以委托代理人出席债权人会议，行使表决权。代理人出席债权人会议，应当向人民法院或者债权人会议主席提交债权人的授权委托书。

债权人会议应当有债务人的职工和工会的代表参加，对有关事项发表意见。

第六十条　债权人会议设主席一人，由人民法院从有表决权的债权人中指定。

债权人会议主席主持债权人会议。

第六十一条　债权人会议行使下列职权：

（一）核查债权；

（二）申请人民法院更换管理人，审查管理人的费用和报酬；

（三）监督管理人；

（四）选任和更换债权人委员会成员；

（五）决定继续或者停止债务人的营业；

（六）通过重整计划；

（七）通过和解协议；

（八）通过债务人财产的管理方案；

（九）通过破产财产的变价方案；

（十）通过破产财产的分配方案；

（十一）人民法院认为应当由债权人会议行使的其他职权。

债权人会议应当对所议事项的决议作成会议记录。

第六十二条　第一次债权人会议由人民法院召集，自债权申报期限届满之日起十五日内召开。

以后的债权人会议，在人民法院认为必要时，或者管理人、债权人委员会、占债权总额四分之一以上的债权人向债权人会议主席提议时召开。

第六十三条　召开债权人会议，管理人应当提前十五日通知已知的债权人。

第六十四条　债权人会议的决议，由出席会议的有表决权的债权人过半数通过，并且其所代表的债权额占无财产担保债权总额的二分之一以上。但是，本法另有规定的除外。

债权人认为债权人会议的决议违反法律规定，损害其利益的，可以自债权人会议作出决议之日起十五日内，请求人民法院裁定撤销该决议，责令债权人会议依法重新作出决议。

债权人会议的决议，对于全体债权人均有约束力。

——资料来源《中华人民共和国企业破产法》。

3. 重整和解阶段

重整和解阶段也被称为预防破产程序。重整,是指债权人与债务人达成和解协议,经法院认可生效后,企业进行全面整顿,使其扭亏为盈,以恢复清偿债务的能力;和解,是指破产程序开始后,债务人与债权人在互谅互让的基础上,就到期的债务延期偿还或减少债务数额,进行整顿等事项达成协议,经法院认可后,由法院公告中止破产程序。虽然重整与和解不是破产的必经程序,但是通过企业资产业务财务的重整,可能避免企业被破产清算的命运,给企业继续发展的可能。从长远来看,更大程度地保障债权人的利益,所以,重整和解阶段具有重要的意义。我国《企业破产法》对于重整和解作出了详细的规定[①]。

4. 破产宣告与破产清算阶段

(1) 破产宣告。

破产宣告标志着破产程序进入实质性阶段,是指法院在受理破产案件后,依法裁定宣告债务人破产的行为。一旦企业被宣告破产,便失去了民事主体资格,裁定自公告之日起发生法律效力,破产企业即日起停止正常经营活动。关于破产宣告的规定见表6-9。

表6-9　　　　　　　　破产宣告的具体规定

第一百零七条　人民法院依照本法规定宣告债务人破产的,应当自裁定作出之日起五日内送达债务人和管理人,自裁定作出之日起十日内通知已知债权人,并予以公告。 债务人被宣告破产后,债务人称为破产人,债务人财产称为破产财产,人民法院受理破产申请时对债务人享有的债权称为破产债权。 第一百零八条　破产宣告前,有下列情形之一的,人民法院应当裁定终结破产程序,并予以公告: (一)第三人为债务人提供足额担保或者为债务人清偿全部到期债务的; (二)债务人已清偿全部到期债务的。

——资料来源:《中华人民共和国企业破产法》。

(2) 破产清算。

法院应当自裁定受理破产申请的之日起,同时指定管理人,管理人可以由有关部门、机构的人员组成的清算组或者依法设立的律师事务所、会计师事务所、破产清算事务所等社会中介机构担任。

管理人履行下列职责:

接管债务人的财产、印章和账簿、文书等资料;调查债务人财产状况,制作

[①] 《中华人民共和国企业破产法》对重整和解做了非常详细的规定,在此不便一一列举,具体规定见附录2。

财产状况报告；决定债务人的内部管理事务；决定债务人的日常开支和其他必要开支；在第一次债权人会议召开之前，决定继续或者停止债务人的营业；管理和处分债务人的财产；代表债务人参加诉讼、仲裁或者其他法律程序；提议召开债权人会议；人民法院认为管理人应当履行的其他职责。

破产财产最后分配完结后，由管理人提请法院裁定终结破产程序，未得到清偿的债权不再清偿，清偿顺序见表6-10。法院自收到管理人终结破产程序的请求之日起十五日内做出是否终结破产程序的裁定，裁定终结的，应当予以公告。管理人应当自破产程序终结之日起十日内，持人民法院终结破产程序的裁定，向破产人的原登记机关办理注销登记。

表6-10　　　　　　　　破产财产清偿顺序的具体规定

第一百一十三条　破产财产在优先清偿破产费用和共益债务后，依照下列顺序清偿：
（一）破产人所欠职工的工资和医疗、伤残补助、抚恤费用，所欠的应当划入职工个人账户的基本养老保险、基本医疗保险费用，以及法律、行政法规规定应当支付给职工的补偿金；
（二）破产人欠缴的除前项规定以外的社会保险费用和破产人所欠税款；
（三）普通破产债权。
破产财产不足以清偿同一顺序的清偿要求的，按照比例分配。
破产企业的董事、监事和高级管理人员的工资按照该企业职工的平均工资计算。
第一百一十四条　破产财产的分配应当以货币分配方式进行。但是，债权人会议另有决议的除外。

——资料来源：《中华人民共和国企业破产法》。

●本章思考题

1. 本章涉及的资本运营模式与并购模式的关系是什么？
2. 资产剥离包括哪些具体的方式？为什么要进行资产剥离？
3. 一般在什么情况下，企业会进行股份回购？股份回购可采用哪些方式？
4. 买壳上市与直接上市有何区别？买壳上市如何操作？
5. 一个规范的破产过程需要进行哪些程序，采取哪些措施？

第七章 资本运营的融资渠道与支付方式

内容提要： 资本运营的融资渠道；资本运营的支付方式

第一节 资本运营的融资渠道

一、融资渠道

融资活动是企业资本运营过程中不可缺少的财务活动，资本运营的融资渠道从来源上可以分为内源融资和外源融资。其中，内源融资主要是指企业的自有资金和在生产经营过程中的资金积累部分；外源融资则是从企业外部获得资金，主要包括直接融资和间接融资两类方式。直接融资是指企业不通过银行等金融机构，而是通过证券市场直接向投资者发行股票、公司债、信托产品等方式获得资金的一种融资方式；间接融资是指企业通过银行、非银行金融机构的贷款获得资金的一种融资方式。按照融资中产权关系的不同，融资渠道还可以分为权益融资（或股权融资）和债务融资，权益资金无须还本付息，被视为企业的永久性资本；而债务资金必须定期还本付息，它是企业财务风险的主要来源。

二、内源融资

内源融资是指企业不断将自己的积累转化为投资的过程，它主要由企业留存收益、折旧、应收账款、各种资产出售收入等构成。内源融资对企业的资本形成具有原始性、自主性、低成本和抗风险的特点，其实质是通过减少企业的现金流出挖掘内部资金潜力，提高内部资金使用效率。一般而言，内源融资是企业首选的融资方式，是企业资本运营资金的基础性来源。

相对于外源融资，内源融资一般具有以下优点：

1. 内生性

内源融资是企业原始资本积累和剩余价值资本化过程,不需要其他金融中介,因而具有内生性。内源融资取得的资金是企业产权所有者的自有资本,是企业承担民事责任和自主经营、自负盈亏的基础,也是企业进行外源融资的保证,因为投资者将根据企业的内源融资能力,来衡量对企业投资的风险,进而影响企业进行外源融资时所能取得的融资规模和成本。

2. 融资成本较低

相对于外源融资,内源融资不需要支付利息或股利,不会减少企业的现金流量,也不需支付任何融资费用,如券商费用、会计师费用、律师费用等,因而融资成本相对较低。

3. 有利于企业降低财务风险

财务风险是指企业由于举债而给企业财务成果带来的不确定性。企业进行内源融资,不存在偿付风险,不会产生到期还本付息或支付股利的压力,企业内源融资取得的资金在资本结构中所占比例越大,企业的财务风险越小。

4. 具有产权控制权

企业权益资本的多少及分散程度对企业控制权和剩余索取权的分配有决定性作用。通过内源融资方式融资,既可以避免因向银行贷款或向债权人发行债券而使债权人对企业进行相机控制,又可避免因对外股权融资稀释原股东的每股收益和对企业控制权,同时还可以增加公司的净资产,支持公司扩大其他方式的融资。

5. 使股东获得税收上的好处

如果企业将税后利润全部分配给股东,则需要缴纳个人所得税;相反,少发股利能增加每股净资产,对于上市公司,可能引发股价上涨,股东可出售部分股票来代替其股利收入,而所缴纳的资本利得税一般远远低于个人所得税。

内源融资的缺点则主要表现在以下三个方面:

(1) 内源融资受公司盈利能力及积累的影响,融资规模受到较大的制约,不可能进行大规模的融资。

(2) 分配股利的比例会受到某些股东的限制,他们可能从自身利益考虑,要求股利支付比率要维持在一定水平。

(3) 股利支付过少不利于吸引股利偏好型的机构投资者,减少了公司投资的吸引力，同时，股利支付很少可能说明公司盈利能力较差、公司现金较为紧张，从而影响今后的外源融资。

三、外源融资

外源融资是指企业吸收其他经济主体的储蓄，以转化为自己投资的过程。从企业外部筹资具有速度快、弹性大、资金量大的优点，但企业需要负担高额成本，因此产生较高的风险。外源融资主要分为间接融资和直接融资两种。间接融资包括商业银行信贷资金、非银行金融机构资金、其他公司资金、民间资金、外资等，其中，银行贷款是间接融资最主要的形式；直接融资主要指发行证券融资，包括发行普通股、优先股、债券、可转换证券、认股权证等。而对于创业阶段的具有较大潜力的企业尤其是高科技企业，吸引风险投资也不失为一种有效的外源融资渠道。

1. 普通股融资

普通股的基本特点是：投资收益不是在购买时约定，而是事后根据公司的经营业绩来确定。持有普通股的股东，享有参与经营权、收益分配权、资产分配权、优先购股权和股份转让权等。从公司的角度来看，普通股融资不必支付固定的股利给股东，反而因为没有固定的到期日，无须到时偿还本金。增发普通股，有助于提高公司的信誉，使公司举债成本降低，并增加公司未来的融资能力。而对于股东而言，普通股代表了公司的所有权，故相对于优先股或债券，普通股所提供的报酬率相对较高。

普通股融资具有下列缺点：

（1）分散了公司的控制权。由于普通股股东通常都享有投票权，对外发行新股意味着公司的部分控制权转给新的股东。如果普通股发行太多，发行公司本身也将面临被收购的危险。例如，有公司试图通过收购流通在外普通股的方式来取得其他公司超过半数的股份，以达到接收公司的目的。由于普通股股东可以亲自出席股东大会行使投票权，也可以使用委托书委托代理人代为行使投票权，于是一些有收购意愿的人会收购委托书，然后在股东大会上投票，以推翻现有的管理层，这便是"委托书争夺战"。

（2）让渡了公司的收益权。对外发行新股，容易使新股东坐享其成，即当未来公司的盈余激增时，新股东享有与旧股东同样的权利。

（3）较高的融资费用。普通股融资审查成本较高、发行周期长，且普通股的定价通常较债券或优先股低，而承销费用通常要较优先股或债券的承销费用高。

（4）改变公司资本结构。过多的普通股融资会使公司无法达到平均资金成本最低的最佳资本结构。

（5）税收支出增加。由于付给债权人的利息可在税前扣除，而付给股东的股利需在税后支付，因而相对而言，公司采用普通股融资越多，其缴纳的所得税也越多。

按照我国《公司法》和《证券法》的有关规定，面向公众公开发行股票的筹资方式，只有股份有限公司才能采用，还要具备相应的条件，而公开发行股票的股份有限公司如果要申请股票挂牌上市交易，其股本规模、公开发行份额等也要达到要求。

应具备的条件如表7-1。

表7-1　　　　　　　　　公开发行股票和上市交易的条件

第十三条　公司公开发行新股，应当符合下列条件：   （一）具备健全且运行良好的组织机构；   （二）具有持续盈利能力，财务状况良好；   （三）最近三年财务会计文件无虚假记载，无其他重大违法行为；   （四）经国务院批准的国务院证券监督管理机构规定的其他条件。   上市公司非公开发行新股，应当符合经国务院批准的国务院证券监督管理机构规定的条件，并报国务院证券监督管理机构核准。   第五十条　股份有限公司申请股票上市，应当符合下列条件：   （一）股票经国务院证券监督管理机构核准已公开发行；   （二）公司股本总额不少于人民币三千万元；   （三）公开发行的股份达到公司股份总数的百分之二十五以上；公司股本总额超过人民币四亿元的，公开发行股份的比例为百分之十以上；   （四）公司最近三年无重大违法行为，财务会计报告无虚假记载。   证券交易所可以规定高于前款规定的上市条件，并报国务院证券监督管理机构批准。

——资料来源：《中华人民共和国证券法》。

2009年，我国在深圳证券交易所设立创业板，在创业板上市的企业必须满足表7-2所示的条件。

表7-2　　　　　　　　首次公开发行股票在创业板上市的条件

第十条　发行人申请首次公开发行股票应当符合下列条件：   （一）发行人是依法设立且持续经营三年以上的股份有限公司。   有限责任公司按原账面净资产值折股整体变更为股份有限公司的，持续经营时间可以从有限责任公司成立之日起计算。   （二）最近两年连续盈利，最近两年净利润累计不少于一千万元，且持续增长；或者最近一年盈利，且净利润不少于五百万元，最近一年营业收入不少于五千万元，最近两年营业收入增长率均不低于百分之三十。净利润以扣除非经常性损益前孰低者为计算依据。   （三）最近一期末净资产不少于两千万元，且不存在未弥补亏损。   （四）发行后股本总额不少于三千万元。

——资料来源：《首次公开发行股票在创业板上市管理办法》。

2. 优先股融资

优先股是股份公司专为某些获得优先特权的投资者设计的一种股票。它的主要特点是：一般预先确定股息收益率；优先股东一般无选举权和投票权；有优先求偿权，能比普通股优先领取股息，在公司破产时可优先分配剩余资产。

从发行公司的角度看，优先股具有以下优点：

（1）公司可凭借发行优先股来使融资成本保持不变，并得以将更多的未来潜在利润增长保留给普通股股东。

（2）优先股一般没有到期时间和收回资金的规定，相对于负债，它们通常不会给公司带来太大的现金流压力。

（3）通过发行优先股而非普通股融资，公司普通股股东可以避免与新投资者一起分享盈余与控制权。

优先股筹资的缺点主要表现在：

（1）优先股的股息是在所得税后支付，因此，优先股的税后资金成本要高于负债的税后资金成本。

（2）优先股股东往往负担了相当大的风险，却只能收取固定的报酬，因而发行效果上可能不如债券。

3. 债券融资

债券是公司为了筹集资本，按照法定程序发行并承担在指定时间内支付一定利息和偿还本金义务的有价证券。从法律的角度看，债券是一种表示债务关系的凭证。

债券与股票的区别主要表现在：

（1）期限不同。股票只付股息，不需归还本金，故股票不存在期限问题；而债券一般都有固定的期限，到期要还本付息。

（2）投资者拥有的权利不同。投资者购买债券投资，与发行者是借贷关系，投资者的权利就是到期获得本息，但无权参与发行公司的经营管理，也不承担偿还公司债务的责任。投资者购买股票进行投资后，他就成为股东，因而有权参与企业管理，并获得股利，同时还要按持股比例承担企业经营风险的责任。

（3）收益的保障程度不同。债券持有者所持有的债券一旦到期，则不论融资者的经营状况如何都要还本付息。但股票股息与企业的盈利情况有关，公司盈利多则可多派发红利，公司盈利少则可少派发红利，甚至可以在盈利的情况下决定不派发。

（4）税收负担不同。债券利息在公司缴纳所得税前支付，而股息在缴纳所得税后支付。

根据发行主体的不同，我国的债券可以分为国债、金融债券、公司债券。国债是由财政部代表中央政府发行的债券，以国家信用作为偿还的保证，因此国债在所有债券品种中信用等级最高，但票面利率最低，投资人购买国债的利息收入免征个人所得税。金融债券是由银行和非银行金融机构（保险公司、证券公司等）发行的债券，金融债券票面利率通常高于国债，但低于公司债券，金融债券面向机构投资者发行，在银行间债券市场交易。公司债券是指由非金融公司发行的债券，公司债券票面利率高于国债和金融债券，部分公司债券面向社会公开发行，在证券交易所上市交易。企业进行资本运营筹资只能采取发行公司债券筹资。

按照我国《公司法》和《证券法》的有关规定，具有发行债券和债券上市交易所需具备的条件见表7-3。

表7-3　　　　　　　我国发行公司债券的条件

第十六条　公开发行公司债券，应当符合下列条件： （一）股份有限公司的净资产不低于人民币三千万元，有限责任公司的净资产不低于人民币六千万元； （二）累计债券余额不超过公司净资产的百分之四十； （三）最近三年平均可分配利润足以支付公司债券一年的利息； （四）筹集的资金投向符合国家产业政策； （五）债券的利率不超过国务院限定的利率水平； （六）国务院规定的其他条件。 公开发行公司债券筹集的资金，必须用于核准的用途，不得用于弥补亏损和非生产性支出。上市公司发行可转换为股票的公司债券，除应当符合第一款规定的条件外，还应当符合本法关于公开发行股票的条件，并报国务院证券监督管理机构核准。 第十八条　有下列情形之一的，不得再次公开发行公司债券： （一）前一次公开发行的公司债券尚未募足； （二）对已公开发行的公司债券或者其他债务有违约或者延迟支付本息的事实，仍处于继续状态； （三）违反本法规定，改变公开发行公司债券所募资金的用途。 第五十七条　公司申请公司债券上市交易，应当符合下列条件： （一）公司债券的期限为一年以上； （二）公司债券实际发行额不少于人民币五千万元； （三）公司申请债券上市时仍符合法定的公司债券发行条件。 第六十条　公司债券上市交易后，公司有下列情形之一的，由证券交易所决定暂停其公司债券上市交易： （一）公司有重大违法行为； （二）公司情况发生重大变化不符合公司债券上市条件的； （三）公司债券所募集资金不按照核准的用途使用； （四）未按照公司债券募集办法履行义务； （五）公司最近两年连续亏损。

——资料来源：《中华人民共和国证券法》。

4. 可转换证券融资

可转换证券是指持有人可将其转换为公司普通股的债券或优先股,当可转换证券被持有人转成普通股之后,会降低公司的负债比率,公司将更容易筹措到新的资金,其资本结构也更为稳健。由于可转换证券发行之初可为投资者提供固定报酬,这等于单纯投资于公司债或优先股;而当公司资本报酬率上升、公司普通股价格上升时,投资者又拥有转换为普通股的权利,所以从投资者角度看,转换溢价是值得支付的,他们往往乐于接受这种收益较低的可转换证券。在发行可转换证券的资格、金额、期限、转股价格等方面,我国相关法规做了相应的规定,如近3年净资产利润率一般要求平均达到10%以上,发行额不少于人民币1亿元,期限为3~5年,转股价格以发行可转换公司债券前1个月股票的平均价格为基准,上浮一定幅度。具体规定见表7-4。

表7-4　　　　　　　　关于可转换债券的规定

第九条　上市公司发行可转换公司债券,应当符合下列条件: (一) 最近3年连续盈利,且最近3年净资产利润率平均在10%以上;属于能源、原材料、基础设施类的公司可以略低,但是不得低于7%; (二) 可转换公司债券发行后,资产负债率不高于70%; (三) 累计债券余额不超过公司净资产额的40%; (四) 募集资金的投向符合国家产业政策; (五) 可转换公司债券的利率不超过银行同期存款的利率水平; (六) 可转换公司债券的发行额不少于人民币1亿元; (七) 国务院证券委员会规定的其他条件。 **第十二条**　股东大会作出的发行可转换公司债券的决议或者国有企业主管部门同意发行可转换公司债券的文件,应当包括以下内容: (一) 可轮换公司债券的发行总额; (二) 票面金额; (三) 可转换公司债券利率; (四) 转股价格确定方式; (五) 转换期; (六) 募集资金用途; (七) 可转换公司债券还本付息的期限和方式; (八) 赎回条款及回售条款; (九) 股东大会决定的或者国有企业主管部门同意的其他事项。股东大会决议还应当包括股东购买可转换公司债券的优先权的内容。 **第十三条**　可转换公司债券采取记名式无纸化发行方式。 **第十四条**　可转换公司债券的最短期限为3年,最长期限为5年。 **第十五条**　有下列情形之一的,不得发行可转换公司债券: (一) 前一次发行的债券尚未募足的; (二) 对已发行的债券有延迟支付本息的事实,且仍处于继续延期支付状态的。

续表

> 第十六条　发行转换公司债券，发行人必须公布可转换公司债券募集说明书。募集说明书应当包括下列内容：
> （一）发行人的名称；
> （二）批准发行可转换公司债券的文件及其文号；
> （三）发行人的基本情况介绍；
> （四）最近3年的财务状况；
> （五）发行的起止日期；
> （六）可转换公司债券票面金额及发行总额；
> （七）可转换公司债券利率和付息日期；
> （八）募集资金的用途；
> （九）可转换公司债券的承销及担保事项；
> （十）可转换公司债券偿还方法；
> （十一）申请转股的程序；
> （十二）转股价格的确定和调整方法；
> （十三）转换期；
> （十四）转换年度有关利息、股利的归属；
> （十五）赎回条款及回售条款；
> （十六）转股时不足1股金额的处理；
> （十七）中国证监会规定的其他事项。
> 第十七条　上市公司发行可转换公司债券的，以发行可转换公司债券前1个月股票的平均价格为基准，上浮一定幅度作为转股价格。重点国有企业发行可转换公司债券的，以拟发行股票的价格为基准，折扣一定比例作为转股价格。

——资料来源：《可转换公司债券管理暂行办法》。

可转换证券对公司筹措资金有以下优点：

（1）由于其具有高度灵活性，公司可依据具体情况，设计出不同报酬率、不同转换溢价等条件的可转换证券，以寻求最佳的长期筹资方式。

（2）可转换证券的报酬率一般较低，这样就使得可转换证券的资本成本较低，大大减轻了公司的筹资成本压力。

（3）由于可转换公司债和可转换优先股等可转换证券一般要转换为没有还本期限的普通股，故发行可转换证券可为公司提供长期、稳定的资金来源。

利用可转换证券筹措资金具有以下缺点：

（1）当股票市价猛涨而且大大高于普通股转换价格时，发行可转换证券反而会使公司蒙受财务损失。

（2）当普通股市价没有按预期的那样上涨时，可转换证券的转换就无法实现，一方面公司几乎不可能再发行新的可转换证券；另一方面，会导致投资者对公司财务状况的怀疑，从而断绝公司采用其他非可转换证券获得新的长期资金的来源。

(3) 当可转换证券的转换顺利实现时,转换本身就意味着对公司原有股东参与权的稀释,也会引起对公司经营管理的干涉。

综上所述,可转换证券是一种极好的筹措长期资本的工具,在公司普通股市价偏低的情况下常常使用,也可应用于收购股息制度不同的其他企业。

5. 认股权证融资

认股权证是一种由公司发行的长期选择权,它允许持有人按某一特定价格买进既定数量的股票。认股权证通常与公司的长期债券一起发行,以吸引投资者前来购买利率低于正常水平的长期债券。

认股权证在性质上与可转换证券有相同之处,但两者又有明显差别:当可转换证券被转换时,相当于发行新的普通股,但公司资本并未因此增加。这是由于资本在可转换证券出售的支出就已经增加了,在证券转换之时,只是一种证券(公司债)转换成另一种证券(普通股股票),即由债务资本转换为权益资本;而在认股权证被行使时,原来发行的公司债尚未收回,因此所发行的普通股意味着一批新的资金流入公司,这些新投入的资金可用于公司的运营。

由于认股权证代表了一种长期选择权,所以附有认股权证的债券或股票往往对投资者有较大的吸引力。从实践看,认股权证能在下列情况下推动公司有价证券的发售。

(1) 当公司处于信用危机边缘时,利用认股权证,可诱使投资者购买公司债;否则,公司债难以售出,甚至不能售出。

(2) 在金融紧缩时期,一些财务基础较好的公司也可用认股权证吸引投资者。

案例讨论(7-1):

资料1:上海国际港务(集团)股份有限公司认股权证融资

1. 认股权证简称:上港CWB1
2. 交易代码:580020
3. 权证类别:认股权证
4. 行权方式:欧式
5. 行权简称:ES090306
6. 行权代码:582020
7. 标的证券代码:600018
8. 标的证券简称:上港集团
9. 发行数量:29 155万份
10. 发行方式:每手上港集团分离交易可转债的最终认购人可以同时获得发

行人派发的 119 份认股权证。

11. 行权比例：1:1，即每 1 份认股权证代表 1 股公司发行的 A 股股票的认购权利。

12. 行权价格：8.40 元/股，行权价格和行权比例的调整按照上海证券交易所的有关规定执行。

13. 本次认股权证上市流通数量：29 155 万份

14. 结算方式：证券给付方式结算，即认股权证持有人行权时，应支付依行权价格及行权比例计算的价款，并获得相应数量的上港集团无限售条件的 A 股股票。

15. 上市日期：2008 年 3 月 7 日

16. 权证存续期：2008 年 3 月 7 日至 2009 年 3 月 6 日

17. 行权期：2009 年 3 月 2 日至 2009 年 3 月 6 日中的交易日（行权期间权证停止交易）

18. 上市地点：上海证券交易所

19. 登记结算机构：中国证券登记结算有限责任公司上海分公司

20. 保荐人：国泰君安证券股份有限公司

21. 一级交易商：国泰君安证券股份有限公司、申银万国证券股份有限公司

——资料来源：《上海国际港务（集团）股份有限公司认股权证上市公告书》，载于《上海证券报》，2008 年 3 月 5 日。

资料 2：四川长虹认股权证融资

1. 认股权证简称：长虹 CWB1
2. 权证代码：580027
3. 权证类别：认购权证
4. 行权方式：欧式
5. 行权简称：ES110818
6. 行权代码：582027
7. 标的证券代码：600839
8. 标的证券简称：四川长虹
9. 发行数量：57 300 万份
10. 发行方式：每手四川长虹分离交易可转债的最终认购人可以同时获得发行人派发的 191 份认股权证
11. 行权比例：1:1，即每一份认股权证代表一股公司发行之 A 股股票的认购权利
12. 行权价格：5.23 元/股，行权价格和行权比例的调整按照上海证券交易所的有关规定执行

13. 本次认股权证上市流通数量：57 300 万份
14. 结算方式：证券给付方式结算，即认股权证持有人行权时，应支付依行权价格及行权比例计算的价款，并获得相应数量的四川长虹无限售条件的A股股票
15. 上市日期：2009 年 8 月 19 日
16. 权证存续期：2009 年 8 月 19 日～2011 年 8 月 18 日
17. 行权期：2011 年 8 月 12 日～2011 年 8 月 18 日的交易日，遇节假日提前（行权期间权证停止交易）
18. 上市地点：上海证券交易所
19. 登记结算机构：中国证券登记结算有限责任公司上海分公司
20. 保荐人：招商证券股份有限公司
21. 一级交易商：招商证券股份有限公司、宏源证券股份有限公司

——资料来源：《四川长虹认股权证上市公告书》，载于《上海证券报》，2009 年 8 月 17 日。

资料 3：风险因素

1. 标的证券价格发生不利变动的风险

本认股权证的标的证券为四川长虹A股股票，当市场环境、四川长虹的经营状况等发生不利变化时，会造成四川长虹A股股票价格波动，影响认股权证的价格，从而可能给认股权证投资者造成损失。

2. 认股权证价格波动风险

影响认股权证价格的因素通常包括但不限于：宏观经济环境、标的证券价格、标的证券价格波动幅度、股息、利率、权证存续期、发行人经营状况等多种因素，以上各种因素的变化可能导致认股权证价格发生大幅变动。同时认股权证具有杠杆效应，其波动幅度往往超过标的证券价格的波动幅度。因此投资于认股权证的风险通常情况下会高于投资于标的证券的风险，而且认股权证目前采用 T+0 交易制度，其交易可能带有较强的投机性，价格波动幅度较大，投资者在投资认股权证之前，应该对认股权证的风险特性有充分认识。

3. 市场操纵风险

由于认股权证的杠杆效应，不能排除市场上的某些投资者试图通过操纵标的证券价格，在认股权证市场套利的情况。当出现这种情况时，认股权证价格可能出现剧烈波动，从而使认股权证投资者遭受重大损失。

4. 市场流动性风险

由于认股权证的特殊性，可能会出现二级市场交易不活跃甚至出现无法持续成交的情况，从而使认股权证缺乏流动性，导致投资者的利益无法顺利实现。

5. 部分或全部认股权证行权可能会摊薄现有股东所拥有的权益

在认股权证行权期内，如果认股权证持有人对部分或全部认股权证进行行权将会摊薄现有股东所拥有的权益。在公开市场出售任何因行权而新发行的股份有可能对流通股份的价格造成影响。

6. 关于欧式认股权证的特殊规定所带来的风险

本次发行的认股权证为欧式认股权证，仅可于行权期执行。如果在行权期标的证券价格低于行权价时，认股权证投资价值将会丧失。如果到期后不行权，则认股权证持有人的权利自动丧失。

——资料来源：《四川长虹认股权证上市公告书》，载于《上海证券报》，2009年8月17日。

6. 吸引风险投资

风险投资（venture capital，VC），是由职业金融家投入到新兴的、迅速发展的、有巨大竞争潜力的企业中的一种权益资本。从投资行为的角度来讲，风险投资是把资本投向蕴藏着很大失败风险的高新技术及其产品的研究开发领域，旨在促使高新技术成果尽快商品化、产业化，以取得高资本收益的一种投资过程。从运作方式来看，风险投资是指由专业化人才管理下的投资中介向特别具有潜能的高新技术企业投入风险资本的过程，也是协调风险投资家、技术专家、投资者的关系，利益共享，风险共担的一种投资方式。对于新兴的、有高速成长性的企业，吸引风险投资，是获得资金的一条重要渠道。

风险投资是一种权益资本，而非借贷资本，与银行贷款相比，风险资本的成本较高，但是对于处于创业阶段的企业而言，它也许是唯一可行的资金来源。这是因为风险投资机制与银行贷款完全不同，其差别在于：第一，银行贷款追求安全性，回避风险；而风险投资却偏好高风险项目，追逐高风险后隐藏的高收益，意在管理风险，驾驭风险。第二，银行贷款以流动性为本；而风险投资却以不流动性为特点，在相对不流动中寻求增长。第三，银行贷款关注企业的现状、企业目前的资金周转和偿还能力；而风险投资放眼未来的收益和高成长性。第四，银行贷款考核的是实物指标；而风险投资考核的是被投资企业的管理队伍是否具有管理水平和创业精神，考核的是高科技的未来市场。第五，投资企业的管理队伍是否具有管理水平和创业精神，考核的是高科技的未来市场。第六，银行贷款需要抵押、担保，它一般投向成长和成熟阶段的企业；而风险投资不要抵押、不要担保，它投资到新兴的、有高速成长性的企业和项目。

一般而言，风险投资具有以下特征：

（1）投资对象对为处于创业期（start-up）的中小型企业，而且多为高新技术企业。

（2）投资期限至少 3~5 年以上，投资方式一般为股权投资，但不要求控股权，也不需要任何担保或抵押。

（3）投资决策建立在高度专业化和程序化的基础之上。

（4）风险投资人（venture capitalist）一般积极参与被投资企业的经营管理，提供增值服务；除了种子期（seed）融资外，风险投资人一般也对被投资企业以后各发展阶段的融资需求予以满足。

（5）风险投资虽然投入的是权益资本，但他们的目的不是获得企业所有权，而是追求超额回报，当被投资企业增值后，风险投资人会通过首次公开发行（Initial Public Offering, IPO）、并购或其他股权转让方式撤出资本，实现增值。

案例讨论（7-2）：宁夏红"尽染"风险投资

"我一直有个观点：做企业，要到资源最丰富的地方生产，到市场最活跃的地方销售，到资本最活跃的地方融资。如今宁夏红做到了前两者，现在宁夏红将在资本市场发力。"

——宁夏红枸杞产业（集团）有限公司董事长张金山

2004 年 8 月 24 日，宁夏红枸杞产业（集团）有限公司（以下简称"宁夏红"）总裁张金山和英联投资（以下简称"英联"）亚太地区总裁陈柏松在北京正式宣告合作。此次英联的投资总额为 1 000 万美元，约占宁夏红总股本的 20%，控股公司董事会的董事将由中外双方共同组成，英联投资不参与宁夏红的运营。双方计划通过上市融资、引进技术、改进管理等手段使宁夏红成长为该行业的龙头企业，并进一步在全球发展枸杞产业。这是中国传统消费品行业吸引国外风险投资进驻的一个典型案例。

英联投资是英国联邦投资集团（CDC）拆分出的基金管理公司，是新兴市场上领先的直接投资机构，已有 55 年的投资经验，目前管理 CDC 及第三方在新兴市场上共计 28 亿美元的基金。CDC 是英国政府下属的投资机构，英联通过管理层收购（MBO）把 CDC 由原先的雇主变成了现在的客户。

宁夏红的前身为国有宁夏中卫酒厂，在经过了 40 年的风雨后，该厂于 1996 年因产品陈旧、管理落后、技术匮乏、资不抵债而被迫停产。随后，应当地有关领导的邀请，张金山接手该厂，选中他的主要原因是，此前他曾将资产只有 5 000 元、陷入困境的青铜峡糖酒公司发展成为资产 300 万元的当地一流企业。1996 年 11 月 1 日，他在中卫酒厂的基础上组建了宁夏香山酒业有限公司（即为宁夏红枸杞产业集团有限公司的前身），从此拉开了宁夏红快速发展的序幕。1999 年末，香山集团生产的白酒在本地市场占有率高达 60%，已成为当地的主导品牌。当时中国白酒市场的竞争已经白热化，如果继续以白酒为主向前走，就必须与中国几家已具有相对垄断地位的强势品牌来竞争、抢市场。实际上，当时的"香山"产品也曾试图冲击北京等区外大城市的市场，但由于市场已被一些名酒企业瓜分，最终无功而返。铩羽而归的张金山意识到目前香山集团还没这个实力参与这场竞争，必须另外寻找别的突破口。2000年4月，中国第一家枸杞制品企业——中宁枸杞制品厂濒临倒闭，张金山抓住了这个难得的机会，开始把自己深思熟虑的想法付诸实施：首先，香山酒业投资收购了中宁枸杞制品厂，改制成立了宁夏香山中宁枸杞制品有限公司；其次，通过与中国食品发酵工业研究所、南昌大学中德联合研究所等技术雄厚的科研院所联合，推出了具有浓郁地方特色的"宁夏红"系列枸杞酒；最后，在产品的市场定位上，"宁夏红"既不是葡萄酒，也不是药酒，更不是白酒，而是"健康果酒"，并打出了"每天喝一点，健康多一点"的广告语，使产品迅速占领了市场。2001年，"宁夏红"正式面市，在以后的3年时间里取得了超常规发展，2003年"宁夏红"实现销售额2.5亿元，比2002年同比增长118%。

向宁夏红注入1 000万美元只是英联投资的第一步计划，英联投资看好的不只是某一家企业，更是整个枸杞果酒的产业。投资方、产业、企业，形成互相影响的三角关系。英联投资宁夏红能否实现"三赢"，产业和企业是否具有与强大投资方相匹配的实力，也是决定性的因素。而这1 000万美元投资最直接的效果就是使宁夏红的实力大大增强了，可以引进更加先进的技术与设备，进一步提高产品质量，扩大宁夏红的市场占有率。当然，国际资本注入带来的不光是钱，还能为企业带来内部整改、重组产权关系，建立现代企业制度和完善法人治理结构，加快境外上市步伐，其先进的经营理念、广阔的视野以及现代化的经营管理方法，都对宁夏红起着潜移默化的作用，促使其在各个方面都提升一个台阶。下面几个小例子就充分说明了除资金以外，英联投资对宁夏红的这种作用。

(1) 2003年宁夏红花费3 000万元人民币向意大利购买了两条灌装生产线，但是从安装到调试完毕后，设备一直运行不稳定，无法发挥出最大的效能。英联听说此事后，立刻找来了两位可口可乐的技术人员，用了几天时间，花了3 000元，设备就能正常运转了。

(2) 投资宁夏红之后，英联帮助公司引进了一位在可口可乐服务多年的饮料专家，担任独立非执行董事。在宁夏红原先的计划中，准备在2004年增加几种新产品。英联和饮料专家经过市场调查之后提出：宁夏红已经是枸杞酒行业的领导者，当前的主打产品枸杞果酒还有很大的市场空间，应该把现有的市场做足了，再进行产品链延伸。

(3) 宁夏红的工作人员讲了一个"国际公司居然会如此细心"的故事：当英联决定投资宁夏红时，请来了普华永道的审计人员。他们无意中看见我们正在用废旧的油漆桶盛枸杞，立刻在厂里上上下下全面检查，前后折腾了半年。

但显然，正是像寻找技术人员、帮助做市场调查以及检查油漆桶这样的事情，让中国这些朴实无华的中小型企业在不知不觉中受到了教育，得到了提升和发展。当然，这些国际投行巨头也从中获得了巨大收益。

——资料来源：李俊辰：《感悟涅槃：中国风险投资和非公开权益资本的崛起》，清华大学出版社2007年版。

四、融资渠道选择的影响因素

按照现代资本结构理论中的"优序理论"，企业融资的首选是企业的内部资金，主要是企业留存的税后利润，在内源融资不足时，再进行外源融资，而在外源融资时，先选择低风险类型的债务融资，后选择发行新的股票。

采用这种顺序选择融资方式的原因有以下三点：

第一，内部融资成本相对较低、风险最小、使用灵活自主。以内部融资为主要融资方式的企业可以有效控制财务风险，保持稳健的财务状况。

第二，负债比率尤其是高风险债务比率的提高会加大企业的财务风险和破产风险。

第三，企业的股权融资偏好易导致资金使用效率降低，一些公司将筹集的股权资金投向自身并不熟悉且投资收益率并不高的项目，有的上市公司甚至随意改变其招股说明书上的资金用途，并且并不能保证改变用途后的资金使用的获利能力。在企业经营业绩没有较大提升的前景下，进行新的股权融资会稀释企业的经营业绩，降低每股收益，损害投资者利益。

在实际的资本运营中，融资渠道的选择还需要综合考虑以下因素。

1. 资金成本

资金成本是指企业为筹集和使用资金而发生的代价。融资成本越低，融资收益越好。由于不同融资方式具有不同的资金成本，为了以较低的融资成本取得所需资金，企业自然应分析和比较各种融资渠道的资金成本的高低，尽量选择资金成本低的融资渠道及融资组合。

2. 融资风险

不同融资渠道的风险各不相同，一般而言，债务融资因其必须定期还本付息，因此，可能产生不能偿付的风险，融资风险较大。而股权融资由于不存在还本付息的风险，因而融资风险小。企业若进行债务融资，由于财务杠杆的作用，一旦当企业的息税前利润下降时，税后利润及每股收益下降得更快，从而给企业带来财务风险，甚至可能导致企业破产。

3. 企业的盈利能力及发展前景

企业的盈利能力越强，财务状况越好，变现能力越强，发展前景良好，就越有能力承担财务风险。当企业的投资利润率大于债务资金利息率的情况下，负债越多，企业的净资产收益率就越高，对企业发展及权益资本所有者就越有利。因此，当企业正处于盈利能力不断上升、发展前景良好时期，债务筹资是一种不错的选择。而当企业盈利能力不断下降，财务状况每况愈下，发展前景欠佳时期，企业应尽量少用债务融资，以规避财务风险。当然，盈利能力较强且具有股本扩张能力的企业，若有条件通过新发或增发股票方式筹集资金，则可用股权融资或股权融资与债务融资两者兼而用之来筹集资金。

4. 企业的资产结构和资本结构

一般情况下，企业固定资产在总资产中所占比重较高，总资产周转速度慢，要求有较多的权益资金等长期资金作后盾；而流动资产占总资产比重较大的企业，其资金周转速度快，可以较多地依赖流动负债筹集资金。为保持较佳的资本结构，资产负债率较高的企业应降低负债比例，改用股权筹资；负债率较低、财务较保守的企业，在遇合适投资机会时，可适度加大负债，分享财务杠杆利益，完善资本结构。

5. 企业的控制权

发行普通股会稀释企业的控制权，可能使控制权旁落他人，而债务筹资一般不影响或很少影响控制权问题。

6. 利率、税率的变动

如果当前利率较低，但预测以后可能上升，那么企业可通过发行长期债券筹集资金，从而在若干年内将利率固定在较低的水平上。反之，若目前利率较高，企业可通过流动负债或股权融资方式筹集资金，以规避财务风险。就税率来说，由于企业利用债务资金可以获得减税利益，因此，所得税税率越高，债务筹资的减税效益就越大。此时，企业可优先考虑债务融资；反之，则可考虑股权融资。

第二节 资本运营的支付方式

资本运营的支付方式和它的具体模式密不可分，不同的资本运营模式有不同的支付方式。一般而言，有现金支付、股票支付、综合证券支付、资产支付等方式。

一、现金支付方式

现金支付是资本运营活动中最普遍采用的，也是最直接简单的一种支付方式。现金支付包括一次性支付和延期支付，延期支付又包括分期付款、开立应付票据等卖方融资行为。这里需要说明的是，以拥有的对其他公司的股权作为支付工具也属于现金支付的范畴，而不属于股权支付的范畴，股权支付方式特指换股、增发新股等方式。现金支付方式的操作过程中要做好税务筹划和财务风险预测。

二、股权支付方式

股权支付是指通过换股或增发新股的方式，取得标的物（如目标公司股权、资产等）的一种支付方式。股权支付不需要支付大量的现金，但是会改变公司的股权结构，摊薄原有股东的权益，甚至可能使原有股东丧失对公司的控制权。事实上，股权置换、资产股权置换等调整型资本运营模式，也可以看成是股权支付方式。

影响股权支付的因素主要有以下几个方面：

1. 公司自身的股权结构

由于股权支付方式的一个突出特点是它对原有股权比例有重大影响，因而公司必须首先确定主要大股东在多大程度上可以接受股权的稀释。

2. 每股收益率的变化

在以增发新股作为支付方式的情况下，股本规模扩大，可能会对每股收益产生不利的影响，需要考虑在多大程度上的下降是股东可以接受的。

3. 每股净资产值的变动

每股净资产值是衡量股东权益的一项重要标准，新股的发行可能会减少每股所拥有的净资产值，这也会对股价造成不利影响。

4. 财务杠杆比率

发行新股可能影响公司的财务杠杆比率，应考虑到是否出现财务杠杆比率升高的情况，以及具体的资产负债的合理水平。

5. 当前股价水平

一般来说，在股票市场处于上升的过程中，股票的相对价格较高，增发的新股对目标公司也会具有较强的吸引力。反之，对方可能不会接受股票支付的方式。因此，应事先考虑本公司股价所处的水平，同时还应预测增发新股会对股价波动带来多大影响。

案例讨论（7-3）

资料1：美国联合航空与大陆航空合并建最大航空公司

2010年5月3日，美国联合航空公司（UAL）宣布，该公司以换股方式收购大陆航空公司（CAL）的交易已获得双方董事会一致通过，交易将采取全股票交换方式，总值约为32亿美元。业内人士认为，该笔交易有望带动航空业出现更多并购案，促使处于困境的美国航空业进一步整合，提高其议价能力。

一旦获得两家公司董事会和工会同意并通过反垄断部门的审查后，合并组建的新公司将取代达美航空，成为全球最大的航空公司。据悉，该交易有望在今年第四季度内完成。

美联航称，两家航空公司已同意采取全换股方式，以每1.05股美联航股票换1股大陆航空股票的比例完成该笔交易。按照上周五美联航股票收盘价21.60美元以及大陆航空现有1.39亿股流通股的规模计算，整个交易总值约为32亿美元。

据悉，合并后公司的流通股规模将达到3.145亿股，美联航将持有其中53%的股权。根据协议，美联航首席执行官谭凯翔（Glenn Tilton）和大陆航空首席执行官石志辉（Jeff Smisek）将分别担任合并后新公司的非执行董事长和首席执行官，除上述两人外，两家公司在合并后新公司董事会计划设立的16个席位中各占6席，另有两个席位由工会组织代表出任。

合并后的新公司仍将延续"美国联合航空公司"的称谓，总部设在芝加哥，员工规模约为9万人，年营收预计将超过290亿美元。美国航空业人士曼恩认为，合并后的公司将较此前两家独立的公司"更具耐力"，部分原因在于"合并提高了议价能力，并为全行业带来议价机会"，曼恩还表示，由于收入分配降低，合并后的公司利润率会更高。

资料显示，目前美联航和大陆航空分别为美国第三大、第四大航空公司，均为星空联盟成员。美联航2009年运营收入超过160亿美元，拥有4.6万名员工和360架飞机；大陆航空则拥有4.1万名员工和333架飞机。据估算，合并后的新公司运力占美国国内市场份额比例将达到21%，占全球运力比例将达到7%，有望超过目前全球最大航空公司——达美航空20%的国内份额比例和5%的国际份额比例,成为新的航空业霸主。

——资料来源:杨博:《美国联合航空与大陆航空合并建最大航空公司》,载于《中国证券报》,2010年5月4日。

资料2:达美36亿美元合并西北航空 建全球最大航空公司

2008年4月14日,美国达美航空公司和西北航空公司宣布,它们已经达成了一项总额为36亿美元的换股合并协议,联手组建一家全球规模最大的航空公司。合并后的新公司将以达美航空为名,西北航空公司的股东将以1:1.25股的比例换取达美的股票。以4月14日收盘价为参考,达美航空对西北航空的定价约为36亿美元,收购溢价约16.8%。新的达美航空市值将达177亿美元,年运营收入将达317亿美元。以航空交通量计算,新达美航空将一举超越美利坚航空公司(American Airlines),成为美国最大的航空运营商。

新公司的总部设在亚特兰大,也是达美航空公司目前的总部所在地,达美航空现任首席执行官理查德·安德森将出任新公司的首席执行官,达美航空董事长罗伊·伯斯达克将出任新公司董事长。

达美航空和西北航空分别是美国第三和第五大航空公司。由于近年来燃料价格持续上涨,再加上信贷紧缩导致融资困难,达美、西北等多家美国航空公司陷入困境,纷纷宣布裁员及削减国内运力以减少亏损。此外,达美等大型航空公司还面临西南航空、JetBlue和AirTran等廉价航空运营商的冲击。

达美航空和西北航空希望,合并后的成本节约与航线网扩大等效应可以减轻劳资冲突和运营难度增加等负面因素影响。达美航空估计,合并后将带来每年约10亿美元的成本节约,但该公司也承认,两家公司要顺利完成整合而成一家企业,大约支出10亿美元。Pardus资本管理公司预计,达美航空与西北航空的合并有望每年实现15亿美元的成本节约。

2005年9月14日,达美航空和西北航空由于此前数年持续亏损而向监管当局提交申请进入破产保护,直到2007年春,它们在削减了数十亿美元成本后最终脱离了破产保护。两家公司目前都再次出现亏损,尽管如此,其境况也比一般的小航空公司好很多。

——资料来源:李豫川:《达美36亿美元合并西北航空 建全球最大航空公司》,载于《中国证券报》,2008年4月16日。

三、综合证券支付方式

综合证券支付是指出资不仅有现金、股票,还有认股权证、可转换债券和公司债券等多种混合形式,采用综合证券并购方式可将多种支付工具组合在一起,如果搭配得当,选择好各种支付工具的种类结构、期限结构以及价格结构,可以避免其他支付方式的缺点,既可以避免支出更多现金造成企业财务结构恶化,又可以防止企业原有股东的股权稀释,保证对企业的控制权。

四、资产支付方式

资产支付方式是指通过让渡公司资产的所有权获得目标公司的资产或者股权等标的物的一种支付方式,资产置换、资产股权置换等调整型资本运营模式,也可以看成是资产支付方式。以资产作为支付方式,在买壳上市、资产股权重组等模式中经常被使用。

案例讨论(7-4):

资料1:蓝星清洗股份有限公司进行资产置换与发行股份购买资产

根据蓝星清洗股份有限公司(以下简称蓝星清洗)与兴蓉公司签署的《重组协议》及《重组补充协议》,兴蓉公司以其持有的排水公司100%股权与蓝星清洗全部资产和负债进行资产置换,资产置换的差额由蓝星清洗发行股份购买。以截至评估基准日2009年4月30日评估值为基准,经国资主管部门备案确认,拟置出资产作价64 614.45万元,拟置入资产作价164 128.41万元。拟置入资产价值超过拟置出资产价值部分,蓝星清洗按照每股6.24元的价格发行159 559 300股股份购买,差额51.05万元,兴蓉公司以现金补齐。

根据兴蓉公司与蓝星集团签署的《股份转让协议》及《股份转让协议之补充协议》,兴蓉公司以置出资产作为对价,购买蓝星集团持有的上市公司81 922 699股股份,股份转让价格为64 614.45万元,每股转让价格约7.89元。

上述资产置换及发行股份购买资产与股份转让互为前提,同步操作。

——资料来源:《ST清洗(000598)联合证券关于资产置换及发股购买资产之意见》,载于《中财网》,http://www.cfi.net.cn/p20100505000213.html.

资料2:陕西建设机械股份有限公司(以下简称"建设机械")拟进行资产置换和非公开发行股份购买资产

(1)建设机械拟以拥有的全部资产与负债与煤化集团持有的对建设集团的部分出资进行置换(该部分出资评估价值与置出资产的评估价值相等)。

(2)建设机械拟向煤化集团及其一致行动人(铜川局、陕煤建司、蒲白局、澄合局、韩城局和黄陵矿业)非公开发行股份,购买其持有的建设集团剩余出资(即除置入资产外的建设集团剩余股权)。本次交易实施完毕后,建设机械将拥有建设集团100%股权。

此次非公开发行股份的发行价格为7.22元/股,重大资产重组的审计、评估基准日经各方协商一致约定为2009年12月31日。

——资料来源:《陕西建设机械股份有限公司重大资产置换及发行股份购买资产暨关联交易报告书》,载于《证券时报》,2010年5月7日。

● **本章思考题**

1. 资本运营的融资渠道有哪些?
2. 选择融资渠道需要考虑哪些因素?
3. 资本运营的支付方式有哪些?
4. 如何看待非现金支付方式在资本运营过程中的运用?

第八章 资本运营的风险管理

内容提要：资本运营风险的概念及分类；资本运营风险的管理

第一节 资本运营风险的概念及分类

一、资本运营风险的概念

所谓风险，泛指遭受损失、伤害、不利或毁灭的可能性。资本运营风险，则是指资本运营主体在资本运营过程中，外部环境的复杂性和变动性以及资本运营主体对环境的认知能力的有限性，而导致的未来收益值与期望值的偏差或变动程度。

资本运营风险具有如下五方面的特征。

1. 客观性

资本运营风险同其他一切风险一样，其存在是不以运营主体的意志为转移的，无论运营主体承认不承认、是否意识到，风险都客观地存在。资本运营风险不仅存在于资本运营前的准备阶段、运作阶段、而且存在于资本运营以后的整合以及经营阶段。

2. 可变性

资本运营风险在一定条件下是可以变化的。在资本运营的各个时期、各个环节、各种条件下，资本运营风险发生的概率、风险影响的程度、影响的范围都是不同的，这就要求资本运营主体在防范风险的过程中，充分运用多种方法和手段进行识别和管理。

3. 可预测性

资本运营风险尽管具有可变性，带有极大的偶然性和不确定性，但也是可以识别和预测的。单个风险的出现可能是偶然的、不确定的，但大量风险的发生却具有必然性。事实上，资本运营在运营前、运营中和运营后，风险的发生都会具有某些特征，只要资本运营主体能够捕捉这些信息，是可以及时发现风险，并通过采取有效的手段加以避免和解决。

4. 破坏性

资本运营风险不同于一般产品经营风险，其重要特征就是具有较强的破坏性。资本运营是一项系统工程，涉及的方面较其他运作过程复杂，不仅涉及大量的人、财、物的操作，而且还涉及国家一系列的宏观配合措施的完善，经济政治体制改革、政策法规的配套和社会保障制度的完善等，尤其是跨国并购，还要考虑其他国家的相关因素。资本运营的成功可以为企业带来巨大收益，但一旦发生风险，也会使企业遭受巨大损失，而且这种损失比企业产品经营损失要大得多，不仅会危及企业运营资产的安全性，还有可能制约企业未来的生存和发展。

5. 传递性和波及效应

在资本运营过程中，风险影响在时间上具有传递性，即前一阶段的风险将影响后续阶段的风险，准备阶段的风险会影响资本运营中和运营后的风险，资本运营过程中的风险会影响运营后的产品经营风险等。资本运营风险的波及效应，是指资本运营一旦失败，则这种失败的风险将会影响到企业的其他经济活动，这种影响与产品经营失败给企业带来的影响不同，产品经营失败主要影响企业的再生产能力，而资本运营失败不仅影响企业的再生产能力，而且还可能导致企业整个资金链破裂，严重时导致企业的生存发生危机。

二、资本运营风险的分类

资本运营风险可以分为系统性风险和非系统性风险。所谓系统性风险是指无论采取何种资本运营模式，都不可能通过采取独特的措施加以规避和消除；而非系统风险则是由个别特殊因素造成的，可以通过采取一定的措施加以控制和转移。系统性风险主要包括政策风险、体制风险、政治风险、自然风险以及社会文化风险等；非系统性风险一般包括经营风险、财务风险、信息风险和法律风险。

1. 系统性风险

（1）政策风险。影响资本运营的政策风险主要包括税收政策风险、金融政策风险以及产业政策风险。

一是税收政策风险。国家的税收政策包括税种、税率、征税环节、征税期限以及减免税优惠政策等内容，这些因素都有可能影响到企业资本运营的实际效果。税收作为国家调节经济的重要杠杆和财政收入的主要来源，是随着经济形势的变化而不断调整的。新税种的开征、税率的提高、税收优惠政策的提前终止都会增加资本运营的成本，减少预期收益；反之，则增加预期收益。税收政策对企业资本运营的影响还体现在交易方式的选择上，如美国税法规定：对于以换股方式进行交易可以延迟纳税，而对于以现金方式交易的则要立即征税。

二是金融政策风险。金融政策从资本运营的融资渠道、融资成本、支付方式等方面影响资本运营的效果。例如，利率的上升一方面会增加借贷融资的成本，同时会影响资本市场。一般情况下，利率的上升会减少资本市场的资金供给，有可能导致股价的下降，也加大股权融资的难度。而对于跨国性的资本运营活动而言，汇率的变动会导致对标的物的股价、交易结算、支付方面巨大的风险。

三是产业政策风险。政府为了保证经济结构优化和布局合理，定期提出指导性的产业政策建议，并通过适当的财政政策、税收政策和金融政策引导企业资本的投向。企业进行资本运营活动必须考虑国家产业政策的变化以及所进入行业的成长性和竞争的激烈程度，否则，将面临产业政策变动的风险。

（2）体制风险。

在我国企业资本运营的发展历程中，许多企业资本运营都是由政府部门的强行介入而最终完成的。重组双方由于缺乏利益冲动而缺少重组动机，导致管理层对重组后的经营管理和企业发展战略构想和整合动力，从而使企业资本运营在一开始便潜伏下了风险隐患。非市场经济因素的干扰无疑会在某种程度上降低资本运营的质量，随着我国市场经济的不断完善，体制风险应该越来越小。

（3）政治风险。

政治风险是与一个国家的主权有关的不确定因素，战争、政变、内乱将导致一个国家经济严重衰退，没有经济补偿的强制性国有化也会给企业造成巨大的损失，外汇管制使得资本和利润不能有效流动和转移等。政治因素的变动导致资本的安全性受到削弱，资本的流动性受到限制，并直接影响到资本的增值能力，但是，政治风险并不是个人和企业所能控制的。企业只有在资本运营之前全面评估政治风险发生的可能性，并根据企业的风险承受能力做出合理的资本运营决策。

（4）自然风险。

自然风险是指由于地震、火灾、水灾、海啸等自然力因素变动造成的企业资本运营未来收益的不确定性。

（5）社会文化风险。

人们社会价值观念的改变、社会心态的不确定、社会信念的改变特别是企业文化的差异，都会给企业资本运营带来风险。社会文化风险是企业在资本运营活动中很容易被忽视的风险。事实上，许多企业资本运营的低效率就是由于其在运营过程中不注意企业文化重构所导致的。

2. 非系统性风险

（1）经营风险。

经营风险是指企业在资本运营过程中由于经营的不确定性而导致的风险。主要包括以下两个方面：一方面是经营方向选择不当。若资本运营决策者对市场分析不透彻，对自身实力把握不准，或者目标定位不合适，那么就有可能导致经营方向选择失误，从而引发企业经营风险。另一方面是经营行为与市场脱节。如果企业在经营过程中没能及时、准确地掌握市场需求的变化，那么企业的资本运营必然要面临风险。

（2）财务风险。

资本运营特别是大规模的并购活动，需要巨额的资金支持。一般来说，企业不可能完全依靠自有资本来完成一项巨大的并购工程，许多企业希望通过债务杠杆，但这样做需要承担巨大的财务风险。特别是在信息不对称、市场发生巨变以及经营决策可能出现重大失误的情况下，以高负债进行的资本运营所面临的财务风险就更大。

（3）信息风险。

企业在决定是否进行资本运营、采用何种方式进行、如何选择切入点等方面，应以足够充分的信息为依据。但在实际的资本运营过程中，由于掌握的信息不完全，目标企业会刻意隐瞒或不主动披露相关信息，致使进行资本运营的企业对其真实情况的了解不够，从而给自身造成风险。

（4）法律风险。

为了有效地管理、监督资本运营，充分发挥其在优化产业结构、优化资源配置方面的作用，维持正常的经济秩序和市场竞争，各国对资本运营都从法律方面进行了规范，如果操作不慎，企业就可能因违反有关法律规定而招致诉讼或遭受经济损失。例如，出于维护公平竞争的考虑，各国政府均制定了一些反垄断法案，这就限制了大规模的、有可能形成垄断的并购行为，有的并购方案甚至被迫中止,从而使并购企业损失严重。还有很多法律法规的细则是增加交易透明度、保护投资者尤其是中小投资者利益的,这些条款将增加资本运营的成本,降低资本运营的速度。

案例讨论(8-1):商务部:可口可乐收购汇源案未通过中国审查

商务部就可口可乐收购汇源案反垄断审查做出裁决:

2008年9月18日,商务部收到可口可乐公司收购中国汇源公司的经营者集中反垄断申报材料。经申报方补充,申报材料达到了《反垄断法》第二十三条规定的要求,11月20日商务部对此项集中予以立案审查,12月20日决定在初步审查基础上实施进一步审查。

商务部依据《反垄断法》的相关规定,从市场份额以及市场控制力、市场集中度、集中对市场进入和技术进步的影响、集中对消费者和其他有关经营者的影响及品牌对果汁饮料市场竞争产生的影响等几个方面对此项集中进行了审查。审查工作严格遵循相关法律法规的规定。审查过程中,充分听取了有关方面的意见。

经审查,商务部认定:此项集中将对竞争产生不利影响。集中完成后可口可乐公司可能利用其在碳酸软饮料市场的支配地位,搭售、捆绑销售果汁饮料,或者设定其他排他性的交易条件,集中限制果汁饮料市场竞争,导致消费者被迫接受更高价格、更少种类的产品;同时,由于既有品牌对市场进入的限制作用,潜在竞争难以消除该等限制竞争效果;此外,集中还挤压了国内中小型果汁企业生存空间,给中国果汁饮料市场竞争格局造成不良影响。

为了减少集中对竞争产生的不利影响,商务部与可口可乐公司就附加限制性条件进行了商谈,要求申报方提出可行的解决方案。可口可乐公司对商务部提出的问题表述了自己的意见,提出初步解决方案及其修改方案。经过评估,商务部认为修改方案仍不能有效减少此项集中对竞争产生的不利影响。据此,根据《反垄断法》第二十八条,商务部做出禁止此项集中的决定。

反垄断审查的目的是保护市场公平竞争,维护消费者利益和社会公共利益。自2008年8月1日《反垄断法》实施以来,商务部收到40起经营者集中申报,依照法律规定立案审查了29起,已审结24起,其中无条件批准23起,对于1起具有排除、限制竞争效果的集中,商务部与申报方进行商谈,申报方提出了减少排除限制竞争的解决方案并做出承诺,商务部附加了减少集中对竞争不利影响的限制性条件批准了该集中。

——资料来源:朱立毅、雷敏,《商务部:可口可乐收购汇源案未通过中国审查》,载于《新华网》,http://news.xinhuanet.com/fortune/2009-03/18/content_11031338.html。

第二节 资本运营风险的管理

一、资本运营风险管理的概念

资本运营风险管理是根据企业进行资本运营的具体情况和最终要达成的目标，对方案实施过程中可能或已经出现的风险，通过分析成因并采取相应的风险管理措施，以消除潜在的风险、化解已经出现的风险、减少风险所造成的损失程度。

资本运营风险是动态的，企业必须根据外部环境和自身状况的变化，不断监测和评估风险、提出新的风险管理对策，尽可能将资本运营风险控制在可以承受的范围之内。

二、资本运营风险管理的程序

资本运营风险管理程序是为了实现企业资本运营预期目标而采取的风险管理步骤。

第一，确定企业资本运营风险管理目标。资本运营风险管理目标是通过防范和化解资本运营风险，尽量减少风险可能造成的损失，努力实现资本运营的预期目标。资本运营风险管理目标是在全面分析各种可能的风险，以及采取一定的风险管理措施可能化解和减少的风险影响程度的基础上制定的。制定资本运营风险管理目标必须切合资本运营双方的实际情况并具有一定的预见性，目标过高将造成管理难度加大，过低则失去了风险管理的意义。

第二，全面评估资本运营风险。资本运营风险评估主要是确定风险可能出现的环节和可能引起风险的因素，以及可能造成的损失程度，从而确定资本运营方能够承受的最大风险损失。资本运营风险的评估过程实际上是识别风险、计量风险、确定企业风险承受能力的过程，资本运营风险的识别是指在资本运营风险管理过程中，确定可能导致风险的因素以及风险可能出现的环节；资本运营风险的计量是在对过去资本运营案例分析的基础上，应用概率和数理统计的方法对某一或几个特定风险发生的概率以及风险发生后所造成的损失程度做出的定量分析，然后预测出一个较为精确的定量结果，主要指标有风险强度、风险分布、风险频率。

第三，制定资本运营风险管理对策。资本运营风险具有极大的不确定性，风险管理对策是为了消除和控制这种不确定性的发生、改变不确定性发生的时间、控制不确定性的影响范围以及减少不确定性可能造成的损失程度。风险对策是根据企业资本运营过程中已识别的风险及其风险强度提出的预防性建议，必须具有针对性和可操作性。

第四，基于资本运营风险管理的目标，根据对风险的评估和分析，全面执行风险管理的相关措施，将风险控制在可以承受的范围之内，确保企业进行资本运营最终目标的达成。

三、资本运营风险管理的基本手段

企业资本运营目标能否实现取决于企业风险管理能力的强弱以及风险管理手段是否得当。当资本运营风险处于潜在阶段时，要采取一定的措施预防风险、控制风险的出现；当风险从潜在转化为现实时，要采取一定的措施化解风险、减少风险造成的损失程度；当风险造成的损失超过预期时，要采取一定的措施加以挽救和处置。

企业资本运营风险管理手段主要有以下六种。

1. 风险规避

风险规避是指通过放弃整个资本运营活动或放弃其中的某些项目，从根本上消除风险可能造成的损失。放弃资本运营虽然可以消除风险，但也同时消除了企业通过资本运营获得收益的可能性。在这种情况下，风险回避是没有任何意义的。但当企业的资本运营计划过于乐观、规模过于庞大，而在实际操作过程中发现潜在风险较大的情况下，风险回避仍不失为消除风险的较好选择。

2. 风险转移

风险转移是对可能发生的风险采取一定的措施进行转移，以减少风险可能造成的损失。风险转移不能消除风险，是通过对某一风险因素可能造成的损失在各承受者之间重新分配来转移风险，减少风险对某一承受者造成的损失。

3. 风险控制

风险控制是指对已经发生的风险通过采取一定的措施以降低风险可能造成的损失程度。当资本运营风险从潜在转化为现实时，企业无法通过风险回避或风险转移的方式，全部消除风险造成的损失，只能通过采取一定的措施将风险控制在一个企业尚能承受的适当的范围之内，将该风险可能造成的损失减少到最低程度。

4. 风险隔离

风险隔离是指将某一可能的风险因素在时间上和空间上隔离起来,以减少这一风险可能造成的损失对整体资本运营效果的影响。例如,将目标企业的不良资产进行甄别和剥离,该不良资产在之后经营中出现的问题将不会影响企业总体资本运营效果的最终实现。

5. 风险组合

风险组合是与风险隔离相对应的一种风险管理手段,即通过增加风险单位的数量,实行一定的风险组合以分散风险。在风险隔离的方式下,通过将某一已知因素可能造成的风险单独隔离起来,避免某一种风险造成的损失影响整个企业;而在风险组合方式下,企业并不知道何种风险可能会对企业全局造成何种影响以及影响程度的大小,通过适当的风险组合可以将过于集中的各种风险因素加以分散,以降低企业整体的风险水平,确保企业平稳发展。

6. 风险固定

风险固定是指对于可能无法避免的风险,将可能发生风险的因素固定下来,以减少风险可能造成的损失程度。例如,在跨国资本运营中,最终的支付成本不可避免地会面临汇率变动的风险,为了防止可能产生的汇率风险,减少汇率变动可能造成的损失,可以在合同签订时就通过相关条款和操作将支付时的汇率水平固定下来。

本章对于资本运营风险及风险管理的讨论,着重于理论和整体层面,旨在对资本运营的风险有一个系统的认识,并构架完整的资本运营管理体系。而各种风险产生的影响以及各种风险管理手段的具体运用,应根据各种具体的资本运营模式加以分析和讨论。事实上,在对各种模式进行介绍与分析的过程中,相应的风险问题也做了一定的讨论。

案例讨论(8-2):大众 vs 宝马:劳斯莱斯血统争夺战

1998年3月30日,劳斯莱斯母公司维克斯集团宣布,德国宝马汽车制造公司将以10亿马克(约合5.71亿美元)的价钱,买下集团旗下的劳斯莱斯汽车制造公司。自集团1997年10月宣布将出售劳斯莱斯后,德国的宝马和大众公司争相出价购买,但劳斯莱斯最初还是看中了宝马。

时任大众总裁费迪南德·皮耶希在得知劳斯莱斯初步决定卖给宝马以后勃然大怒,当时就表示还要加价。面对宝马的其他优势,大众深知金钱并非唯一决定胜负的武器。

由于维克斯集团股东拥有最后发言权，皮耶希组织了摩根·士丹利投资银行、加文·安德森公共关系公司等世界第一流的顾问团游说股东，连当时的下萨克森州州长施罗德也以大众公司监事会主席团成员的身份出马游说，他曾与皮耶希一起拜访过维克斯集团和劳斯莱斯公司，只是在他被德国社民党提名为总理候选人之后才歇了手。这倒不算违反什么规矩，因为当时下萨克森州政府拥有大众20%的股份，是最大的股东。

果然，大众公司的釜底抽薪取得了奇效，维克斯集团中两个较大的股东对将劳斯莱斯出售给宝马表示不满。于是，维克斯集团希望宝马公司将报价提高，但遭到拒绝，并称10亿马克是最高报价。7月3日，维克斯集团决定以14.4亿马克把劳斯莱斯卖给大众公司。

对于大众的策反行动，宝马做出的反击是：其一，将不再为劳斯莱斯提供发动机。可想而知，如果在汽车的心脏技术上停止合作，劳斯莱斯将蒙受巨大损失。还有消息说，宝马也将不再提供其他零部件，而劳斯莱斯大约30%的零部件由宝马供货；其二，宝马重申，原来的3.4亿英镑报价不变。时任宝马总裁毕睿德放出话来：宝马不会为了劳斯莱斯而不惜代价。

而且宝马还有一个足以使大众致命的同盟军，即劳斯莱斯PLC公司。根据1973年发动机和汽车两部分分家的合同，劳斯莱斯的名称权和商标权在航空航海发动机业务公司——劳斯莱斯PLC公司手中。合同规定，劳斯莱斯汽车公司要卖给外国，必须取得劳斯莱斯PLC公司的同意。

而拥有否决权的劳斯莱斯PLC公司显然更加看好宝马，更致命的是宝马拥有这家公司10%的股份。消息公布的次日，劳斯莱斯飞机发动机公司强调它仍然中意宝马。该公司说，"与宝马达成劳斯莱斯名称权和商标权的使用及保护协议是有可能的"，对大众开出新价码一事只字未提。最终，制造航空发动机的劳斯莱斯PLC公司决定授权与它有业务往来的宝马公司使用劳斯莱斯的商标和标识，而不是大众。

就这样，这场争夺战出现了汽车史上奇怪的僵持局面，大众汽车买下了"飞翔女神"车标和水箱格栅的使用权，但是没有办法制造"劳斯莱斯"牌的汽车。同样，宝马拿到了"劳斯莱斯"车名，却没有车标和水箱格栅的使用权。宝马公司用4 000万英镑买了劳斯莱斯的汽车名以及"RR"的商标。很多评论认为这是整个交易中最有价值的精华财产。

1.2亿马克（4 000万英镑），宝马用大众出价的一个零头，居然就控制了劳斯莱斯的品牌，大众就这样被宝马卡住了脖子，大众用10倍的价格拿下了劳斯莱斯那陈旧的破厂房，而且还面临着宝马拒绝提供零配件后所面对的惨淡局面。

暂处不利局面的大众希望打破僵局，总裁皮耶希致电当时的宝马掌门人毕睿德，希望用布加迪跑车品牌换劳斯莱斯豪华车品牌。因为宝马需要更运动的品牌，而大众需要更高档的品牌进入高端。经过毕睿德仔细考虑，他几乎与皮耶希达成了劳斯莱斯换布加迪外加一些补偿的协议。就在双方向一个目标前进时，毕睿德发现布加迪品牌纠缠于复杂的意大利商标法，布加迪品牌无法与劳斯莱斯品牌交换，即使交换成功，宝马也将可能蒙受巨大损失。毕睿德放弃了这次交易。

为了避免最终两败俱伤的局面，皮耶希和毕睿德最终达成了一个和解协议。7月28日，大众公司在花巨资购买劳斯莱斯还不到一个月，便宣布将它让给宝马公司。宝马则同意继续向劳斯莱斯供应部件，而大众只能生产劳斯莱斯到2003年，在这之后宝马将建一个新的基地来生产劳斯莱斯。从此之后，只有宝马公司才能生产"劳斯莱斯"牌的汽车。大众买下的劳斯莱斯/宾利汽车部门只能生产"宾利"牌汽车。皮耶希被击败了，他心里很清楚，但是这个骄傲的人永远不会承认。他现在还坚持说他只对宾利感兴趣。

花了近15亿马克却只拿到宾利，表面上吃了个哑巴亏的大众，很快让宝马吃到了苦头。在宝马等待接手劳斯莱斯的这几年里，为了给自己的宾利更大限度地扫清市场障碍，大众几乎让劳斯莱斯在款型、生产和工艺上都止步不前。无奈的宝马从1998年7月就开始了纸上谈兵的"劳斯莱斯项目"——迈巴赫可以做成超大号的奔驰，但易主进入新的发展时期的劳斯莱斯绝对不能是辆超级宝马，这对于劳斯莱斯时任CEO托尼·高特及其团队早已是一条铁律。英国人托尼·高特在英国克鲁老厂工作了18年，但现在不得不搬到英国南部的古德伍德，因为宝马得到的双R商标，以及后来与大众协议才又得到的水箱罩和飞翔女神雕像，除此以外是一张白纸。尽管托尼反复强调这样反而会因为没有任何历史包袱，可以彻底重新来过。但劳斯莱斯的老客户并没有托尼那么乐观。不是谁都能制造出劳斯莱斯，而生产劳斯莱斯的工人都留在了克鲁。

被劳斯莱斯刻意雪藏了近70年的宾利开始重新焕发出"皇室运动员"的特殊气质。自从1931年经济危机中，宾利车厂被卖给劳斯莱斯后，宾利一直被当作副牌而刻意冷落。而其实当时宾利是劳斯莱斯的最大劲敌，宾利的8L比当时所有型号的劳斯莱斯车都好。

同时，宾利的经销商也从2003年1月1日起正式和劳斯莱斯分道扬镳，他们习惯向客人解释说，宾利仍在原厂房用原工人生产，仍保持着最原汁原味的高品质。当客人很自然地问起劳斯莱斯时，虽然大众为扩大宾利的市场，一接手就造出个"最便宜的宾利"（在欧洲市场定价15.9万欧元）、速度最快的轿跑车（最高时速318公里、百公里加速耗时5秒）欧陆GT，但他们往往还会念念不忘地说一句话："宝马只买走了商标，除此之外都留在了宾利。"

2002年，继承了劳斯莱斯真正血统和倾注大众心血的宾利开始丰收。为了证明自己的实力，宾利在2003年以Speed 8再度夺得利曼24小时耐久赛冠军，而这距上一次在1927～1930年连续四年的利曼24小时耐久赛夺冠已经过去了70

余年。

同年，为了纪念女王伊丽莎白二世登基 50 周年，宾利赠送了女王特制版 Bentley State Limousine，从此，此车取代劳斯莱斯成为她的御用座车。

作为豪华品牌中的两个高端代表，劳斯莱斯已经在很长时间里不敌宾利。2005 年，宾利全球销量是劳斯莱斯幻影的 10.8 倍，为 8 627 辆，同期劳斯莱斯销量为 796 辆。2007 年两者的销量差距也接近 10 倍。近 4 年来劳斯莱斯虽然保持着不断增长的势头，但绝对销量与宾利依然保持了较远的差距。

根据德国宝马集团与大众集团发布的销售数字显示，劳斯莱斯 2007 年中国销售 106 辆，全球销量 1 010 辆，销量的增长主要来自幻影软顶敞篷轿跑车型。同期宾利全球一共售出 10 014 辆轿车，中国客户买走了 338 辆。

1998 年的劳斯莱斯血统争夺战，虽然表面上以宝马公司胜出而告终，但显然大众公司在这 10 年暗战中已经报了一箭之仇。近年来劳斯莱斯的新车型已经日趋年轻化，为了追赶已经远远落后的昔日同门，宝马正在被迫使劳斯莱斯放下贵族空架子，希望通过年轻化和时尚化的品牌改造来收复失地。

——资料来源：张轶骞：《大众 vs 宝马：劳斯莱斯血统争夺战》，载于《Mangazine·名牌》，2008 年第 10 期。

●本章思考题

1. 什么是资本运营风险？
2. 资本运营的风险需要从哪些方面进行分析？
3. 为什么要进行资本运营风险管理？
4. 资本运营风险管理的手段有哪些？试举例说明具体的应用。

第九章 资本运营与中介机构

内容提要：投资银行；会计师事务所；律师事务所

资本运营涉及资产、财务、政策、法律等方面的问题，是一项极其复杂的交易过程。在具体操作中，有许多具体环节（目标企业的前期调查、资产评估、财务审计、交易价格的确定、方案的设计、谈判、协议执行及配套的融资安排等）都需要专业化的服务，这样才能为资本运营活动的成功提供保障。否则，就可能因信息不灵、对有关政策和法律规则不了解、缺乏资金支持及操作经验等导致资本运营成本过高，甚至失败。而这些专业化的服务主要是由投资银行、会计师事务所、律师事务所等专业化的中介机构来提供的。

第一节 投资银行

一、投资银行的概念

投资银行是指传统商业银行以外的金融服务机构，主要服务于资本市场，国际上对投资银行的定义主要有四种：

第一种：任何经营华尔街金融业务的金融机构都可以称为投资银行。

第二种：只有经营一部分或全部资本市场业务的金融机构才是投资银行。

第三种：把从事证券承销和企业并购的金融机构称为投资银行。

第四种：仅把在一级市场上承销证券和二级市场交易证券的金融机构称为投资银行。

与其定义相对应的，当前世界的投资银行主要分为独立的专业性投资银行、商业银行拥有的投资银行、全能性银行直接经营投资银行业务、一些大型跨国公司兴办的财务公司四种形式。

投资银行的经营模式有分业和混业两种。分业经营模式是指投资银行业务与商业银行业务相分离，分别由两种机构相对独立经营；混业经营模式是指投资银行业务与商业银行业务相互融合渗透，均由混合银行提供。

投资银行的组织结构形式主要有三种，应根据投资银行内部的组建方式和经营思想进行选择。第一种，合伙人公司。是指由两个或两个以上合伙人拥有公司并分享公司利润的组织形式，其主要特点：是合伙人共享企业经营所得，并对经营亏损共同承担无限责任；可以由所有合伙人共同参与经营，也可以由部分合伙人经营，其他合伙人仅出资并自负盈亏；合伙人的组成规模可大可小。第二种，混合公司。一般是由在职能上没有紧密联系的资本或公司相互合并而形成规模更大的资本或公司。第三种，现代公司。现代公司制度赋予公司以独立的人格，其确立是以企业法人财产权为核心和重要标志的。法人财产权是企业法人对包括投资和投资增值在内的全部企业财产所享有的权利，其存在显示了法人团体的权利不再表现为个人的权利。现代公司制度使投资银行在资金筹集、财务风险控制、经营管理的现代化等方面都获得较传统合伙人制所不具备的优势。

二、投资银行的特点

1. 角色的多元性

一般的中介机构的业务都比较单一，而投资银行在其业务的经营上一个显著的特征就是角色的多元性。在服务方面，投资银行不但经营一般证券公司经营的代理发行证券业务、经销证券业务、经纪业务，同时又为企业进行理财融资、参与企业资本运营的咨询、策划与组织；在投资方面，投资银行利用其机构的综合优势，不仅代理社会个人投资者、机构投资者进行理财和投资，而且自己经营有价证券业务和对企业进行参股、控股，从而谋求自身的进一步发展。

2. 操作的专业性

投资银行操作的专业化，一方面，体现在投资银行内部的专业化。由于投资银行经营的多元化，使其涉及的方面越来越多，分工也越来越细，而且对从事人员的素质要求也越来越高。另一方面，则体现在投资银行本身的专业化。随着各个投资银行经营业务的不断深入，一些投资银行在业务上的优势逐步表现出来，这就使得要获得业务需求的企业越来越依赖于有其业务特点的投资银行，这些需求又不断地促进这些投资银行以其优势而获得更好的市场竞争地位。

3. 服务行业的广泛性

在经济全球化的背景下，投资银行的触角已从本国延伸到国际，从部分产业向多种产业转化。目前，充当企业资本运营的中介，在为企业提供各种金融服务的投资银行业务中已居于核心地位，甚至超过其原本的证券承销、证券经纪业务。

三、投资银行的业务

投资银行最基本和最传统的业务主要是证券承销、证券经纪与交易、证券私募发行。随着资本市场的发展和不断创新，兼并与收购、项目融资、公司理财、基金管理、财务顾问与投资咨询、资产证券化、金融创新、风险投资都已成为投资银行的核心业务组成部分。

1. 证券承销

证券承销是投资银行最本源、最基础的业务活动。投资银行承销的职权范围很广，包括本国中央政府、地方政府、政府机构发行的债券、企业发行的股票和债券、外国政府和公司在本国和世界发行的证券、国际金融机构发行的证券等。投资银行在承销过程中一般要按照承销金额及风险大小来权衡和选择承销方式。通常的承销方式有以下四种：

（1）包销。投资银行按照与发行人商定的价格购买发行的全部证券，然后再把这些证券卖给它们的客户。这时发行人不承担风险，风险转嫁到了投资银行的身上。

（2）投标承购。它通常是在投资银行处于被动竞争较强的情况下进行的，采用这种发行方式的证券通常都是信用较高，较受投资者欢迎的债券。

（3）代销。如果投资银行认为该证券的信用等级较低，承销风险较大，投资银行就会选择代销。采取这种方式，投资银行只接受发行者的委托，代理其销售证券，如在规定的期限计划内发行的证券没有全部销售出去，则将剩余部分返回证券发行者，发行风险由发行者自己负担。

（4）赞助推销。当发行公司增资扩股时，其主要对象是现有股东，但又不能确保现有股东均认购其证券，为防止难以及时筹集到所需资金，甚至引起本公司股票价格下跌，发行公司一般都要委托投资银行办理对现有股东发行新股的工作，从而将风险转嫁给投资银行。

2. 证券经纪与交易

投资银行在二级市场中扮演着做市商、经纪商和交易商三重角色。作为做市商，在证券承销结束之后，投资银行有义务为该证券创造一个流动性较强的二级市场，并维持市场价格的稳定。作为经纪商，投资银行代表买方或卖方，按照客户提出的价格代理进行交易。作为交易商,投资银行有自营买卖证券的需要,这是因为投资银行接受客户的委托,管理着大量的资产,必须要保证这些资产的保值增值。此外,投资银行还在二级市场上进行无风险套利和风险套利等活动。

3. 证券私募发行

证券的发行方式分作公募发行和私募发行两种。前面的证券承销实际上是公募发行。私募发行又称私下发行,就是发行者不把证券出售给社会公众,而是仅出售给数量有限的机构投资者,如保险公司、共同基金等。私募发行不受公开发行的规章限制,除能节约发行时间和发行成本外,还能够比在公开市场上交易相同结构的证券给投资银行和投资者带来更高的收益率,所以,近年来私募发行的规模仍在扩大。但同时,私募发行也有流动性差、发行面窄、难以公开上市扩大企业知名度等缺点。

4. 兼并与收购

企业兼并与收购已经成为现代投资银行除证券承销与经纪业务外最重要的业务组成部分。投资银行可以以多种方式参与企业的并购活动,如:寻找兼并与收购的对象、向并购公司和目标公司提供有关买卖价格或非价格条款的咨询、帮助并购公司制订并购计划或帮助目标公司针对恶意的收购制定反收购计划、帮助安排资金融通和过桥贷款等。此外,并购中往往还包括"垃圾债券"的发行、公司改组和资产结构重组等业务。

5. 项目融资

项目融资是对一个特定的经济单位或项目策划安排的一揽子融资的技术手段,借款者可以只依赖该经济单位的现金流量和所获收益用作还款来源,并以该经济单位的资产作为借款担保。投资银行在项目融资中起着非常关键的作用,它将与项目有关的政府机关、金融机构、投资者与项目发起人等紧密联系在一起,协调律师、会计师、工程师等一起进行项目可行性研究,进而通过发行债券、基金、股票或拆借、拍卖、抵押贷款等形式筹集项目投资所需的资金。投资银行在项目融资中的主要工作是:项目评估、融资方案设计、有关法律文件的起草、有关的信用评级、证券价格确定和承销等。

6. 公司理财

公司理财实际上是投资银行作为客户的金融顾问或经营管理顾问而提供咨询、策划或操作,具体分为两类:第一类是根据公司、个人或政府的要求,对某个行业、某个市场、某种产品或证券进行深入的研究与分析,提供较为全面的、长期的决策分析资料；第二类是在企业经营遇到困难时，帮助企业出谋划策，提出应变措施，诸如制定发展战略、重建财务制度、出售转让子公司等。

7. 基金管理

基金是一种重要的投资工具，它由基金发起人组织，吸收大量投资者的零散资金，聘请有专门知识和投资经验的专家进行投资并取得收益。投资银行与基金有着密切的联系，首先，投资银行可以作为基金的发起人，发起和建立基金；其次，投资银行可作为基金管理者管理基金；最后，投资银行可以作为基金的承销人，帮助基金发行人向投资者发售受益凭证。

8. 财务顾问与投资咨询

投资银行的财务顾问业务是投资银行所承担的对公司尤其是上市公司的一系列证券市场业务的策划和咨询业务的总称，主要指投资银行在公司的上市、在二级市场再筹资以及发生兼并收购、出售资产等重大交易活动时提供的专业性财务意见。投资银行的投资咨询业务是联结一级和二级市场，沟通证券市场投资者、经营者和证券发行者的纽带和桥梁。

9. 资产证券化

资产证券化是指经过投资银行把某公司的一定资产作为担保而进行的证券发行，是一种与传统债券筹资十分不同的新型融资方式。进行资产转化的公司称为资产证券发起人，发起人将持有的各种流动性较差的金融资产，如住房抵押贷款、信用卡应收款等，分类整理为一批资产组合，出售给特定的交易组织，即金融资产的买方（主要是投资银行），再由特定的交易组织以买下的金融资产为担保发行资产支持证券，用于收回购买资金。这一系列过程就称为资产证券化。资产证券化的证券即资产证券为各类债务性债券，主要有商业票据、中期债券、信托凭证、优先股票等形式。资产证券的购买者与持有人在证券到期时可获本金、利息的偿付。证券偿付资金来源于担保资产所创造的现金流量，即资产债务人偿还的到期本金与利息。如果担保资产违约拒付，资产证券的清偿也仅限于被证券化资产的数额，而金融资产的发起人或购买人无超过该资产限额的清偿义务。

10. 金融创新

根据特性不同，金融创新工具即衍生工具一般分为三类：期货类、期权类和调期类。使用衍生工具的策略有三种，即套利保值、增加回报和改进有价证券的投资管理。通过金融创新工具的设立与交易，投资银行进一步拓展了投资银行的业务空间和资本收益。首先，投资银行作为经纪商代理客户买卖这类金融工具并收取佣金；其次，投资银行也可以获得一定的价差收入，因为投资银行往往首先作为客户的对方进行衍生工具的买卖，然后寻找另一客户作相反的抵补交易；最后，这些金融创新工具还可以帮助投资银行进行风险控制，免受损失。金融创新也打破了原有机构中银行和非银行、商业银行和投资银行之间的界限和传统的市场划分，加剧了金融市场的竞争。

11. 风险投资

风险投资是指对新兴公司在创业期和拓展期进行的资金融通，表现为风险大、收益高。新兴公司一般是指运用新技术或新发明、生产新产品、具有很大的市场潜力、可以获得远高于平均利润的利润、但却充满了极大风险的公司。由于高风险，普通投资者往往都不愿涉足，但这类公司又最需要资金的支持，因而为投资银行提供了广阔的市场空间。投资银行涉足风险投资有不同的层次：第一，采用私募的方式为这些公司筹集资本；第二，对于某些潜力巨大的公司有时也进行直接投资，成为其股东；第三，更多的投资银行是设立"风险基金"或"创业基金"向这些公司提供资金来源。

四、投资银行在企业资本运营中的作用

投资银行在企业进行资本运营活动中主要扮演经纪人和财务顾问的角色，主要进行资本运营的策划，参与合同的谈判，确立交易条件，协助筹集必要的资金。具体地说，投资银行在企业资本运营活动中的作用主要包括以下三个方面。

1. 策划企业的资本运营方案

资本运营是一项非常繁杂的工作，从可行性研究、目标企业的选择、相关信息的搜集、资本运营方案的确定和实施、一直到突发情况的应变都需要专业的机构方能胜任，而一般的企业不可能有足够的人才和组织机构，因此就需要投资银行的参与。大多数投资银行都设有专业的部门，这些部门平时注意搜集有关可能进行资本运营的信息，尤其是关于并购的信息，比如，调查清楚哪些有资本实力的公司可能想并购其他公司、哪些公司愿意被并购、哪些公司有可能成为引人注目的被并购企业等。这样，投资银行就积累了大量的潜在信息。由于具有信息优势和长年积累起来的技巧及经验，资本运营活动的双方都会聘请投资银行帮助策划，安排有关事项。因为一般的公司不熟悉资本市场运作的规则，如果不聘请投资银行作为参谋，交易成本会更大。

下面以资本运营模式中最为常见的公司并购为例，说明投资银行在方案设计阶段的具体作用。

（1）对并购方的作用。

当一家投资银行受聘为并购方的财务顾问后，它所要进行的工作主要是：

一是替并购方寻找合适的被并购企业。并购方往往缺乏关于被并购企业的信息，并购者自己寻找被并购企业的成本往往大于求助于投资银行的成本，因此在实际操作中往往寻找投资银行作为它们的顾问。

二是整体设计并购方案。投资银行提出具体的并购建议，包括并购策略、并购标准、并购价格与非价格条件、并购时间表和相关的财务安排等。制定并购策略，就是确定采取哪一种并购方式，是横向、纵向还是混合并购以及为达到并购目的所采取的原则、方法等。制定并购标准即确定选择被并购对象的准则，也就是对被并购企业的要求，如被并购企业所处的行业、生产的产品、规模、资产状况、资源优势、技术水平、市场状况、管理水平等。对被并购企业进行财务分析，是指通过财务分析，评估出被并购企业愿意被并购的最低价格，并购对双方的主要财务指标有什么影响等。

三是与被并购企业商议并购条款。并购中各个方面利害关系的协调是并购成功与否的关键性因素，因此投资银行应帮助并购方协调好和与被并购企业的董事、大股东的关系。

四是编制有关的并购公告。在与被并购企业的董事会或大股东接洽的同时准备一份寄给被并购企业股东的函件，说明并购的原因、条件和接纳并购程序等。投资银行在并购文件的起草方面是行家，因此，这些文字性工作一般由投资银行完成。

五是根据并购方的自身情况、并购目标以及目标企业的具体情况，制订详细的、切实可行的并购计划。

（2）对被并购方的作用。

并购分为善意并购和敌意并购。在发生敌意并购时，被并购企业为了防御和抵抗敌意并购企业的进攻，往往请求投资银行设计出反并购策略来对付并购方。

一是如果是敌意并购，投资银行和公司的董事会一起制定出一套反收购的策略。

二是就并购方提出的并购建议，设法向股东证明并购方的出价太低。

三是充分利用舆论工具，编制有关的文件和公告，包括新闻、公告等，说明董事会对建议的初步反应和他们对股东的意见。

四是协助被并购企业董事会准备一份对并购建议的详细分析和他们的决定，寄给本公司的股东。

五是指出并购企业的并购行为与现行的某些法规相抵触司法部门的注意，并且出面干预。

2. 确定交易条件，建立公允价格

资本运营活动成功的关键在于交易价格的确定，价格过低，可能会被目标企业拒绝，导致资本运营活动失败；而价格过高，又会影响并购企业未来的收益。在资本运营活动中，双方都会聘请各自的投资银行就交易价格、付款方式和交易后企业的重组整合等进行谈判。投资银行则在调查和分析目标企业的资产负债情况、盈利能力及发展前景的基础上，提出各自的报价、付款方式和并购后企业的重组整合方案等，最终确定一个公平合理的、双方都能够接受的交易合同，并确立公允的交易价格。

3. 提供融资服务

资本运营活动一般需要大量的资金，单纯依靠企业自有资金是不够的，而通过银行借贷等传统手段融资数量小、难度大，投资银行在作为资本运营双方财务顾问的同时，往往还作为其融资顾问，负责其资金的筹措。这在杠杆收购中表现得尤为突出，依据收购方主要使用债务资金和要求保密的特点，投资银行主要是从建议并购、资金融通和安排过渡性资金筹措三个方面开展工作，在安排资金融通的工作中，投资银行的主要作用体现在协助收购方设计和组织发行"垃圾债券"。

第二节　会计师事务所

资本运营活动不仅需要投资银行在资产、金融等方面提供专业化服务，还离不开会计师事务所在财务、审计、税务等方面提供专业服务。

一、会计师事务所的概念

会计师事务所是由有一定会计专业水平、经考核取得证书的会计师组成的、受当事人委托承办有关审计、会计、咨询、税务等方面业务的组织。注册会计师执行业务，应当加入会计师事务所。在我国会计师事务所有合伙制和有限责任公司两种形式，在国外还有有限责任合伙制。

会计师事务所和投资银行一样，是企业进行资本运营活动不可缺少的中介机构，很多大型会计师事务所都有自己的资本运营咨询部门，它们在企业的资本运营活动中主要扮演审计与评估的角色，并以顾问身份参加方案的制订、谈判，以及交易的最终达成。

中国的注册会计师制度是 1980 年恢复重建的。1981 年 1 月 1 日，上海成立了注册会计师制度恢复重建后的第一家会计师事务所，1988 年 11 月 15 日中国注册会计师协会成立，中国注册会计师行业进入自我管理的新阶段，注册会计师队伍得到迅速发展，1994 年 1 月 1 日《中华人民共和国注册会计师法》颁布，注册会计师的行为受到法律的规范和保护。

根据《中华人民共和国注册会计师法》，会计师事务所可以由注册会计师合伙设立。合伙设立的会计师事务所的债务，由合伙人按照出资比例或者协议的约定，以各自的财产承担责任。合伙人对会计师事务所的债务承担连带责任。在满足注册资本不少于三十万元，至少有五名注册会计师以及国务院财政部门规定的业务范围和其他条件的情况下，会计师事务所也可以为有限责任的法人。具体规定见表 9 – 1。

表 9 – 1　　　　　　　会计师事务所的相关规定

第二十三条　会计师事务所可以由注册会计师合伙设立。
合伙设立的会计师事务所的债务，由合伙人按照出资比例或者协议的约定，以各自的财产承担责任。合伙人对会计师事务所的债务承担连带责任。
第二十四条　会计师事务所符合下列条件的，可以是负有限责任的法人：
（一）不少于三十万元的注册资本；
（二）有一定数量的专职从业人员，其中至少有五名注册会计师；
（三）国务院财政部门规定的业务范围和其他条件。
负有限责任的会计师事务所以其全部资产对其债务承担责任。
第二十五条　设立会计师事务所，由国务院财政部门或者省、自治区、直辖市人民政府财政部门批准。
申请设立会计师事务所，申请者应当向审批机关报送下列文件：
（一）申请书；
（二）会计师事务所的名称、组织机构和业务场所；
（三）会计师事务所章程，有合伙协议的并应报送合伙协议；
（四）注册会计师名单、简历及有关证明文件；
（五）会计师事务所主要负责人、合伙人的姓名、简历及有关证明文件；
（六）负有限责任的会计师事务所的出资证明；
（七）审批机关要求的其他文件。

——资料来源：《中华人民共和国注册会计师法》。

二、会计师事务所的业务

会计师事务所的业务主要涵盖以下七个方面：

（1）检查会计账目，提出查账报告书；

（2）设计财务会计制度，指导制度的执行；

（3）为有关财务会计问题的咨询，提供建议和意见；

（4）代办申报所得税、申请专利权、企业成立及变更的登记、债权债务的清理、企业的解散清算等事项；

（5）参与拟订公司章程、经济合同、协议、契约及有关财务会计的各种文件等事项；

（6）在发生经济纠纷、经济案件时，担任代理人，参加调解、仲裁等工作；

（7）担任委托单位的常年会计顾问，办理上列各项业务。

我国《注册会计师法》对于可承担的业务规定如表9-2。

表9-2　　　　　　　关于会计师承办业务的规定

第十四条　注册会计师承办下列审计业务： （一）审查企业会计报表，出具审计报告； （二）验证企业资本，出具验资报告； （三）办理企业合并、分立、清算事宜中的审计业务，出具有关的报告； （四）法律、行政法规规定的其他审计业务。 注册会计师依法执行审计业务出具的报告，具有证明效力。 **第十五条**　注册会计师可以承办会计咨询、会计服务业务。 **第十六条**　注册会计师承办业务，由其所在的会计师事务所统一受理并与委托人签订委托合同。 会计师事务所对本所注册会计师依照前款规定承办的业务，承担民事责任。

——资料来源：《中华人民共和国注册会计师法》。

三、会计师事务所在资本运营中的作用

在企业进行资本运营的过程中，会计师事务所将重点提供审计、会计账务调整、制定税务专案、提供资产评估等专业服务项目，当然资产评估也可以由专业的资产评估机构独立完成。

1. 审计

在制定资本运营的准协议之后，就必须对目标企业进行审计，包括营业业绩、设备状况和财务等一切大小事宜均要经过审查。如果审计结果与事前情报有很大出入，也可以修正交易价格。在注册会计师进行审计的过程中，可以根据需要查阅有关会计资料和文件，查看业务现场和设施，并要求提供其他必要的协助。

2. 会计账务调整

资本运营活动必然涉及双方资产、股权重组和企业的价值重估，因此，必须调整进行资本运营企业的会计账务，将购买到的资产、股权等按不同的方法并入

本企业的相关账项,以此反映企业资产的分布结构以及资本结构。资本运营活动引起的企业之间的产权重组,直接涉及投资人、债权人、债务人、经营者等多方利益,必须坚持合理公正的原则来调整企业账务,使合并后的会计报表既能合理反映企业实力,又能有效维护各权益方的利益。

3. 制定税务专案

税务专案是有关资本运营企业处理税务的方案,这项工作是资本运营过程中的一个重要环节,因为相关资产在会计上如何处置和税金(譬如印花税、资本增值税、所得税等)有很大关系,应充分挖掘资本运营活动所带来的税务好处,减少带来的不利影响。

4. 资产评估

资产评估包括对有形资产(固定资产、流动资产、专项资产等)和无形资产(知识产权、专营权、许可证、商誉等)的评估,需遵循法规性、公平性、客观性、科学性、独立性等原则。通过资产评估,可以摸清目标企业的资产结构和状况,分析资产的产出能力,为并购决策提供依据;还可以为取得资金提供依据,资本运营活动一般都需要大量资金,在其自身财力不足时向外融资,资产评估能为投资人或贷款人提供决策依据;另外,评估可以促使资本运营活动规范化,避免资产价格被人为抬高或压低。

第三节 律师事务所

一、律师事务所的概念

律师事务所可在规定的专业活动范围内,接受当事人的委托,提供各种法律服务,并负责具体分配和指导所属律师的业务工作。有条件的律师事务所可按专业分工的原则在内部设置若干业务组,律师事务所原则上设在县、市、市辖区,各律师事务所之间没有隶属关系。律师事务所的组织形式可以是合伙所和个人所。我国关于律师事务所的规定见表9-3。

表9-3 律师事务所的相关规定

第十四条 律师事务所是律师的执业机构。设立律师事务所应当具备下列条件: (一)有自己的名称、住所和章程; (二)有符合本法规定的律师;

> （三）设立人应当是具有一定的执业经历，且三年内未受过停止执业处罚的律师；
> （四）有符合国务院司法行政部门规定数额的资产。
> **第十五条** 设立合伙律师事务所，除应当符合本法第十四条规定的条件外，还应当有三名以上合伙人，设立人应当是具有三年以上执业经历的律师。
> 合伙律师事务所可以采用普通合伙或者特殊的普通合伙形式设立。合伙律师事务所的合伙人按照合伙形式对该律师事务所的债务依法承担责任。
> **第十六条** 设立个人律师事务所，除应当符合本法第十四条规定的条件外，设立人还应当是具有五年以上执业经历的律师。设立人对律师事务所的债务承担无限责任。

——资料来源：《中华人民共和国律师法》。

二、律师担任法律顾问的作用和业务范围

根据我国《律师法》的规定，中国律师为企业事业单位担任法律顾问，主要承担以下职责：为聘请单位就业务上的法律问题提供意见，草拟和审查法律事务文件，代理参加诉讼、调解成仲裁活动，以维护聘方的合法权益。

律师担任法律顾问的形式，分为常年法律顾问和专项法律顾问。常年法律顾问一般聘期为一年以上，其工作范围较全面；专项法律顾问是专为某项法律事务而聘任，此项法律事务结束或提供的帮助一旦完成，聘任关系即行解除。

法律顾问的作用主要是帮助聘方了解国家有关法律，使其行为规范化、合法化，并通过多加谈判、诉讼及非诉讼活动（如调解），可以预防和排除各类违法行为对聘方利益的侵犯，保护其合法权益，减少其经济损失。法律顾问的主要业务范围是：

1. 就聘方业务上的法律问题提供意见

法律顾问的立足点在聘方决策事项所涉及的政策和法律问题上，从法律可行性研究方面提出意见，供聘方参考。法律可行性研究的内容包括：某项决策是否符合法律、法规和政策的规定，采取什么法律形式与外界发生经济关系对聘方更有利，实施此决策的法律后果预测等。

2. 为聘方草拟和审查各种法律事务文书

法律事务文书是各种经济往来活动的手段和工具，主要包括合同、协议、章程、规则、声明、决定、决议、诉状、答辩状等。法律顾问为聘方草拟文书、审查法律事务文书的合法性和可行性，可以保证聘方行为得到法律保护。

3. 参与合同谈判

谈判就是针对合同的具体条款进行磋商，以期达成协议。参与谈判是法律顾

问为聘方服务的重要方式,其任务是保证聘方的行为合法,并在法律允许的范围内最大化聘方利益。同时,为日后合同的履行打下良好的基础。

4. 代理聘方参加诉讼、调解或者仲裁活动

即当聘方在经济活动中与他方发生争执或纠纷时,代理聘方进行必要的法律活动,维护其权益。

三、律师在资本运营中的作用

在资本运营过程中,律师的工作是必不可少的。因为任何一个哪怕是十分简单的资本运营活动都会涉及许多方面的内容,而法律是其中最重要的内容之一。不了解法律要求,不知道哪项活动会涉及哪些法律要求,要承担什么法律责任,应受到哪些法律保护,会产生什么法律效果等,一方面会在出现有关法律问题时手足无措,不知该怎么处理;另一方面则会因不熟悉有关法律问题而使已启动的资本运营行动遇到原本就已存在的法律障碍而中途搁浅,或者虽然交易完成,但埋下很多潜在法律隐患。

1. 对资本运营活动进行法律策划

就资本运营的方案而言,律师负责法律方面的策划,主要工作有以下四个方面:

第一,向当事人解释说明有关法律法规对具体资本运营模式的规定与适用,比如我国法律或者东道国法律对准备采取的资本运营模式是允许还是禁止,是鼓励还是限制,有无前提条件或例外,审批环节如何规定等等。

第二,对于可行的资本运营方案,分析各种具体模式的利弊和可能产生的法律责任,帮助确定一个最佳的资本运营模式或组合,把法律风险降到最低限度,并取得包括税收等平衡的利益。

第三,帮助当事人理顺法律关系,尤其是产权关系,明确交易的主体与交易主体情况,避免出现交易主体混乱从而产生无效做法,使整个交易正规化、规范化进行。

第四,向当事人说明资本运营中的法律障碍,帮助设计合法地避开该障碍的方式方法,或利用相关的法律规定,调整资本运营的操作节奏等。

2. 审查目标企业的相关资料

律师要对目标企业的相关资料进行审查,一方面摸清目标企业可能涉及的法律上的情况;另一方面,注意哪些情况可能会给聘方带来责任,增加负担,有无方法加以消除或清理解决。

(1) 审查目标企业的主体资格。

首先是调查了解目标企业的主体资格，包括其成立情况、股东情况、工商登记注册、年审情况、公司的变更情况等相关的文件，以确定交易方的主体合法性。

(2) 审查目标企业的章程与实施细则。

在审查章程与实施细则时，需要注意该章程或实施细则中是否有条款可能对资本运营的进程和结果产生不良影响。尤其是在准备对目标企业进行并购的情况下，目标企业的章程与实施细则中如果有防御并购的条款，如绝对多数表决、黄金降落伞、双机资本化等，将使该企业能够更迅速有效的实施反收购策略，从而影响并购的实施以及最终目标的实现。

(3) 审查目标企业各项财产权利的完整性和合理性。

目标企业的财产，特别是土地使用权、房产权、机械设备的所有权、专利权、商标权等，应该是其合法取得并完整的，不存在租赁、抵押和留置问题，也不存在尚未付清款项因而使其所有权不清等问题。对于专利商标等无形资产权利，则要注意其取得方式、范围与时效，特别要注意时效与相关限制。律师对此审查的意义在于事先发现或理顺目标企业的产权关系，提出解决问题的办法，确保资本运营方取得的目标企业的财产完整且无法律上的后遗症。

(4) 审查目标企业的合同、债务文件及其他对第三方的义务。

在审查目标企业的合同时，特别应注意贷款、抵押合同、担保合同、代理合同、特许权使用合同等，了解其中是否有在目标企业控制权发生变化时，就得提前履行支付义务或终止使用权或相关权利等的规定。审查此类规定，就是要权衡聘方可能丧失的一些权利，并调整关于资本运营效果的预期。

(5) 审查目标企业的债务和诉讼情况。

目标企业的债务与诉讼，会增大资本运营方的责任，而或有负债与当时已有争议、不久的将来肯定会引起诉讼的情况更会为资本运营方的责任带来不确定性。这些责任虽然不能躲避，但可以在理清后作为砝码从应付卖方的款项中作相应扣除或由卖方提供相应的担保以减轻资本运营的风险。律师的审查就是要了解清楚目标企业的债务情况及其偿还周期、利率、罚期以及债权人有无限制性要求；了解目标企业的纳税情况、环保情况、以掌握这方面有无责任或可能的责任；了解目标企业有无诉讼情况，诉讼的数目、标的以及进展情况和可能结果等。

(6) 审查目标企业的租赁情况。

目标企业的租赁情况包括出租与承租两个方面。目标企业在出租或承租时与承租人或出租人的承、出租协议是否合法有效，协议中是否有因目标企业的控制权发生变化，出租或承租关系就会终止或受限制的规定。由于租赁关系的改变与资本运营有直接利害关系，如并购过程中，如果被并购企业租赁的固定资产因被并购而中止合同，被出租方收回，将会影响并购后该企业正常的生产运营，导致并购方收益的下降与权益的损坏，因此，事先的审查与相关措施是十分必要的。

（7）审查目标企业的董事会、股东大会决议、纪要等。

大规模的资产运营方案，必然要经过目标企业的董事会和股东大会的同意，依照《公司法》的规定，同意方案必须有相应的董事会和股东大会的决议。律师要注意审查有关的董事会与股东大会决议是否依法作出，有无达到法定的或章程中规定的同意票数，投票权是否有效等，以确保程序上无瑕疵。

（8）审查必要的批准文件。

按照相关法律规定，有些资产、股权的转让需要事先得到国家相关管理部门的同意和批准，譬如，跨国公司对我国企业大规模的并购需要经商务部批准，可口可乐对汇源的并购则因触及《反垄断法》而未被商务部批准。所以，在进行资本运营时都需要先审查相关的批准文件，并对文件的真实性、合法性以及有效性进行详细的审查。

3. 负责起草修改合同、相关文件、出具法律意见书

资本运营活动涉及的合同或协议，都是专业性很强的法律文件，应由律师来起草或修改。合同虽有一定的范本或模式，但资本运营个案各不相同，合同中一两句之差、一两字的调整，都可能会使合同中的内容发生根本变化。即使合同协议做出后，也还需要与目标企业再作磋商、反复修改，最后方能定稿。律师参与其中，就可以从头至尾，善始善终地把合同做好，避免法律漏洞。如果律师只起草合同、而不参与修改，那么修改后的合同就很难有保障了。

合同、协议做出的同时，还会有一些相关的文件应由律师起草。如目标企业的董事会、股东大会决议，与资本运营活动相冲突的有关已有文件内容的调整与修改，对目标企业原有的一些合同内容的调整，某些权利处分的法律文书等。

律师的另外一项工作是出具法律意见书。出具法律意见书一般是在审查了上述应审查的文件和资料之后出具，其内容一方面是对涉及资本运营活动的一些事实、法律的确认；另一方面是对有关交易主体资格及法律关系、已审查资料中应予以注意的问题、交易的合法性与否等问题的阐述说明、证实或建议，从而使当事人明了该资本运营活动在法律方面的情况。

4. 协调、沟通资本运营各方

除了上述作用外，律师在资本运营活动中还有一个不可忽视的作用就是协调与沟通。由于当事人双方不了解或不熟悉有关法律情况，在对待某一问题时，难

免会按照自己的理解去行事。理解上的差异就会引起相互沟通上的困难与一些无谓的争议，进而导致一些劳而无功的行为，浪费时间与精力。有律师参与，及时地沟通双方，就该问题提供相应的法律咨询与解释说明，有根有据，双方就容易很快地达成共识，形成统一意见，从而提高资本运营活动的效率。由于律师具有相当的经验，在资本运营各方的磋商过程中，还可以起到一定的协调作用，当双方因某一问题产生分歧不能继续进行下去时，律师可以从中斡旋，找出一个居中的或双方都能接受的办法来使磋商继续进行下去，当遇到某一难度或障碍不易继续下去，律师也可以根据经办过的其他案例设计出相应的方案，从而帮助资本运营活动较为顺利地进行。

● 本章思考题

1. 投资银行在资本运营中的作用是什么？
2. 我国对会计师事务所的规定有哪些？会计师事务所在资本运营中扮演什么角色？
3. 我国对律师事务所的规定有哪些？律师事务所在资本运营中扮演什么角色？
4. 试举例说明中介机构在具体资本运营活动中的作用。

附录1 中油吉林化建工程股份有限公司要约收购报告书（摘要）

上市公司名称 中油吉林化建工程股份有限公司
股票上市地点 上海证券交易所
股 票 简 称 中油化建
股 票 代 码 600546
收 购 人名 称 山西煤炭进出口集团有限公司
住   所 山西省太原市府西街36号
通 讯 地 址 山西省太原市府西街36号
财 务 顾 问
签 署 日 期 二○○九年四月二十四日

重要内容提示

一、被收购公司基本情况

公司名称：中油吉林化建工程股份有限公司
上市地点：上海证券交易所
股票简称：中油化建
股票代码：600546
股本结构：

附表1 股本结构

股东名称	持股数量（股）	占总股本比例（%）	解除限售日期
限售流通股股东	119 266 015	39.75	—
吉化集团公司	119 266 015	39.75	2009年7月27日
无限售流通股股东	180 733 985	60.25	—
合计	300 000 000	100.00	—

二、收购人基本情况

收购人名称：山西煤炭进出口集团有限公司

收购人住所：山西省太原市府西街36号
通讯地址：山西省太原市府西街36号
联系电话：0351-4061543

三、收购人关于收购的决定

（一）2008年12月3日，山西煤炭进出口集团有限公司（以下简称"山煤集团"或"收购人"）召开董事会并通过决议：同意山煤集团通过受让吉化集团公司（以下简称"吉化集团"）所持中油吉林化建工程股份有限公司（以下简称"中油化建"）股份、全面要约收购中油化建无限售条件流通股、中油化建向山煤集团非公开发行股份以及资产置换等方式同步实施实现对中油化建的收购及重大资产重组。

（二）2008年12月5日，山西省国资委下发《关于山西煤炭进出口集团有限公司重组上市有关问题的批复》（晋国资产权函[2008]558号），同意山煤集团通过收购上市公司股权的方式，实施资产重组实现企业上市；同意山煤集团董事会作出的协议收购吉化集团所持上市公司中油化建股份，并要约收购中油化建无限售条件流通股的决议。

（三）2008年12月17日，山煤集团召开董事会并通过决议，同意山煤集团以所持山西煤炭进出口集团临汾有限公司、山西煤炭进出口集团朔州有限公司、山西中泰煤业有限公司、山西煤炭进出口集团阳泉公司、山西煤炭进出口集团晋城有限公司、山西煤炭进出口集团大同有限公司、山西煤炭进出口集团吕梁有限公司等七家全资子公司100%的股权资产为对价，协议收购吉化集团公司持有的中油化建39.75%的国有法人股（共计119 266 015股）；同意山煤集团根据《中华人民共和国证券法》和《上市公司收购管理办法》的有关规定，向中油化建除吉化集团公司以外的全体股东发出全面要约，履行要约收购义务。

（四）2009年2月5日，山西省人民政府国有资产监督管理委员会出具《关于协议受让中油吉林化建工程股份有限公司股份的批复》（晋国资产权函[2009]37号），同意山煤集团以资产为对价协议受让吉化集团所持中油化建11 926.601 5万股股份。

四、要约收购的目的

本次要约收购的目的是履行因收购人协议收购吉化集团持有的中油化建119 266 015股限售流通股（占中油化建总股本39.75%）而触发的法定要约收购义务，不以终止中油化建上市地位为目的。

五、是否拟在未来12个月内继续增持上市公司股份

本次要约收购完成后的12个月内，收购人拟以所持有的煤炭生产、煤炭贸易和煤炭设备及服务类子公司的股权资产认购中油化建非公开发行的股份，继续增持中油化建股份。

六、要约收购股份的有关情况

附表 2　　　　　　　　　　要约收购股份情况

股份类别	要约价格（元/股）	要约收购数量（股）	占总股本比例（%）
流通 A 股	5.30	180 733 985	60.25
合　计		180 733 985	60.25

七、要约收购资金的有关情况

本次要约收购的收购资金全部为收购人自有资金，没有任何部分收购资金直接或间接来源于中油化建及其关联方。

山煤集团对履行要约收购义务所需资金进行了稳妥的安排，已将不低于履行要约收购义务最高支付金额的 20% 的履约保证金合计 19 160 万元人民币存入中国证券登记结算有限责任公司上海分公司指定的银行账户中。

八、要约收购的有效期限

本次要约收购的有效期限为 30 天，即经中国证券监督管理委员会审核无异议的要约收购报告书全文公告之日起 30 个自然日，期限自 2009 年 4 月 30 日开始，至 2009 年 5 月 29 日结束。

在要约收购有效期限内，投资者可以在上海证券交易所网站（http://www.sse.com.cn）上查询截至前一交易日的预受要约股份的数量以及撤回预受要约的股份数量。

九、收购人聘请的财务顾问及法律顾问的名称、通讯方式

收购人财务顾问：安信证券股份有限公司

地　　　　址：深圳市福田区金田路 4018 号安联大厦 35 层

法 定 代 表 人：牛冠兴

电　　　　话：010 - 66581783

传　　　　真：010 - 66581836

联　系　人：张　灵

收购人法律顾问：北京市国枫律师事务所

地　　　　址：北京市西城区阜成门北大街 6 - 9 号国际投资大厦 C 座 18 层

负　责　人：张利国

电　　　　话：010 - 66090088

传　　　　真：010 - 66090016

联　系　人：马　哲

十、要约收购报告书及其摘要签署日期

本要约收购报告书及其摘要于二〇〇九年四月二十四日签署。

重要事项提示：

2009年1月22日，国务院国有资产监督管理委员会出具《关于中油吉林化建工程股份有限公司国有股东所持股份转让有关问题的批复》（国资产权[2009]41号），同意吉化集团将所持中油化建11 926.601 5万股股份转让给山煤集团。

2009年2月5日，山西省人民政府国有资产监督管理委员会出具《关于协议受让中油吉林化建工程股份有限公司股份的批复》（晋国资产权函[2009]37号），同意山煤集团以资产为对价协议受让吉化集团所持中油化建11 926.601 5万股股份。

2009年4月23日，中国证券监督管理委员会出具《关于核准山西煤炭进出口集团有限公司公告中油吉林化建工程股份有限公司要约收购报告书的批复》（证监许可[2009]328号），中国证券监督管理委员会对山西煤炭进出口集团有限公司公告中油吉林化建工程股份有限公司要约收购报告书无异议。

收购人声明：

1. 本报告书依据《中华人民共和国证券法》、《上市公司收购管理办法》、《公开发行证券的公司信息披露内容与格式准则第17号——上市公司要约收购报告书》及相关的法律、法规编制。

2. 依据《中华人民共和国证券法》、《上市公司收购管理办法》的规定，本报告书已全面披露收购人（包括股份持有人、股份控制人以及一致行动人）在中油吉林化建工程股份有限公司拥有权益的股份的情况。

截至本报告书签署之日，除本报告书披露的持股信息外，上述收购人没有通过任何其他方式持有、控制中油吉林化建工程股份有限公司的股份。

3. 收购人签署本报告已获得必要的授权和批准，其履行亦不违反收购人章程或内部规则中的任何条款，或与之相冲突；收购人在本报告书中援引相关专业机构出具的专业报告或意见内容，相关专业机构已书面同意上述援引。

4. 本要约收购报告书的目的仅为向社会公众投资者提供本次要约收购的情况，本次要约收购文件尚须报中国证监会审核，本要约收购并未生效，具有不确定性。

5. 如中国证监会对要约收购文件未提出异议，要约收购报告书全文将刊登于巨潮资讯网（http://www.cninfo.com.cn）。投资者在做出是否预受要约的决定之前，应当仔细阅读要约收购报告书全文，并以此作为投资决定的依据。

6. 收购人的决策机构全体成员共同承诺本报告及其摘要不存在虚假记载、误导性陈述或重大遗漏，并对其真实性、准确性、完整性承担个别和连带的法律责任。

7. 本次要约收购为无条件、向中油吉林化建工程股份有限公司除吉化集团以外的全体流通股股东进行全面要约收购，目的是履行因收购人协议收购吉化集团持有的中油化建 119 266 015 股限售流通股（占中油化建总股本 39.75%）而触发的法定要约收购义务，不以终止中油化建上市地位为目的。但如因本次要约收购导致社会公众持有的股份低于上市公司股份总数的 25%，上市公司将存在终止上市的风险。

8. 本次收购是根据本报告所载明的资料进行的。除收购人及所聘请的具有证券从业资格的专业机构外，没有委托或者授权任何其他人提供未在本报告中列载的信息和对本报告做出任何解释或者说明。

重要风险提示：

本次要约收购的目的是履行因山西煤炭进出口集团有限公司协议收购中油吉林化建工程股份有限公司 39.75% 的股份而触发的法定要约收购义务，不以终止中油化建上市地位为目的。

根据《上海证券交易所股票上市规则》第 18.1 条第（十一）项有关上市公司股权分布的规定，若社会公众股东持有的股份连续二十个交易日低于公司总股本的 25%，或公司股本总额超过人民币 4 亿元的，低于公司总股本的 10%，则上市公司股权分布不再具备上市条件。

若本次要约收购结束后，社会公众接受要约的股份数超过 105 733 985 股，则社会公众持有的股份将低于中油化建股份总数的 25%，由于中油化建现有总股本不超过人民币 4 亿元，中油化建将面临其股权分布不具备上市条件的风险。

按照《上海证券交易所股票上市规则》第 12.16 条："上市公司因股权分布发生变化导致连续二十个交易日不具备上市条件的，本所将于前述交易日届满的下一交易日起对公司股票及其衍生品种实施停牌。公司在停牌后一个月内向本所提交解决股权分布问题的方案。本所同意其实施解决股权分布问题的方案的，公司应当公告本所决定并提示相关风险。自公告披露日的下一交易日起，公司股票及其衍生品种复牌并被本所实施退市风险警示。"

第 12.17 条："根据收购结果，被收购上市公司股权分布具备上市条件的，公司股票及其衍生品种应当于要约结果公告日开市时复牌；股权分布不具备上市条件的，且收购人以终止上市公司上市地位为目的的，公司股票及其衍生品种应当于要约结果公告日继续停牌，直至本所终止其股票及其衍生品种上市；股权分布不具备上市条件，但收购人不以终止上市公司上市地位为目的的，可以在五个交易日内向本所提交解决股权分布问题的方案，并参照 12.16 条规定处理。"

第 13.2.1 条："上市公司出现下列情形之一的，本所对其股票交易实行退市风险警示：（七）因第 12.16 条股权分布不具备上市条件，公司在规定期限内向本所提交解决股权分布问题的方案，并获得本所同意。"

第13.2.13条:"上市公司股票交易因第13.2.1条第(七)项被本所实行退市风险警示的,在六个月内完成解决股权分布问题的方案且其股权分布具备上市条件的,可以向本所申请撤销对其股票交易实行的退市风险警示。"

第14.1.1条:"上市公司出现下列情形之一的,由本所决定暂停其股票上市:(五)因第12.16条股权分布发生变化不具备上市条件,未在停牌后一个月内向本所提交解决股权分布问题的方案,或者提交了方案但未获本所同意,或者因第13.2.1条第(七)项被本所实行退市风险警示后,在六个月内其股权分布仍不具备上市条件。"

第14.2.4条:"上市公司因14.1.1条第(五)项情形其股票被暂停上市的,在暂停上市后六个月内,其股权分布重新具备上市条件的,可以在事实发生后五个交易日内,以书面形式向本所提出恢复上市的申请。"

第14.3.1条:"上市公司出现下列情形之一的,由本所决定终止其股票上市:(九)因第14.1.1条(五)项股票被暂停上市后,在暂停上市六个月内股权分布仍不具备上市条件。"

若要约收购完成后,中油化建连续二十个交易日不具备上市条件,中油化建将在停牌后一个月内向上海证券交易所提交解决股权分布问题的方案,上海证券交易所同意实施解决股权分布问题的方案的,中油化建股票交易将被实施退市风险警示;若中油化建提交方案未获上海证券交易所同意,或者上海证券交易所同意后六个月内中油化建股权分布仍不具备上市条件,中油化建股票将被暂停上市;在暂停上市后六个月内,中油化建股权分布重新具备上市条件的,可以在事实发生后五个交易日内,以书面形式向上海证券交易所提出恢复上市的申请;若中油化建股票被暂停上市交易之日起六个月内仍不能达到上市条件的,中油化建股票将被终止上市交易。

若中油化建股票出现上述退市风险警示、暂停上市、终止上市的情况,有可能给中油化建投资者造成损失,提请投资者注意风险。

若本次要约收购导致中油化建股权分布不具备上市条件,收购人作为中油化建股东将运用其股东表决权或者通过其他符合中国法律、法规以及中油化建章程规定的方式提出相关建议或者动议,促使中油化建在规定时间内提出维持中油化建上市地位的解决方案并加以实施,以维持中油化建的上市地位。

——资料来源:上海证券交易所网站,http://www.sse.com.cn。

附录2 《中华人民共和国企业破产法》关于重整和解的相关规定

第八章 重 整

第一节 重整申请和重整期间

第七十条 债务人或者债权人可以依照本法规定,直接向人民法院申请对债务人进行重整。

债权人申请对债务人进行破产清算的,在人民法院受理破产申请后、宣告债务人破产前,债务人或者出资额占债务人注册资本十分之一以上的出资人,可以向人民法院申请重整。

第七十一条 人民法院经审查认为重整申请符合本法规定的,应当裁定债务人重整,并予以公告。

第七十二条 自人民法院裁定债务人重整之日起至重整程序终止,为重整期间。

第七十三条 在重整期间,经债务人申请,人民法院批准,债务人可以在管理人的监督下自行管理财产和营业事务。

有前款规定情形的,依照本法规定已接管债务人财产和营业事务的管理人应当向债务人移交财产和营业事务,本法规定的管理人的职权由债务人行使。

第七十四条 管理人负责管理财产和营业事务的,可以聘任债务人的经营管理人员负责营业事务。

第七十五条 在重整期间,对债务人的特定财产享有的担保权暂停行使。但是,担保物有损坏或者价值明显减少的可能,足以危害担保权人权利的,担保权人可以向人民法院请求恢复行使担保权。

在重整期间,债务人或者管理人为继续营业而借款的,可以为该借款设定担保。

第七十六条 债务人合法占有的他人财产,该财产的权利人在重整期间要求取回的,应当符合事先约定的条件。

第七十七条 在重整期间,债务人的出资人不得请求投资收益分配。

在重整期间,债务人的董事、监事、高级管理人员不得向第三人转让其持有的债务人的股权。但是,经人民法院同意的除外。

第七十八条 在重整期间,有下列情形之一的,经管理人或者利害关系人请求,人民法院应当裁定终止重整程序,并宣告债务人破产:

(一)债务人的经营状况和财产状况继续恶化,缺乏挽救的可能性;

(二)债务人有欺诈、恶意减少债务人财产或者其他显著不利于债权人的行为;

(三)由于债务人的行为致使管理人无法执行职务。

第二节 重整计划的制定和批准

第七十九条 债务人或者管理人应当自人民法院裁定债务人重整之日起六个月内,同时向人民法院和债权人会议提交重整计划草案。

前款规定的期限届满,经债务人或者管理人请求,有正当理由的,人民法院可以裁定延期三个月。

债务人或者管理人未按期提出重整计划草案的,人民法院应当裁定终止重整程序,并宣告债务人破产。

第八十条 债务人自行管理财产和营业事务的,由债务人制作重整计划草案。

管理人负责管理财产和营业事务的,由管理人制作重整计划草案。

第八十一条 重整计划草案应当包括下列内容:

(一)债务人的经营方案;

(二)债权分类;

(三)债权调整方案;

(四)债权受偿方案;

(五)重整计划的执行期限;

(六)重整计划执行的监督期限;

(七)有利于债务人重整的其他方案。

第八十二条 下列各类债权的债权人参加讨论重整计划草案的债权人会议,依照下列债权分类,分组对重整计划草案进行表决:

(一)对债务人的特定财产享有担保权的债权;

(二)债务人所欠职工的工资和医疗、伤残补助、抚恤费用,所欠的应当划入职工个人账户的基本养老保险、基本医疗保险费用,以及法律、行政法规规定应当支付给职工的补偿金;

(三)债务人所欠税款;

(四)普通债权。

人民法院在必要时可以决定在普通债权组中设小额债权组对重整计划草案进行表决。

第八十三条　重整计划不得规定减免债务人欠缴的本法第八十二条第一款第二项规定以外的社会保险费用；该项费用的债权人不参加重整计划草案的表决。

第八十四条　人民法院应当自收到重整计划草案之日起三十日内召开债权人会议，对重整计划草案进行表决。

出席会议的同一表决组的债权人过半数同意重整计划草案，并且其所代表的债权额占该组债权总额的三分之二以上的，即为该组通过重整计划草案。

债务人或者管理人应当向债权人会议就重整计划草案作出说明，并回答询问。

第八十五条　债务人的出资人代表可以列席讨论重整计划草案的债权人会议。

重整计划草案涉及出资人权益调整事项的，应当设出资人组，对该事项进行表决。

第八十六条　各表决组均通过重整计划草案时，重整计划即为通过。

自重整计划通过之日起十日内，债务人或者管理人应当向人民法院提出批准重整计划的申请。人民法院经审查认为符合本法规定的，应当自收到申请之日起三十日内裁定批准，终止重整程序，并予以公告。

第八十七条　部分表决组未通过重整计划草案的，债务人或者管理人可以同未通过重整计划草案的表决组协商。该表决组可以在协商后再表决一次。双方协商的结果不得损害其他表决组的利益。

未通过重整计划草案的表决组拒绝再次表决或者再次表决仍未通过重整计划草案，但重整计划草案符合下列条件的，债务人或者管理人可以申请人民法院批准重整计划草案：

（一）按照重整计划草案，本法第八十二条第一款第一项所列债权就该特定财产将获得全额清偿，其因延期清偿所受的损失将得到公平补偿，并且其担保权未受到实质性损害，或者该表决组已经通过重整计划草案；

（二）按照重整计划草案，本法第八十二条第一款第二项、第三项所列债权将获得全额清偿，或者相应表决组已经通过重整计划草案；

（三）按照重整计划草案，普通债权所获得的清偿比例，不低于其在重整计划草案被提请批准时依照破产清算程序所能获得的清偿比例，或者该表决组已经通过重整计划草案；

（四）重整计划草案对出资人权益的调整公平、公正，或者出资人组已经通过重整计划草案；

（五）重整计划草案公平对待同一表决组的成员，并且所规定的债权清偿顺序不违反本法第一百一十三条的规定；

（六）债务人的经营方案具有可行性。

人民法院经审查认为重整计划草案符合前款规定的，应当自收到申请之日起三十日内裁定批准，终止重整程序，并予以公告。

第八十八条 重整计划草案未获得通过且未依照本法第八十七条的规定获得批准，或者已通过的重整计划未获得批准的，人民法院应当裁定终止重整程序，并宣告债务人破产。

第三节 重整计划的执行

第八十九条 重整计划由债务人负责执行。

人民法院裁定批准重整计划后，已接管财产和营业事务的管理人应当向债务人移交财产和营业事务。

第九十条 自人民法院裁定批准重整计划之日起，在重整计划规定的监督期内，由管理人监督重整计划的执行。

在监督期内，债务人应当向管理人报告重整计划执行情况和债务人财务状况。

第九十一条 监督期届满时，管理人应当向人民法院提交监督报告。自监督报告提交之日起，管理人的监督职责终止。

管理人向人民法院提交的监督报告，重整计划的利害关系人有权查阅。

经管理人申请，人民法院可以裁定延长重整计划执行的监督期限。

第九十二条 经人民法院裁定批准的重整计划，对债务人和全体债权人均有约束力。

债权人未依照本法规定申报债权的，在重整计划执行期间不得行使权利；在重整计划执行完毕后，可以按照重整计划规定的同类债权的清偿条件行使权利。

债权人对债务人的保证人和其他连带债务人所享有的权利，不受重整计划的影响。

第九十三条 债务人不能执行或者不执行重整计划的，人民法院经管理人或者利害关系人请求，应当裁定终止重整计划的执行，并宣告债务人破产。

人民法院裁定终止重整计划执行的，债权人在重整计划中作出的债权调整的承诺失去效力。债权人因执行重整计划所受的清偿仍然有效，债权未受清偿的部分作为破产债权。

前款规定的债权人，只有在其他同顺位债权人同自己所受的清偿达到同一比例时，才能继续接受分配。

有本条第一款规定情形的，为重整计划的执行提供的担保继续有效。

第九十四条 按照重整计划减免的债务，自重整计划执行完毕时起，债务人不再承担清偿责任。

第九章 和 解

第九十五条 债务人可以依照本法规定，直接向人民法院申请和解；也可以在人民法院受理破产申请后、宣告债务人破产前,向人民法院申请和解。

债务人申请和解,应当提出和解协议草案。

第九十六条 人民法院经审查认为和解申请符合本法规定的,应当裁定和解,予以公告,并召集债权人会议讨论和解协议草案。

对债务人的特定财产享有担保权的权利人,自人民法院裁定和解之日起可以行使权利。

第九十七条 债权人会议通过和解协议的决议,由出席会议的有表决权的债权人过半数同意,并且其所代表的债权额占无财产担保债权总额的三分之二以上。

第九十八条 债权人会议通过和解协议的,由人民法院裁定认可,终止和解程序,并予以公告。管理人应当向债务人移交财产和营业事务,并向人民法院提交执行职务的报告。

第九十九条 和解协议草案经债权人会议表决未获得通过,或者已经债权人会议通过的和解协议未获得人民法院认可的,人民法院应当裁定终止和解程序,并宣告债务人破产。

第一百条 经人民法院裁定认可的和解协议,对债务人和全体和解债权人均有约束力。

和解债权人是指人民法院受理破产申请时对债务人享有无财产担保债权的人。

和解债权人未依照本法规定申报债权的,在和解协议执行期间不得行使权利;在和解协议执行完毕后,可以按照和解协议规定的清偿条件行使权利。

第一百零一条 和解债权人对债务人的保证人和其他连带债务人所享有的权利,不受和解协议的影响。

第一百零二条 债务人应当按照和解协议规定的条件清偿债务。

第一百零三条 因债务人的欺诈或者其他违法行为而成立的和解协议,人民法院应当裁定无效,并宣告债务人破产。

有前款规定情形的,和解债权人因执行和解协议所受的清偿,在其他债权人所受清偿同等比例的范围内,不予返还。

第一百零四条 债务人不能执行或者不执行和解协议的,人民法院经和解债权人请求,应当裁定终止和解协议的执行,并宣告债务人破产。

人民法院裁定终止和解协议执行的,和解债权人在和解协议中作出的债权调整的承诺失去效力。和解债权人因执行和解协议所受的清偿仍然有效,和解债权人未受清偿的部分作为破产债权。

前款规定的债权人,只有在其他债权人同自己所受的清偿达到同一比例时,才能继续接受分配。

有本条第一款规定情形的，为和解协议的执行提供的担保继续有效。

第一百零五条 人民法院受理破产申请后，债务人与全体债权人就债权债务的处理自行达成协议的，可以请求人民法院裁定认可，并终结破产程序。

第一百零六条 按照和解协议减免的债务，自和解协议执行完毕时起，债务人不再承担清偿责任。

附录3 非上市公众公司监督管理办法

第一章 总 则

第一条 为了规范非上市公众公司股票转让和发行行为，保护投资者合法权益，维护社会公共利益，根据《证券法》、《公司法》及相关法律法规的规定，制定本办法。

第二条 本办法所称非上市公众公司（以下简称公众公司）是指有下列情形之一且其股票未在证券交易所上市交易的股份有限公司：

（一）股票向特定对象发行或者转让导致股东累计超过200人；

（二）股票以公开方式向社会公众公开转让。

第三条 公众公司应当按照法律、行政法规、本办法和公司章程的规定，做到股权明晰，合法规范经营，公司治理机制健全，履行信息披露义务。

第四条 公众公司股票应当在中国证券登记结算公司集中登记存管，公开转让应当在依法设立的证券交易场所进行。

第五条 为公司出具专项文件的证券公司、律师事务所、会计师事务所及其他证券服务机构，应当勤勉尽责、诚实守信，认真履行审慎核查义务，按照依法制定的业务规则、行业执业规范和职业道德准则发表专业意见，保证所出具文件的真实性、准确性和完整性，并接受中国证券监督管理委员会（以下简称中国证监会）的监管。

第二章 公司治理

第六条 公众公司应当依法制定公司章程。

中国证监会依法对公众公司章程必备条款作出具体规定，规范公司章程的制定和修改。

第七条 公众公司应当建立兼顾公司特点和公司治理机制基本要求的股东大会、董事会、监事会制度，明晰职责和议事规则。

第八条 公众公司的治理结构应当确保所有股东，特别是中小股东充分行使法律、行政法规和公司章程规定的合法权利。

股东对法律、行政法规和公司章程规定的公司重大事项，享有知情权和参与权。

公众公司应当建立健全投资者关系管理，保护投资者的合法权益。

第九条 公众公司股东大会、董事会、监事会的召集、提案审议、通知时间、召开程序、授权委托、表决和决议等应当符合法律、行政法规和公司章程的规定；会议记录应当完整并安全保存。

股东大会的提案审议应当符合程序，保障股东的知情权、参与权、质询权和表决权；董事会应当在职权范围和股东大会授权范围内对审议事项作出决议，不得代替股东大会对超出董事会职权范围和授权范围的事项进行决议。

第十条 公众公司董事会应当对公司的治理机制是否给所有的股东提供合适的保护和平等权利等情况进行充分讨论、评估。

第十一条 公众公司应当强化内部管理，按照相关规定建立会计核算体系、财务管理和风险控制等制度，确保公司财务报告真实可靠及行为合法合规。

第十二条 公众公司进行关联交易应当遵循平等、自愿、等价、有偿的原则，保证交易公平、公允，维护公司的合法权益，根据法律、行政法规、中国证监会的规定和公司章程，履行相应的审议程序。

第十三条 公众公司应当采取有效措施防止股东及其关联方以各种形式占用或者转移公司的资金、资产及其他资源。

第十四条 公众公司实施并购重组行为，应当按照法律、行政法规、中国证监会的规定和公司章程，履行相应的决策程序并聘请证券公司和相关证券服务机构出具专业意见。

任何单位和个人不得利用并购重组损害公众公司及其股东的合法权益。

第十五条 进行公众公司收购，收购人或者其实际控制人应当具有健全的公司治理机制和良好的诚信记录。收购人不得以任何形式从被收购公司获得财务资助，不得利用收购活动损害被收购公司及其股东的合法权益。

在公众公司收购中，收购人持有的被收购公司的股份，在收购完成后12个月内不得转让。

第十六条 公众公司实施重大资产重组，重组的相关资产应当权属清晰、定价公允，重组后的公众公司治理机制健全，不得损害公众公司和股东的合法权益。

第十七条 公众公司应当按照法律的规定，同时结合公司的实际情况在章程中约定建立表决权回避制度。

第十八条 公众公司应当在章程中约定纠纷解决机制。股东有权按照法律、行政法规和公司章程的规定，通过仲裁、民事诉讼或者其他法律手段保护其合法权益。

第三章 信息披露

第十九条 公司及其他信息披露义务人应当按照法律、行政法规和中国证监会的规定,真实、准确、完整、及时地披露信息,不得有虚假记载、误导性陈述或者重大遗漏。公司及其他信息披露义务人应当向所有投资者同时公开披露信息。

公司的董事、监事、高级管理人员应当忠实、勤勉地履行职责,保证公司披露信息的真实、准确、完整、及时。

第二十条 信息披露文件主要包括公开转让说明书、定向转让说明书、定向发行说明书、发行情况报告书、定期报告和临时报告等。具体的内容与格式、编制规则及披露要求,由中国证监会另行制定。

第二十一条 公开转让与定向发行的公众公司应当在每一会计年度的上半年结束之日起2个月内披露记载中国证监会规定内容的半年度报告,在每一会计年度结束之日起4个月内披露记载中国证监会规定内容的年度报告。年度报告中的财务会计报告应当经具有证券期货相关业务资格的会计师事务所审计。

股票向特定对象转让导致股东累计超过200人的公众公司,应当在每一会计年度结束之日起4个月内披露记载中国证监会规定内容的年度报告。年度报告中的财务会计报告应当经会计师事务所审计。

第二十二条 公众公司董事、高级管理人员应当对定期报告签署书面确认意见;对报告内容有异议的,应当单独陈述理由,并与定期报告同时披露。公众公司不得以董事、高级管理人员对定期报告内容有异议为由不按时披露定期报告。

公众公司监事会应当对董事会编制的定期报告进行审核并提出书面审核意见,说明董事会对定期报告的编制和审核程序是否符合法律、行政法规、中国证监会的规定和公司章程,报告的内容是否能够真实、准确、完整地反映公司实际情况。

第二十三条 证券公司、律师事务所、会计师事务所及其他证券服务机构出具的文件和其他有关的重要文件应当作为备查文件,予以披露。

第二十四条 发生可能对股票价格产生较大影响的重大事件,投资者尚未得知时,公众公司应当立即将有关该重大事件的情况报送临时报告,并予以公告,说明事件的起因、目前的状态和可能产生的后果。

第二十五条 公众公司实施并购重组的,相关信息披露义务人应当依法严格履行公告义务,并及时准确地向公众公司通报有关信息,配合公众公司及时、准确、完整地进行披露。

参与并购重组的相关单位和人员,在并购重组的信息依法披露前负有保密义务,禁止利用该信息进行内幕交易。

第二十六条 公众公司应当制定信息披露事务管理制度并指定具有相关专业知识的人员负责信息披露事务。

第二十七条 除监事会公告外,公众公司披露的信息应当以董事会公告的形式发布。董事、监事、高级管理人员非经董事会书面授权,不得对外发布未披露的信息。

第二十八条 公司及其他信息披露义务人依法披露的信息,应当在中国证监会指定的信息披露平台公布。公司及其他信息披露义务人可在公司网站或者其他公众媒体上刊登依本办法必须披露的信息,但披露的内容应当完全一致,且不得早于在中国证监会指定的信息披露平台披露的时间。

股票向特定对象转让导致股东累计超过200人的公众公司可以在公司章程中约定其他信息披露方式;在中国证监会指定的信息披露平台披露相关信息的,应当符合本条第一款的要求。

第二十九条 公司及其他信息披露义务人应当将信息披露公告文稿和相关备查文件置备于公司住所供社会公众查阅。

第三十条 公司应当配合为其提供服务的证券公司及律师事务所、会计师事务所等证券服务机构的工作,按要求提供所需资料,不得要求证券公司、证券服务机构出具与客观事实不符的文件或者阻碍其工作。

第四章 股票转让

第三十一条 股票向特定对象转让导致股东累计超过200人的股份有限公司,应当自上述行为发生之日起3个月内,按照中国证监会有关规定制作申请文件,申请文件应当包括但不限于:定向转让说明书、律师事务所出具的法律意见书、会计师事务所出具的审计报告。股份有限公司持申请文件向中国证监会申请核准。在提交申请文件前,股份有限公司应当将相关情况通知所有股东。

在3个月内股东人数降至200人以内的,可以不提出申请。

股票向特定对象转让应当以非公开方式协议转让。申请股票向社会公众公开转让的,按照本办法第三十二条、第三十三条的规定办理。

第三十二条 公司申请其股票向社会公众公开转让的,董事会应当依法就股票公开转让的具体方案作出决议,并提请股东大会批准,股东大会决议必须经出席会议的股东所持表决权的2/3以上通过。

董事会和股东大会决议中还应当包括以下内容:

(一)按照中国证监会的相关规定修改公司章程;

(二)按照法律、行政法规和公司章程的规定建立健全公司治理机制;

(三)履行信息披露义务,按照相关规定披露公开转让说明书、年度报告、半年度报告及其他信息披露内容。

第三十三条 申请其股票向社会公众公开转让的公司，应当按照中国证监会有关规定制作公开转让的申请文件，申请文件应当包括但不限于：公开转让说明书、律师事务所出具的法律意见书、具有证券期货相关业务资格的会计师事务所出具的审计报告、证券公司出具的推荐文件、证券交易场所的审查意见。公司持申请文件向中国证监会申请核准。

公开转让说明书应当在公开转让前披露。

第三十四条 中国证监会受理申请文件后，依法对公司治理和信息披露进行审核，作出是否核准的决定，并出具相关文件。

第三十五条 公司及其董事、监事、高级管理人员，应当对公开转让说明书、定向转让说明书签署书面确认意见，保证所披露的信息真实、准确、完整。

第五章 定向发行

第三十六条 本办法所称定向发行包括向特定对象发行股票导致股东累计超过200人，以及股东人数超过200人的公众公司向特定对象发行股票两种情形。

前款所称特定对象的范围包括下列机构或者自然人：

（一）公司股东；

（二）公司的董事、监事、高级管理人员、核心员工；

（三）符合投资者适当性管理规定的自然人投资者、法人投资者及其他经济组织。

公司确定发行对象时，符合本条第二款第（二）项、第（三）项规定的投资者合计不得超过35名。

核心员工的认定，应当由公司董事会提名，并向全体员工公示和征求意见，由监事会发表明确意见后，经股东大会审议批准。

投资者适当性管理规定由中国证监会另行制定。

第三十七条 公司应当对发行对象的身份进行确认，有充分理由确信发行对象符合本办法和公司的相关规定。

公司应当与发行对象签订包含风险揭示条款的认购协议。

第三十八条 公司董事会应当依法就本次股票发行的具体方案作出决议，并提请股东大会批准，股东大会决议必须经出席会议的股东所持表决权的2/3以上通过。

申请向特定对象发行股票导致股东累计超过200人的股份有限公司，董事会和股东大会决议中还应当包括以下内容：

（一）按照中国证监会的相关规定修改公司章程；

（二）按照法律、行政法规和公司章程的规定建立健全公司治理机制；

（三）履行信息披露义务，按照相关规定披露定向发行说明书、发行情况报告书、年度报告、半年度报告及其他信息披露内容。

第三十九条 公司应当按照中国证监会有关规定制作定向发行的申请文件，申请文件应当包括但不限于：定向发行说明书、律师事务所出具的法律意见书、具有证券期货相关业务资格的会计师事务所出具的审计报告、证券公司出具的推荐文件。公司持申请文件向中国证监会申请核准。

第四十条 中国证监会受理申请文件后，依法对公司治理和信息披露以及发行对象情况进行审核，作出是否核准的决定，并出具相关文件。

第四十一条 公司申请定向发行股票，可申请一次核准，分期发行。自中国证监会予以核准之日起，公司应当在3个月内首期发行，剩余数量应当在12个月内发行完毕。超过核准文件限定的有效期未发行的，须重新经中国证监会核准后方可发行。首期发行数量应当不少于总发行数量的50%，剩余各期发行的数量由公司自行确定，每期发行后5个工作日内将发行情况报中国证监会备案。

第四十二条 公众公司向特定对象发行股票后股东累计不超过200人的，或者公众公司在12个月内发行股票累计融资额低于公司净资产的20%的，豁免向中国证监会申请核准，但发行对象应当符合本办法第三十六条的规定，并在每次发行后5个工作日内将发行情况报中国证监会备案。

第四十三条 股票发行结束后，公众公司应当按照中国证监会的有关要求编制并披露发行情况报告书。申请分期发行的公众公司应在每期发行后按照中国证监会的有关要求进行披露，并在全部发行结束或者超过核准文件有效期后按照中国证监会的有关要求编制并披露发行情况报告书。

豁免向中国证监会申请核准定向发行的公众公司，应当在发行结束后按照中国证监会的有关要求编制并披露发行情况报告书。

第四十四条 公司及其董事、监事、高级管理人员，应当对定向发行说明书、发行情况报告书签署书面确认意见，保证所披露的信息真实、准确、完整。

第四十五条 公众公司定向发行股份购买资产的，按照本章有关规定办理。

第六章 监督管理

第四十六条 中国证监会会同国务院有关部门、地方人民政府，依照法律法规和国务院有关规定，各司其职，分工协作，对公众公司进行持续监管，防范风险，维护证券市场秩序。

第四十七条 中国证监会依法履行对公司股票转让、定向发行、信息披露的监管职责，有权对公司、证券公司、证券服务机构采取《证券法》第一百八十条规定的措施。

第四十八条 中国证券业协会应当发挥自律管理作用，对从事公司股票转让和定向发行业务的证券公司进行监督，督促其勤勉尽责地履行尽职调查和督导职责。发现证券公司有违反法律、行政法规和中国证监会相关规定的行为，应当向中国证监会报告，并采取自律管理措施。

第四十九条 中国证监会可以要求公司及其他信息披露义务人或者其董事、监事、高级管理人员对有关信息披露问题作出解释、说明或者提供相关资料，并要求公司提供证券公司或者证券服务机构的专业意见。

中国证监会对证券公司和证券服务机构出具文件的真实性、准确性、完整性有疑义的，可以要求相关机构作出解释、补充，并调阅其工作底稿。

第五十条 证券公司在从事股票转让、定向发行等业务活动中，应当按照中国证监会的有关规定勤勉尽责地进行尽职调查，规范履行内核程序，认真编制相关文件，并持续督导所推荐公司及时履行信息披露义务、完善公司治理。

第五十一条 证券服务机构为公司的股票转让、定向发行等活动出具审计报告、资产评估报告或者法律意见书等文件的，应当严格履行法定职责，遵循勤勉尽责和诚实信用原则，对公司的主体资格、股本情况、规范运作、财务状况、公司治理、信息披露等内容的真实性、准确性、完整性进行充分的核查和验证，并保证其出具的文件不存在虚假记载、误导性陈述或者重大遗漏。

第五十二条 中国证监会依法对公司进行监督检查或者调查，公司有义务提供相关文件资料。对于发现问题的公司，中国证监会可以采取责令改正、监管谈话、责令公开说明、出具警示函等监管措施，并记入诚信档案；涉嫌违法、犯罪的，应当立案调查或者移送司法机关。

第七章 法律责任

第五十三条 公司以欺骗手段骗取核准的，公司报送的报告有虚假记载、误导性陈述或者重大遗漏的，除依照《证券法》有关规定进行处罚外，中国证监会可以采取终止审查并自确认之日起在 36 个月内不受理公司的股票转让和定向发行申请的监管措施。

第五十四条 公司未按照本办法第三十一条、第三十三条、第三十九条规定，擅自转让或者发行股票的，按照《证券法》第一百八十八条的规定进行处罚。

第五十五条 证券公司、证券服务机构出具的文件有虚假记载、误导性陈述或者重大遗漏的，除依照《证券法》及相关法律法规的规定处罚外，中国证监会可视情节轻重，自确认之日起采取 3 个月至 12 个月内不接受该机构出具的相关专项文件，36 个月内不接受相关签字人员出具的专项文件的监管措施。

第五十六条 公司及其他信息披露义务人未按照规定披露信息，或者所披露的信息有虚假记载、误导性陈述或者重大遗漏的，依照《证券法》第一百九十三条的规定进行处罚。

第五十七条 公司向不符合本办法规定条件的投资者发行股票的，中国证监会可以责令改正，并可以自确认之日起在36个月内不受理其申请。

第五十八条 信息披露义务人及其董事、监事、高级管理人员，公司控股股东、实际控制人，为信息披露义务人出具专项文件的证券公司、证券服务机构及其工作人员，违反《证券法》、行政法规和中国证监会相关规定的，中国证监会可以采取责令改正、监管谈话、出具警示函、认定为不适当人选等监管措施，并记入诚信档案；情节严重的，中国证监会可以对有关责任人员采取证券市场禁入的措施。

第五十九条 公众公司内幕信息知情人或非法获取内幕信息的人，在对公众公司股票价格有重大影响的信息公开前，泄露该信息、买卖或者建议他人买卖该股票的，依照《证券法》第二百零二条的规定进行处罚。

第八章 附 则

第六十条 公众公司向不特定对象公开发行股票的，应当遵守《证券法》和中国证监会的相关规定。

公众公司申请在证券交易所上市的，应当遵守中国证监会和证券交易所的相关规定。

第六十一条 本办法施行前股东人数超过200人的股份有限公司，依照有关法律法规进行规范，并经中国证监会确认后，可以按照本办法的相关规定申请核准。

第六十二条 本办法所称股份有限公司是指首次申请股票转让或定向发行的股份有限公司；所称公司包括非上市公众公司和首次申请股票转让或定向发行的股份有限公司。

第六十三条 本办法自2013年1月1日起施行。

——资料来源：中国证券监督管理委员会网站
http://www.csrc.gov.cn/pub/zjhpublic/G00306201/201210/t20121011_215689.htm

参考文献

[1] 臧日宏编著：《资本运营》，中国农业出版社2002年版。
[2] 孔欣欣、赵春英编著：《资本运营》，商务印书馆2003年版。
[3] 邓明然等编著：《资本运营管理》，高等教育出版社2006年版。
[4] 夏乐书等编著：《资本运营理论与实务》，东北财经大学出版社2000年版。
[5] 罗珉著：《资本运作：理论模式与实践操作》，西南财经大学出版社2002年版。
[6] 罗珉编著：《资本运作案例精选》，西南财经大学出版社2002年版。
[7] 戴志敏著：《国际风险资本运作、退出与多层次资本市场体系》，浙江大学出版社2008年版。
[8] 牛克洪主编：《高成长企业资本运营案例评析》，中国经济出版社2003年版。
[9] 罗良忠著：《公司收缩性资本运营理论与实务》，中国民主法制出版社2006年版。
[10] 李姚矿、杨善林著：《基于企业生命周期的资本运营研究》，经济科学出版社2006年版。
[11] 金永红编著：《证券投资与资本运营案例》，中国致公出版社2007年版。
[12] 徐洪才主编：《中国资本运营经典案例》，清华大学出版社2005年版。
[13] 李贻良、张建营著：《中小企业资本运营》，中华工商联合出版社2009年版。
[14] 朱宝宪著：《公司并购与重组》，清华大学出版社2006年版。
[15] 李曜编著：《公司并购与重组导论》，上海财经大学出版社2006年版。
[16] 王新驰、刘秋华主编：《企业并购与重组》，中国商业出版社2006年版。
[17] 梅君、李悦、胡松编著：《上市公司并购与重组》，中国人民大学出版社2008年版。
[18] [美]乔治·T·盖斯：《并购成长》，中国财政经济出版社2002年版。

[19] [美] 马克·N·克莱门特:《并购制胜战略:实用并购规划和整合对策》,机械工业出版社2003年版。

[20] [美] 弗兰克·C·埃文斯:《并购价值评估:非上市并购企业价值创造》,机械工业出版社2003年版。

[21] [美] 戴维·哈丁:《兼并之道:决定公司并购成败的四个关键决策》,商务印书馆2006年版。

[22] [美] 罗伯特·F·布鲁:《铁血并购:从失败中总结出来的教训》,上海财经大学出版社2008年版。

[23] [美] 迈克尔·E·S·弗:《并购原理:收购、剥离和投资》,东北财经大学出版社2009年版。

[24] 李善民等著:《中国上市公司并购与重组的实证研究》,中国财政经济出版社2003年版。

[25] 田荣红主编:《中国并购评论》,机械工业出版社2006年版。

[26] 杨华著:《上市公司并购重组和价值创造》,中国金融出版社2007年版。

[27] 李春玲、丁新娅编著:《并购的效应:中国上市公司资产重组》,中国人民大学出版社2006年版。

[28] 朱滔著:《上市公司并购的短期和长期绩效研究》,经济科学出版社2007年版。

[29] 罗文志等编著:《上市公司并购法律实务》,法律出版社2007年版。

[30] 唐绍祥著:《中国上市公司总体并购活动的时间性研究》,中国社会科学出版社2008年版。

[31] 高明华著:《中国上市公司并购财务效应研究》,厦门大学出版社2008年版。

[32] 刘李胜主编:《上市公司并购、接管与反接管》,中国时代经济出版社2009年版。

后　　记*

资本运营的实践活动始于西方20世纪初，西方近百年的经济发展史可以说就是资本运营的实践史，在我国30多年的改革开放历程中，对于资本运营的理论探讨与实践探索也从未停止过。当今世界进入"后危机时代"，外资对我国相关领域企业的并购规模也越来越大，我国企业越来越多的"走出去"进行海外并购，"国进民退"、"国退民进"的实践和讨论更为热烈。如何在新的国际、国内社会经济背景下，获得跨越式成长，如何在日趋白热化、不进则退的激烈竞争中，得以生存和发展，是所有企业都必须面对的问题。因此，理解和掌握资本运营的相关知识，对于经济管理类专业的学生来讲，非常必要。

本书共分九章，第一章为资本运营的概述，第二章～第六章对资本运营的具体模式进行了详细介绍，第七章～第九章为资本运营的相关问题。为了配合教学需要，针对本学科的特点，本书采用大量的案例以加强读者对相关模式的理解，案例资料力求不囿于单一模式，以支撑教学中的开放式讨论，同时，本书增加了我国资本运营相关法律规定的介绍。浙江理工大学经济管理学院张燕承担了第一、第二、第三、第四、第六章的编写，并负责全书的总纂、审核与定稿，郭晶承担了第五、第七章的编写，高峰承担了第八、第九章的编写和相关法律法规的梳理。

在本书的编写过程中，参阅、借鉴了诸多专家学者的研究成果和企业资本运作的宝贵经验，部分案例参考了国内外公开发表的相关著作和论文，以及国内经济管理及财经杂志、报纸、网站的相关文章，在此向有关作者们表示诚挚的谢意。

本书的编写得到了浙江理工大学经济管理学院的大力支持，出版过程中经济科学出版社李雪编辑付出了大量心血，在此表示衷心的感谢！

由于水平有限，加之时间仓促，书中疏漏和谬误在所难免，恳请读者批评指正。

编　者
2012年10月于杭州

---

* 注：感谢阅读本书的读者，欢迎您就本书的内容观点与作者交流！作者邮箱：zhangygj@soha.com。